"神的儿子,耶稣基督福音的起头"
(马可福音 1:1)

암송!

중국어 마가복음

정창배 지음
李 婵 녹음

책을 출간하며

학창 시절 주위 친구들이 내게 예수님을 전하며 교회에 다니자고 했다. 그때는 그렇게 전도하는 친구들이 너무 집요하다고 느껴져 짜증을 내며 나는 절대로 교회 갈 일 없으니 다시는 강요하지 말라고 쏘아붙였다. 친구들도 "세상에 너같이 전도 안 되는 사람은 처음 봤다.", "절대 전도 안 되는 사람도 있나 보다."라며 고개를 저었다.

내 삶 가운데 예수님이 들어올 조금의 틈도 보이지 않고 살아오던 중, 남편의 중국 주재원 발령으로 온 가족이 중국에 오게 되었다. 교회나 예수님에 대해 별로 알고 싶지도 않았던 내가 중국에 오자마자 하나님이 정말로 계신 지 궁금해지기 시작했다.

단순히 하나님이 정말 존재하는 분인지만 알고 싶어서 1년이라는 시간을 정해 놓고 교회에 다니기 시작했다. 우여곡절 끝에 나는 예수님을 만나게 되었고, 말도 안 되는 소리 같고 이해도 안 되었던 성경이 다 믿어지는 기적을 체험했다.

어느 날 기도 중 학창 시절 내게 그렇게 싫은 소리를 들으면서도 예수님을 전했던, 지금은 이름도 가물거리는 그 친구들의 얼굴이 떠올랐다. 그 친구들의 기도로 내가 지금 여기에 있다는 마음이 들었다. 얼마나 미안하고 감사하던지…….

언젠가 기회가 되면 꼭 알려 주고 싶다. 너희들의 기도가 헛되지 않았다고. 참 오랜 시간이 걸렸지만 하나님은 너희의 그 기도를 들어 주셨다고.

중국어를 전공한 나는 중국에 온 후 천진의 남개대학교에서 학업을 계속하게 되었다. 특별히 공부를 좋아하지도 않았고 사람들과 어울려 노는 걸 훨씬 좋아했던 내가 그 긴 시간을 버티고 견디며 학위를 받을 수 있었던 것은 전적으로 하나님의 은혜였음을 고백한다.

졸업 후, 하나님께서 나를 통해 하시고자 하는 일이 무엇인지 계속 기도해 왔지만 확신이 없어 고민하던 중 안산 제자교회 유광철 목사님으로부터 중국어로 마가복음을 외울 수 있는 교재를 만들어 보라는 권유를 받았다. 교재를 만들면서 천진에 계신 몇몇 분들과 중국어로 마가복음을 외우기 시작했다. 사실 처음에는 마가복음 1장이나 다 외울 수 있으려나 싶어 큰 기대를 하지 않았다.

우리가 하루에 외우는 양은 시시할 정도로 적었고 연휴나 주일은 쉬어가며 외우기 시작해 1년이 조금 지난 지금은 마가복음 3장을 외우고 있다. 중국어가 서툰 분들도 계속 반복해서 외우다 보니 헷갈리기만 하던 중국 글자가 눈에 들어오고, 잘 외워지지 않던 단어가 외워지고, 너무 빨라 따라 듣기도 힘들었던 중국어 오디오 말씀이 들린다고 기뻐했다.

그보다 더 놀라운 일이 벌어졌다. 중국어로 말씀을 암송하면서 각자에게 주어지는 은혜가 있었고 그 은혜를 나누는 것 또한 큰 은혜가 되었다. 나 또한 교재를 준비하며 받은 하나님의 위로와 도우심 그리고 말씀을 외우면서 받은 은혜는 글로 다 담을 수 없을 정도로 컸다. 이 일을 통해 하나님께서 나에게 원하시는 것은 어떤 거창한 일을 하는 것이 아니라 지금 나에게 주어진 일에 최선을 다하는 것임을, 그 단순한 사실을 다시 한 번 깨닫게 되었다.

현재 한국과 중국 위해(威海)에서도 이 교재로 중국어 마가복음을 외우는 분들이 계시고 그분들도 말씀 암송을 통해 하나님의 은혜를 경험하고 있다고 전해 들었다. 참으로 놀랍고 신기한 일이다. 하나님께 진심으로 감사할 따름이다.

단 한 명이라도 좋으니 이 책을 통해 믿지 않는 사람에게 복음이 전해지기 원하며 예수님을 인격적으로 만나게 되길 기도한다. 또한 믿는 사람들에게는 예수님을 더 잘 알게 되고 더 깊이 만나게 되는 은혜의 시간이 되길 간절히 기도한다.

이 자리를 빌려 믿음과 말씀으로 양육해 주시고 기도로 응원해 주시는 천진 두루빛 교회 이선우 목사님과 책을 출판하는 전 과정을 함께 하며 격려해 주시고 기도해 주신 안산 제자교회 유광철 목사님께 감사드리며, 중국어 마가복음을 함께 외우며 '암송! 중국어 마가복음'의 출간을 위해 기도해 주신 동역자분들께도 감사의 말씀을 전한다. 교정을 도와주신 오승남 권사님, 이수경 집사님, 정다운 집사님, 이정심 교수님, 권노현, 강민주, 박현준, 박보민 학생들에게도 감사드리며 그동안 오디오 녹음으로 섬겨주신 진원(陈媛) 집사님과 이선(李婵) 님, 최재희 권사님, 권두의 학생, 김인경 님께도 감사를 표한다. 그리고 더 좋은 책으로 출간될 수 있도록 애써주신 에이아이북스 강대진 대표님과 함께 해주신 모든 출판사 분들께도 감사의 마음을 전한다.

또한 평생 자식들을 위해 희생하고 헌신해 오신 아버지 정광주 님께 존경과 감사의 마음을 전하며, 언제나 변함없이 그 자리에서 든든한 버팀목이 되어주는 남편 박상은 집사와 아들 현준, 딸 보민에게도 감사와 무한한 애정을 보낸다.

愿荣耀归于主，直到永远。阿们!

2019년 5월
천진에서 정창배

추천의 글

저자인 정창배 권사의 20여 년이 넘는 중국 생활을 통한 현장 중국어 경험과 중어중문학 박사로서의 학문적 지식, 그리고 중국 대학에서의 많은 강의 경험이 이 책을 완성도 높은 책으로 집필함에 있어 많은 유익이 되었으리라 생각합니다.

또한 무엇보다도 저자와 20여 년간 신앙생활을 함께 해온 목회자가 바라본 저자는 제자훈련을 통하여 예수님의 제자로서 복음에 대하여 잘 훈련된 선교에 열정을 가진 성도입니다. 이러한 그의 복음과 선교에 대한 열정이 이 책을 만나는 모든 분들에게 잘 전달되리라 믿습니다.

마가복음을 중국어로 외우다 보니 중국어 공부가 자연스럽게 되면서 문법이나 회화에 많은 유익을 얻었다는 고백, 말씀을 암송함으로 말씀에 대한 새로운 깨달음과 도전을 받으며 영적으로 육적으로 많은 도움을 받고 있다는 고백, 지금까지 저자와 함께 마가복음을 중국어로 외우고 있는 성도들의 고백을 들으며 시편의 한 말씀이 생각났습니다.

"주의 말씀의 맛이 내게 어찌 그리 단지요 내 입에 꿀보다 더 다니이다" (시119:103)

　중국어로 마가복음을 암송하는 성도들을 보며 목회자로서 참으로 감사하고 기뻤는데 이번에 '암송! 중국어 마가복음' 책이 출간되게 되어 더더욱 기쁘고 감사합니다. 중국어를 배우는 많은 사람들이 이 책을 통해 중국어를 배우는 것과 함께 말씀으로 인도받는 은혜를 누리기를 바랍니다. 또한 이 책이 중국 선교 사역에 관심 있는 분들에게 성경말씀으로 중국어를 익히는데 사용되어 중국 선교 사역의 좋은 길잡이로 쓰임 받기를 기대합니다.

- 이선우 목사(중국 천진 두루빛 한인교회 담임)

　정창배 교수를 통해 이 책이 만들어진 것은 우리 모두에게 큰 축복이라고 생각합니다. 정 교수는 계명대학교 중어중문학과를 졸업하고 중국의 명문 대학인 남개대학에서 대외한어과 석사 과정과 중어중문학 박사 과정을 마쳤습니다. 또한 한국 국적을 가진 사람으로 남개대학교와 천진사범대학교에서 한중번역, 그리고 중한번역과 독해와 작문 등을 가르쳐왔습니다. 그러므로 이 책은 '중국어 성경'과 '한글 개역 개정 성경'을 기본으로 구성되어 있지만, 단순 번역의 중국어 교재가 가지는 한계를 넘어선 책으로 두 언어에 대한 깊은 이해와 대조언어학(contrastive linguistics)적인 전문성을 지닌 정 교수가 교육 현상에서 이중언어를 가르치면서 터득한 풍부한 경험을 바탕으로 만들어진 책입니다.

　성경은 단권의 책이지만 사실 무려 66권의 책으로 이루어진 매우 방대한 분량의 책입니다. 그중에서 신약성경을, 특히 마가복음을 텍스트로 삼은 것은 매우 적절한 선택이며 그 의미도 매우 크다고 볼 수 있습니다. 그 이유는 마가복음의 특징들을 보면 잘 알 수가 있습니다.

 마가복음은 다른 복음서들보다 가장 먼저 기록된 성경으로 평가를 받으면서 '기본적인 복음'이라는 별명이 붙어있는 복음서입니다. 언어적인 특성을 보면, 다른 복음서들에 비해 간결하고 직설적인 문체를 지니고 있으며, 간접화법보다는 직접화법으로서 간단명료하게 사건들을 전하고 있습니다. 현재형의 어법이 무려 151회나 사용되었으며, 감정적인 묘사가 매우 사실적인 성경입니다. 설교 중심의 구성이 아니라 매우 은혜롭고 흥미로운 이적들을 풍부하게 담고 있는 성경입니다. 그러면서도 전체 내용의 30% 이상이 예수님의 십자가 관련된 말씀들로 구성된 말씀입니다. 특히 마가복음은 로마에서 기록된 말씀으로서 이방인들, 그중에서도 로마인들을 일차 수신자로 삼고 기록된 말씀입니다.

 이러한 특징들을 볼 때 이 책은 그 어느 성경 못지않게 언어를 공부하기에 매우 적절한 책이라고 볼 수 있습니다. 한 걸음 더 나아가서 로마인들처럼 현실 중심적이면서도 감성중심적인 세계관을 가지고 있는 오늘날의 사람들이 언어 공부와 함께 가장 핵심적인 복음을 이해하고 받아들이는데 큰 도움이 될 것이라고 생각됩니다.

- 유광철 목사(안산 제자교회 담임, 기독신문 논설위원)

일러두기

1. 본서에 쓰인 한국어성경은 개역개정판을 사용했으며, 중국어성경은 화합본(和合本)을 사용했다.

2. 본서는 한어병음만 알면 중국어 초보자도 쉽게 접근할 수 있도록 구성되어 있다. 특히 1장은 다른 장에 비해 한 절을 좀 더 세밀하게 나누어 이해하기도 용이하고 하루에 외울 분량도 적게 나눌 수 있어 외우는 것이 습관이 안 된 독자들도 쉽게 접근할 수 있게 했다. (하루에 외울 분량은 각자의 능력과 상황에 따라 정하면 된다. 중요한 것은 매일 꾸준히 외우는 것이다.)

3. 번역 과정에서 중국어성경에는 없는 부분이 한국어성경에만 있는 경우에는 [ ]로 표시했다.

   예) 预备主的道、修直他的路
   yù bèi zhǔ de dào xiū zhí tā de lù

   [너희는] 주의 길을 준비하라 그의 [오실] 길을 곧게 하라

4. 중국어성경에는 있는 부분이 한국어성경에는 없는 경우나, 두 성경의 내용에 약간의 차이가 있을 경우 이해를 돕기 위해 첨가한 부분은 ( )로 표시했다.

   예) 犹太全地和耶路撒冷的人都出去到约翰那里
   yóu tài quán dì hé yē lù sā lěng de rén dōu chū qù dào yuē hàn nà li

   온 유대 지방과 예루살렘 사람이 다 (요한이 있는 그곳에) 나아가

5 매절마다 새로운 단어가 나올 때에는 풀이를 달았고, 필요할 때에는 추가 설명을 덧붙여 이해를 도왔으며, 본서에 나오는 모든 중국어 부분은 원어민이 직접 녹음한 음원을 제공해 독자들이 정확한 발음을 들으며 외울 수 있도록 했다.

6 一는 원래 1성이지만(yī) 1,2,3성 앞에서는 4성으로 변화하고 4성 앞에서는 2성으로 변화한다. 不는 원래 4성이지만(bù) 4성 앞에서는 2성으로 변화하고 중첩된 동사나 형용사 사이에 올 때와 동사 뒤에서 보어로 쓰일 때는 경성으로 변화한다. 본서에서는 변화된 성조로 표기했다.

예) 一只(yì zhī) 一同(yì tóng) 一百(yì bǎi) 一样(yí yàng)
    不错(bú cuò) 不要(bú yào) 医治不医治(yī zhì bu yī zhì) 用不着(yòng bu zháo) 站立不住(zhàn lì bu zhù)

7 里(lǐ), 上(shàng)이 명사 뒤에서 방위사로 쓰일 때는 모두 경성으로 표기했다.

예) 这里(zhè li) 那里(nà li) 在约旦河里(zài yuēdàn hé li) 在船 上(zài chuán shang) 在他身 上(zài tā shēn shang)

8 중국어 성경에서 인명과 지명으로 자주 쓰이는 腓(féi)는 원래 2성이지만 본서에서는 중국인들의 습관에 따라 1성으로 표기했다.

예) 亚勒腓(알패오)(yà lè fēi) 腓力(빌립)(fēi lì) 腓立比(빌립보)(fēi lì bǐ)

9 본서를 이용해 중국어 마가복음을 외울 때에는 혼자서 하기보다는 몇 명이 그룹을 만들어 함께 하기를 권한다. 매일 외울 분량을 정하고 정기적으로 만나 서로 외운 내용을 점검하면 더욱 효과적으로 꾸준히 중국어 마가복음을 외울 수 있을 것이다.

책을 출간하며	6
추천의 글	10
일러두기	13

1. 암송! 중국어 마가복음 1장	18
2. 암송! 중국어 마가복음 2장	84
3. 암송! 중국어 마가복음 3장	122
4. 암송! 중국어 마가복음 4장	158
5. 암송! 중국어 마가복음 5장	200
6. 암송! 중국어 마가복음 6장	242
7. 암송! 중국어 마가복음 7장	302
8. 암송! 중국어 마가복음 8장	340

중국어 마가복음을 외우며	378

암송! 중국어 마가복음

1장

shén de ér zi yē sū jī dū fú yīn de qǐ tóu
1 神的儿子，耶稣基督福音的起头

zhèng rú xiān zhī yǐ sài yà shū shang jì zhe shuō kàn na wǒ yào chāi qiǎn wǒ de shǐ zhě
2 正如先知以赛亚书上记着说：“看哪，我要差遣我的使者
zài nǐ qián mian yù bèi dào lù
在你前面，预备道路。

zài kuàng yě yǒu rén shēng hǎn zhe shuō yù bèi zhǔ de dào xiū zhí tā de lù
3 在旷野有人声喊着说：预备主的道，修直他的路。”

zhào zhè huà yuē hàn lái le zài kuàng yě shī xǐ chuán huǐ gǎi de xǐ lǐ shǐ zuì dé shè
4 照这话，约翰来了，在旷野施洗，传悔改的洗礼，使罪得赦。

yóu tài quán dì hé yē lù sā lěng de rén dōu chū qù dào yuē hàn nà li chéng rèn tā men de
5 犹太全地和耶路撒冷的人都出去到约翰那里，承认他们的
zuì zài yuē dàn hé li shòu tā de xǐ
罪，在约旦河里受他的洗。

yuē hàn chuān luò tuo máo de yī fu yāo shù pí dài chī de shì huáng chóng yě mì
6 约翰穿骆驼毛的衣服，腰束皮带，吃的是蝗虫、野蜜。

tā chuán dào shuō yǒu yí wèi zài wǒ yǐ hòu lái de néng lì bǐ wǒ gèng dà wǒ jiù shì
7 他传道说：“有一位在我以后来的，能力比我更大，我就是
wān yāo gěi tā jiě xié dài yě shì bú pèi de
弯腰给他解鞋带，也是不配的。

wǒ shì yòng shuǐ gěi nǐ men shī xǐ tā què yào yòng shèng líng gěi nǐ men shī xǐ
8 我是用水给你们施洗，他却要用圣灵给你们施洗。”

nà shí yē sū cóng jiā lì lì de ná sā lè lái zài yuē dàn hé li shòu le yuē hàn de xǐ
9 那时，耶稣从加利利的拿撒勒来，在约旦河里受了约翰的洗。

tā cóng shuǐ li yí shàng lái jiù kàn jiàn tiān liè kāi le shèng líng fǎng fú gē zi jiàng zài tā
10 他从水里一上来，就看见天裂开了，圣灵仿佛鸽子，降在他
shēn shang
身上，

11 又有声音从天上来说:"你是我的爱子,我喜悦你!"

12 圣灵就把耶稣催到旷野里去。

13 他在旷野四十天受撒但的试探,并与野兽同在一处,且有天使来伺候他。

14 约翰下监以后,耶稣来到加利利,宣传神的福音,

15 说:"日期满了,神的国近了!你们当悔改,信福音。"

16 耶稣顺着加利利的海边走,看见西门和西门的兄弟安得烈在海里撒网,他们本是打鱼的。

17 耶稣对他们说:"来跟从我!我要叫你们得人如得鱼一样。"

18 他们就立刻舍了网,跟从了他。

19 耶稣稍往前走,又见西庇太的儿子雅各和雅各的兄弟约翰在船上补网。

20 耶稣随即招呼他们,他们就把父亲西庇太和雇工人留在船上,跟从耶稣去了。

21 到了迦百农，耶稣就在安息日进了会堂教训人。

22 众人很希奇他的教训，因为他教训他们，正像有权柄的人，不像文士。

23 在会堂里，有一个人被污鬼附着。他喊叫说：

24 "拿撒勒人耶稣，我们与你有什么相干，你来灭我们吗？我知道你是谁，乃是神的圣者。"

25 耶稣责备他说："不要作声，从这人身上出来吧！"

26 污鬼叫那人抽了一阵风，大声喊叫，就出来了。

27 众人都惊讶，以致彼此对问说："这是什么事？是个新道理啊！他用权柄吩咐污鬼，连污鬼也听从了他。"

28 耶稣的名声就传遍了加利利的四方。

29 他们一出会堂，就同着雅各、约翰，进了西门和安得烈的家

30 西门的岳母正害热病躺着，就有人告诉耶稣。

31 耶稣进前拉着她的手，扶她起来，热就退了，她就服事他们。

32 天晚日落的时候，有人带着一切害病的和被鬼附的，来到耶稣跟前。

33 合城的人都聚集在门前。

34 耶稣治好了许多害各样病的人，又赶出许多鬼，不许鬼说话，因为鬼认识他。

35 次日早晨，天未亮的时候，耶稣起来，到旷野地方去，在那里祷告。

36 西门和同伴追了他去。

37 遇见了就对他说："众人都找你。"

38 耶稣对他们说："我们可以往别处去，到邻近的乡村，我也好在那里传道，因为我是为这事出来的。"

39 于是在加利利全地，进了会堂，传道赶鬼。

40 有一个长大麻风的来求耶稣，向他跪下，说："你若肯，必能叫我洁净了。"

41 耶稣动了慈心，就伸手摸他，说："我肯，你洁净了吧！"

42 大麻风即时离开他，他就洁净了。

43 耶稣严严地嘱咐他，就打发他走，

44 对他说："你要谨慎，什么话都不可告诉人，只要去把身体给祭司察看，又因为你洁净了，献上摩西所吩咐的礼物，对众人作证据。"

45 那人出去，倒说许多的话，把这件事传扬开了，叫耶稣以后不得再明明地进城，只好在外边旷野地方。人从各处都就了他来。

1:1
shén de ér zi　yē sū jī dū fú yīn de qǐ tóu
神 的儿子，耶稣基督福音的起头

1　　shén de ér zi
　　神 的儿子

하나님의 아들

* shén
  神 : 신, 하나님
* de
  的 : ~의
* ér zi
  儿子 : 아들

2　　shén de ér zi　　yē sū jī dū
　　神 的儿子，耶稣基督

하나님의 아들 예수 그리스도

* yē sū
  耶稣 : 예수
* jī dū
  基督 : 그리스도

3　　shén de ér zi　　yē sū jī dū fú yīn de qǐ tóu
　　神 的儿子，耶稣基督福音的起头

하나님의 아들 예수 그리스도의 복음의 시작[이라]

* fú yīn
  福音 : 복음
* qǐ tóu
  起头 : 시작, 처음

1장

1:2-3

zhèng rú xiānzhī yǐ sài yà shūshang jì zhe shuō   kàn na   wǒ yào chāiqiǎn wǒ de shǐzhě
正 如 先知以赛亚书 上 记着说："看哪， 我要差遣我的使者
zài nǐ qiánmian   yùbèi dào lù   zài kuàngyě yǒurénshēnghǎnzheshuō   yùbèizhǔ de dào
在你前面， 预备道路。在 旷 野有人 声 喊着说：预备主的道,
xiūzhí tā de lù
修直他的路。"

zhèng rú shūshang jì zhe shuō
4   正 如 书 上 记着说：

글(책)에 기록된 것과 같이

zhèngrú
* 正 如 : 마치~와 같다
shūshang
* 书 上 : 책 (속)에
jì zhe   zhe
* 记 着 : 기록되어 있다(동사,형용사+着:동작,상태의 지속을 나타냄)
shuō
* 说 : 말하다
zhèngrú shūshang jì zhe shuō
* 正 如 书 上 记着 说 : 책에 기록되어 말한 것과 같이 → 글에 기록된 것과 같이

zhèng rú xiānzhī yǐ sài yà shūshang jì zhe shuō
5   正 如 先知以赛亚书 上 记着说：

선지자 이사야의 글에 기록된 것과 같이

xiānzhī
* 先 知 : 선지자
yǐ sài yà
* 以赛亚 : 이사야

zhèng rú xiānzhī yǐ sài yà shūshang jì zhe shuō   kàn na   wǒ yào chāiqiǎn
6   正 如 先知以赛亚书 上 记着说："看哪， 我要差 遣

선지자 이사야의 글에 "보라 내가 보내노니"(라고) 기록된 것과 같이

* kàn
  看 : 보다
* na
  哪 : 어기조사
* wǒ
  我 : 나
* yào
  要 : ~할 것이다, 하려고 한다
* chāiqiǎn
  差遣 : 파견하다, 보내다

7 zhèng rú xiānzhī yǐ sài yà shūshang jì zheshuō kàn na wǒ yào chāiqiǎn wǒ de shǐzhě
   正 如 先知 以赛亚 书 上 记着说: "看哪, 我要差遣我的使者

선지자 이사야의 글에 "보라 내가 **사자를** 보내노니" 기록된 것과 같이

* shǐzhě
  使者 : 사자

8 zhèng rú xiānzhī yǐ sài yà shūshang jì zheshuō kàn na wǒ yào chāiqiǎn wǒ de shǐzhě
   正 如 先知 以赛亚 书 上 记着说: "看哪, 我要差遣我的使者
   zài nǐ qiánmian
   在你前面

선지자 이사야의 글에 "보라 내가 사자를 **네 앞에** 보내노니" 기록된 것과 같이

* zài
  在 : ~에/~에 있다
* nǐ
  你 : 너, 당신
* qiánmian
  前面 : 앞

9

zhèng rú xiānzhī yǐ sài yà shūshang jì zheshuō　　kàn na　　wǒyàochāiqiǎnwǒdeshǐzhě
正 如 先 知 以 赛 亚 书 上 记 着 说："看 哪， 我 要 差 遣 我 的 使 者
zài nǐ qiánmian　　yùbèidào lù
在 你 前 面，　 预 备 道 路。

선지자 이사야의 글에 "보라 내가 내 사자를 네 앞에 보내노니 [그가] [네] 길을

준비하리라" 기록된 것과 같이

　yùbèi
* 预 备 : 예비하다, 준비하다
　dàolù
* 道 路 : 도로, 길

10

zhèng rú xiānzhī yǐ sài yà shūshang jì zheshuō　　kàn na　　wǒyàochāiqiǎnwǒdeshǐzhě
正 如 先 知 以 赛 亚 书 上 记 着 说："看 哪， 我 要 差 遣 我 的 使 者
zài nǐ qiánmian　　yùbèidào lù　　 zàikuàng yě
在 你 前 面，　 预 备 道 路。　 在 旷 野

선지자 이사야의 글에 "보라 내가 내 사자를 네 앞에 보내노니 그가 네 길을 준

비하리라 **광야에**" 기록된 것과 같이

　kuàngyě
* 旷 野 : 광야

11

zhèng rú xiānzhī yǐ sài yà shūshang jì zheshuō　　kàn na　　wǒyàochāiqiǎnwǒdeshǐzhě
正 如 先 知 以 赛 亚 书 上 记 着 说："看 哪， 我 要 差 遣 我 的 使 者
zài nǐ qiánmian　　yùbèidào lù　　zàikuàng yě yǒurénshēng
在 你 前 面，　 预 备 道 路。 在 旷 野 有 人 声

선지자 이사야의 글에 "보라 내가 내 사자를 네 앞에 보내노니 그가 네 길을 준

비하리라 광야에 **소리가 있어**" 기록된 것과 같이

　yǒu
* 有 : 있다
　rénshēng
* 人 声 : (사람의) 소리

12
正 如 先 知 以 赛 亚 书 上 记 着 说："看 哪， 我 要 差 遣 我 的 使 者
在 你 前 面， 预 备 道 路。 在 旷 野 有 人 声 喊 着 说：

선지자 이사야의 글에 "보라 내가 내 사자를 네 앞에 보내노니 그가 네 길을 준비하리라 광야에 **외치는** 자의 소리가 있어 **이르되**" 기록된 것과 같이

* 喊 着 说 : 외쳐 이르다/말하다
* 有 人 声 喊 着 说 : (사람의) 소리가 있어 외쳐 이르되 ▶ 외치는 자의 소리가 있어 이르되

13
正 如 先 知 以 赛 亚 书 上 记 着 说："看 哪， 我 要 差 遣 我 的 使 者
在 你 前 面， 预 备 道 路。 在 旷 野 有 人 声 喊 着 说：**预备主的道**

선지자 이사야의 글에 "보라 내가 내 사자를 네 앞에 보내노니 그가 네 길을 준비하리라 광야에 외치는 자의 소리가 있어 이르되:[너희는] 주의 길을 준비하라" 기록된 것과 같이

* 主 : 주인, 주, 하나님
* 道 : 길

14
正 如 先 知 以 赛 亚 书 上 记 着 说："看 哪， 我 要 差 遣 我 的 使 者
在 你 前 面， 预 备 道 路。 在 旷 野 有 人 声 喊 着 说：预备主的道，
修直他的路。"

선지자 이사야의 글에 "보라 내가 내 사자를 네 앞에 보내노니 그가 네 길을 준비하리라 광야에 외치는 자의 소리가 있어 이르되:너희는 주의 길을 준비하라 **그의 [오실] 길을 곧게 하라**" 기록된 것과 같이

xiūzhí
* 修直 : 곧게 수리하다/고치다

tā
* 他 : 그

lù
* 路 : 길, 도로

1:4

zhàozhèhuà yuēhàn lái le zàikuàngyěshī xǐ chuánhuǐgǎide xǐ lǐ shǐzuìdéshè
照 这话, 约翰来了, 在 旷 野施洗, 传 悔改的洗礼, 使罪得赦。

15 zhàozhèhuà yuēhàn lái le
照 这话, 约翰来了

(이 말처럼) [세례] 요한이 (왔다)

zhàozhèhuà
* 照 这 话 : 이 말처럼/이렇게 말한 대로

yuēhàn
* 约 翰 : 요한

lái
* 来 : 오다

le
* 동사 + 了 : 동작이 이미 완료되었음을 나타냄

16 zhàozhèhuà yuēhàn lái le zàikuàngyěshī xǐ
照 这话, 约翰来了, 在 旷 野施洗

세례 요한이 광야에 이르러 (세례를 베푸니)

shī xǐ
* 施洗 : 세례를 베풀다

17 zhàozhèhuà yuēhàn lái le zàikuàngyěshī xǐ chuánhuǐgǎide xǐ lǐ
照 这话, 约翰来了, 在 旷 野施洗, 传 悔改的洗礼

세례 요한이 광야에 이르러 회개의 세례를 전파하니

*   chuán
    传 : 전파하다
*   huǐgǎi
    悔改 : 회개/회개하다
*   xǐ lǐ
    洗礼 : 세례

18 照这话, 约翰来了, 在旷野施洗, 传悔改的洗礼, **使罪得赦**。
zhào zhè huà, yuēhàn lái le, zài kuàngyě shī xǐ, chuán huǐgǎi de xǐ lǐ, **shǐ zuì dé shè**。

세례 요한이 광야에 이르러 **죄 사함을 받게 하는** 회개의 세례를 전파하니

*   shǐ
    使 : ~로 하여금 ~하게 하다
*   zuì
    罪 : 죄
*   dé
    得 : 얻다
*   shè
    赦 : 죄를 용서하다, 사면하다
*   shǐ zuì dé shè
    使罪得赦 : 죄 사함을 받게 하다

1:5

犹太全地和耶路撒冷的人都出去到约翰那里, 承认他们的罪, 在约旦河里受他的洗。
yóutài quán dì hé yēlùsālěng de rén dōu chūqù dào yuēhàn nà li, chéngrèn tāmen de zuì, zài yuēdàn hé li shòu tā de xǐ。

19 犹太全地
yóutài quán dì

온 유대 지방

*   yóutài
    犹太 : 유대
*   quán dì
    全地 : 전역, 전 지역

20 yóu tài quán dì **hé yē lù sā lěng**
犹太全地**和耶路撒冷**

온 유대 지방**과 예루살렘**

    hé
* 和 : ~와/과
    yē lù sā lěng
* 耶路撒冷 : 예루살렘

21 yóu tài quán dì hé yē lù sā lěng **de rén dōu chū qù**
犹太全地和耶路撒冷**的人都出去**

온 유대 지방과 예루살렘 **사람이 다 나아가**

    rén
* 人 : 사람
    dōu
* 都 : 모두
    chū qù
* 出去 : 나가다

22 yóu tài quán dì hé yē lù sā lěng de rén dōu chū qù **dào yuē hàn nà li**
犹太全地和耶路撒冷的人都出去**到约翰那里**

온 유대 지방과 예루살렘 사람이 다 **(요한이 있는 그곳에)** 나아가

    dào
* 到 : ~에, ~까지/~에 도착하다
    nà li
* 那里 : 거기, 그곳, 저곳

23 yóu tài quán dì hé yē lù sā lěng de rén dōu chū qù dào yuē hàn nà li **chéng rèn tā men de zuì**
犹太全地和耶路撒冷的人都出去到约翰那里，**承认他们的罪**

온 유대 지방과 예루살렘 사람이 다 나아가 **자기(그들의) 죄를 자복하고**

* **chéngrèn**
  承 认 : 승인하다, 시인하다
* **tāmen**
  他 们 : 그들

24 yóu tài quán dì hé yē lù sā lěng de rén dōu chū qù dào yuē hàn nà li　chéngrèn tā men de
犹 太 全 地 和 耶 路 撒 冷 的 人 都 出 去 到 约 翰 那 里，承 认 他 们 的
zuì　zài yuēdàn hé li
罪， 在 约 旦 河 里

온 유대 지방과 예루살렘 사람이 다 나아가 자기 죄를 자복하고 **요단 강에서**

* **zài li**
  在~里 : ~(안)에서
* **yuēdànhé**
  约 旦 河 : 요단강

25 yóu tài quán dì hé yē lù sā lěng de rén dōu chū qù dào yuē hàn nà li　chéngrèn tā men de
犹 太 全 地 和 耶 路 撒 冷 的 人 都 出 去 到 约 翰 那 里，承 认 他 们 的
zuì　zài yuēdàn hé li **shòu tā de xǐ**
罪， 在 约 旦 河 里 **受 他 的 洗**。

온 유대 지방과 예루살렘 사람이 다 나아가 자기 죄를 자복하고 요단 강에서 그

에게 세례를 받더라.

* **shòu xǐ**
  受 洗 : 세례를 받다
* **shòu tā de xǐ**
  受 他 的 洗 : 그의(그에게) 세례를 받다

1장　**31**

1:6

yuē hàn chuān luò tuo máo de yī fu　yāo shù pí dài　chī de shì huáng chóng yě mì
约翰 穿 骆驼毛的衣服，腰束皮带，吃的是 蝗 虫、野蜜。

26
yuē hàn chuān yī fu
约翰 穿 衣服

요한은 옷을 입고

* chuān
  穿 : 입다
* yī fu
  衣服 : 옷

27
yuē hàn chuān **luò tuo máo de** yī fu
约翰 穿 **骆驼毛的**衣服

요한은 **낙타털** 옷을 입고

* luò tuo
  骆驼 : 낙타
* máo
  毛 : 털

28
yuē hàn chuān luò tuo máo de yī fu　**yāo shù pí dài**
约翰 穿 骆驼毛的衣服，**腰束皮带**

요한은 낙타털 옷을 입고 **허리에 가죽띠를 띠고**

* yāo
  腰 : 허리
* shù
  束 : 묶다, 매다
* pí dài
  皮带 : 가죽벨트, 가죽띠

29 yuēhàn chuān luòtuo máo de yī fu   yāo shù pí dài   chī de shì
约翰 穿 骆驼 毛 的 衣服，腰 束 皮 带，吃 的 是

요한은 낙타털 옷을 입고 허리에 가죽띠를 띠고 **먹더라**

* chī
  吃 : 먹다
* de
  的 : ~하는 것/사람
* shì
  是 : ~이다
* chīdeshì
  吃的是 : 먹는 것은 ~이다 ▶ ~을 먹더라

30 yuēhàn chuān luòtuo máo de yī fu   yāo shù pí dài   chī de shì huángchóng yě mì
约翰 穿 骆驼 毛 的 衣服，腰 束 皮 带，吃 的 是 蝗 虫、野蜜。

요한은 낙타털 옷을 입고 허리에 가죽띠를 띠고 **메뚜기와 석청을** 먹더라

* huángchóng
  蝗 虫 : 메뚜기
* yěmì
  野蜜 : 석청

1:7

tā chuándàoshuō   yǒu yí wèi zài wǒ yǐ hòu lái de   néng lì bǐ wǒ gèng dà   wǒ jiù shì
他 传 道 说："有 一 位 在 我 以 后 来 的，能 力 比 我 更 大，我 就 是
wān yāo gěi tā jiě xié dài   yě shì bú pèi de
弯 腰 给 他 解 鞋 带，也 是 不 配 的。

---

31 tā chuándàoshuō
他 传 道 说

그가 전파하여 이르되

* chuándào
  传 道 : 전도하다, 종교 교리를 전하다

32 　tā chuándàoshuō　　yǒu yí wèi
　　他 传 道 说："有一位

　　그가 전파하여 이르되:"(한 분이 계셔)

* yǒu
  有 : 있다
* yí wèi
  一 位 : 한 분

33 　tā chuándàoshuō　　yǒu yí wèi zài wǒ yǐ hòu lái de
　　他 传 道 说："有一位在我以后来的

　　그가 전파하여 이르되:"내 뒤에 오시는 이가

* yǐ hòu
  以 后 : 이후
* lái de
  来的 : 오는 사람

34 　tā chuándàoshuō　　yǒu yí wèi zài wǒ yǐ hòu lái de　néng lì bǐ wǒ gèng dà
　　他 传 道 说："有一位在我以后来的，能 力比我 更 大

　　그가 전파하여 이르되:"나보다 능력 많으신 이가 내 뒤에 오시나니

* néng lì
  能 力 : 능력
* bǐ　　　bǐ wǒ
  比 : ~보다 (比我 : 나보다, 비교 대상 앞에 옴)
* gèng
  更 : 더, 더욱
* dà
  大 : 크다
* néng lì bǐ wǒ gèng dà
  能 力比我 更 大 : 능력이 나보다 더 크다(많다)
* yǒu yí wèi zài wǒ yǐ hòu lái de　néng lì bǐ wǒ gèng dà
  有 一 位 在 我 以 后 来的， 能 力比我 更 大
  : 내 뒤에 오시는 이가 나보다 능력이 많으시니 ▶ 나보다 능력 많으신 이가 내 뒤에 오시나니

35 他 传 道说："有一位在我以后来的， 能 力比我 更 大， 我就是
弯 腰

그가 전파하여 이르되:"나보다 능력 많으신 이가 내 뒤에 오시나니 나는 (허리를) 굽혀

* 就是~也是~ : 설령 ~할지라도 ~
* 弯 腰 : 허리를 굽히다

36 他 传 道说："有一位在我以后来的， 能 力比我 更 大， 我就是
弯 腰给他解鞋带

그가 전파하여 이르되:"나보다 능력 많으신 이가 내 뒤에 오시나니 나는 굽혀

그의 신발끈을 풀기도

* 给 : ~에게
* 解鞋 带 : 신발끈을 풀다

37 他 传 道说："有一位在我以后来的， 能 力比我 更 大， 我就是
弯 腰给他解鞋带， 也是不配的。

그가 전파하여 이르되:"나보다 능력 많으신 이가 내 뒤에 오시나니 나는 굽혀

그의 신발끈을 풀기도 감당하지 못하겠노라

* 就是~也是~ : 설령 ~할지라도 ~
* 不 配 : 어울리지 않다, 자격이 없다

1:8

wǒshìyòngshuǐgěi nǐ menshī xǐ　tā quèyàoyòngshènglínggěi nǐ menshī xǐ
我是用 水给你们施洗,他却要用 圣 灵给你们施洗。"

38 wǒshìyòngshuǐ
我是用 水

나는 물로

* yòng
  用 : 쓰다, 사용하다/~로
* shuǐ
  水 : 물

39 wǒshìyòngshuǐgěi nǐ menshī xǐ
我是用 水给你们施洗,

나는 너희에게 물로 세례를 베풀었거니와

* nǐmen
  你们 : 너희들

40 wǒshìyòngshuǐgěi nǐ menshī xǐ,　tā quèyàoyòngshènglíng
我是用 水给你们施洗,他却要用 圣 灵

나는 너희에게 물로 세례를 베풀었거니와 그는 성령으로

* què
  却 : 오히려, 반대로
* shènglíng
  圣 灵 : 성령

41 wǒshìyòngshuǐgěi nǐ menshī xǐ　tā quèyàoyòngshènglínggěi nǐ menshī xǐ
我是用 水给你们施洗,他却要用 圣 灵给你们施洗。"

나는 너희에게 물로 세례를 베풀었거니와 그는 너희에게 성령으로 세례를 베푸시리라

1:9

nà shí   yē sū cóng jiā lì lì de ná sā lè lái   zài yuē dàn hé li shòu le yuē hàn de xǐ
那时, 耶稣 从 加利利的拿撒勒来, 在约旦河里 受 了约 翰的洗。

nà shí   yē sū
42 那时, 耶稣

그 때에 예수께서

　　nà shí
* 那 时 : 그때

nà shí   yē sū cóng ná sā lè lái
43 那时, 耶稣 从 拿撒勒来

그 때에 예수께서 **나사렛으로부터 와서**

　　cóng
* 从   : ~부터
　　ná sā lè
* 拿撒勒 : 나사렛

nà shí   yē sū cóng jiā lì lì de ná sā lè lái
44 那时, 耶稣 从 加利利的拿撒勒来

그 때에 예수께서 **갈릴리** 나사렛으로부터 와서

　　jiā lì lì
* 加利利 : 갈릴리

nà shí   yē sū cóng jiā lì lì de ná sā lè lái   zài yuē dàn hé li
45 那时, 耶稣 从 加利利的拿撒勒来, 在约旦河里

그 때에 예수께서 갈릴리 나사렛으로부터 와서 **요단 강에서**

1장　37

46 _{nà shí} _{yē sū cóng jiā lì lì de ná sā lè lái} _{zài yuē dàn hé li} _{shòu le yuē hàn de xǐ}
那时, 耶稣 从 加利利的拿撒勒来, 在约旦河里 **受 了约 翰的洗。**

그 때에 예수께서 갈릴리 나사렛으로부터 와서 요단 강에서 **요한에게 세례를**

받으시고

1:10

_{tā cóng shuǐ li} _{yí shàng lái} _{jiù kàn jiàn tiān liè kāi le} _{shèng líng fǎng fú gē zi} _{jiàng zài}
他 从 水里一 上 来, 就看见天 裂开了, 圣灵 仿 佛鸽子, 降 在
_{tā shēn shang}
他身 上,

---

47 _{tā cóng shuǐ li}
他 从 水里

(그가) 물에서

---

48 _{tā cóng shuǐ li} _{yí shàng lái}
他 从 水里一 上 来

곧 물에서 **올라오실새**

* _{yī jiù}
  一~就~ : ~하자마자 곧~
* _{shàng lái}
  上 来 : 올라오다

---

49 _{tā cóng shuǐ li} _{yí shàng lái} _{jiù kàn jiàn}
他 从 水里一 上 来, **就看见**

곧 물에서 올라오실새, **보시더니**

* _{kàn jiàn}
  看 见 : 보다, 보이다

50 _{tā cóngshuǐ li yí shàng lái} _{jiù kànjiàn}_{tiān liè kāi le}
他 从 水 里一 上 来, 就看见天裂开了

곧 물에서 올라오실새 **하늘이 갈라짐을** 보시더니

  tiān
* 天 : 하늘
  lièkāi
* 裂开 : 찢어지다, 갈라지다

51 _{tā cóngshuǐ li yí shàng lái} _{jiù kànjiàn tiān liè kāi le} _{shènglíngfǎng fú gē zi}
他 从 水 里一 上 来, 就看见天裂开了, 圣 灵 仿 佛鸽子

곧 물에서 올라오실새 하늘이 갈라짐과 **성령이 비둘기 같음을** 보시더니

  fǎngfú
* 仿 佛 : 마치 ~인 것 같다
  gē zi
* 鸽子 : 비둘기

52 _{tā cóngshuǐ li yí shàng lái} _{jiù kànjiàntiān liè kāi le} _{shènglíngfǎng fú gē zi} _{jiàngzài tā}
他 从 水 里一 上 来, 就看见天裂开了, 圣 灵 仿 佛鸽子, 降 在他
_{shēnshang}
身 上 ,

곧 물에서 올라오실새 하늘이 갈라짐과 성령이 비둘기 같이 **자기에게 내려오심**

을 보시더니

  jiàng
* 降 : 떨어지다, 내리다, 내려오다
  shēnshang
* 身 上 : 몸

1:11

yòu yǒu shēngyīn cóng tiān shàng lái shuō　　nǐ shì wǒ de ài zǐ　wǒ xǐ yuè nǐ
又 有 声 音 从 天 上 来 说："你是我的爱子，我喜悦你！"

53　yòu yǒu shēngyīn
　　又 有 声 音

(또) 소리가 나기를

　　yòu
* 又 : 또, 다시
　　shēngyīn
* 声 音 : 소리

54　yòu yǒu shēngyīn cóng tiān shàng lái shuō
　　又 有 声 音 从 天 上 来 说

하늘로부터 소리가 나기를 "~" 하시니라

　　tiānshàng
* 天　上 : 하늘, 천상

55　yòu yǒu shēngyīn cóng tiān shàng lái shuō　　nǐ shì wǒ de ài zǐ
　　又 有 声 音 从 天 上 来 说："你是我的爱子"

하늘로부터 소리가 나기를 "너는 내 사랑하는 아들이라" 하시니라

　　ài
* 爱 : 사랑하다
　　zǐ
* 子 : 아들
　　ài zǐ
* 爱子 : 사랑하는 아들

56 又有声音从天上来说："你是我的爱子，我喜悦你！"

하늘로부터 소리가 나기를 "너는 내 사랑하는 아들이라 내가 너를 기뻐하노라"

하시니라

* 喜悦 : 기뻐하다, 즐겁다

1:12

圣灵就把耶稣催到旷野里去。

---

57 圣灵就把耶稣

성령이 곧 예수를

* 就 : 곧, 바로
* 把 : ~을, 를(목적어를 동사 앞으로 옮길 때 사용)

58 圣灵就把耶稣催到旷野里去。

성령이 곧 예수를 광야로 몰아내신지라

* 催 : 재촉하다, 다그치다, 독촉하다

1:13

tā zài kuàng yě sì shí tiān shòu sā dàn de shì tan　　bìng yǔ yě shòu tóng zài yí chù,　qiě yǒu
他在 旷 野四十天 受 撒但的试探,　并与野 兽 同在一处,　且有
tiān shǐ lái cì hou tā
天 使来伺候他。

59　tā zài kuàng yě sì shí tiān
　　他在 旷 野四十天

(그가) 광야에서 사십 일을 계시면서

* 四十 : 사십　sì shí
* 天 : 하루, 날, 일　tiān

60　tā zài kuàng yě sì shí tiān shòu sā dàn de shì tan
　　他在 旷 野四十天 受 撒但的试探,

광야에서 사십 일을 계시면서 **사탄에게 시험을 받으시며**

* 撒但 : 사탄　sā dàn
* 试 探 : 시험　shì tan

61　tā zài kuàng yě sì shí tiān shòu sā dàn de shì tan　bìng yǔ yě shòu
　　他在 旷 野四十天 受 撒但的试探,　并与野 兽

광야에서 사십 일을 계시면서 사탄에게 시험을 받으시며 **들짐승과**

* 并 (并且) : 그리고, 또한　bìng bìng qiě
* 与 : ~와, 과　yǔ
* 野 兽 : 들짐승　yě shòu

62 他在旷野四十天 受撒但的试探， 并与野兽 同在一处，

광야에서 사십 일을 계시면서 사탄에게 시험을 받으시며 들짐승과 **함께 계시니**

* 同在 : 함께 있다
* 一处 : 한데, 한곳

63 他在旷野四十天 受撒但的试探， 并与野兽 同在一处， 且有天使来伺候他。

광야에서 사십 일을 계시면서 사탄에게 시험을 받으시며 들짐승과 함께 계시니

천사들이 수종들더라

* 且 (而且) : 또한, 게다가, 더욱이
* 天使 : 천사
* 伺候 : 시중 들다, 돌보다

1:14

约翰下监以后， 耶稣来到加利利， 宣传神的福音，

64 约翰下监以后

요한이 잡힌 후

* 下监 : 감옥에 갇히다, 투옥되다
* 以后 : 이후

65 yuēhàn xià jiān yǐ hòu   yē sū lái dào jiā lì lì
约翰下监以后，耶稣来到加利利，

요한이 잡힌 후 예수께서 갈릴리에 오셔서

- láidào
  来到 : ~에 오다, 도착하다

66 yuēhàn xià jiān yǐ hòu   yē sū lái dào jiā lì lì   xuānchuán shén de fú yīn
约翰下监以后，耶稣来到加利利，宣传神的福音，

요한이 잡힌 후 예수께서 갈릴리에 오셔서 하나님의 복음을 전파하여

- xuānchuán
  宣传 : 선전하다, 널리 알리다

1:15

shuō   rì qī mǎn le   shén de guó jìn le   nǐ men dāng huǐgǎi   xìn fú yīn
说："日期满了，神的国近了！你们当悔改，信福音。"

67 shuō   rì qī mǎn le
说："日期满了，

이르시되 "때가 찼고~"하시더라

- rì qī
  日期 : 날짜, 기간, 기일
- mǎn
  满 : 가득하다, (기한이)다 차다

68 shuō   rì qī mǎn le   shén de guó jìn le
说："日期满了，神的国近了！

이르시되 "때가 찼고 하나님의 나라가 가까이 왔으니~"하시더라

- guó
  国 : 나라, 국가
- jìn
  近 : 가깝다

69 说："日期满了，神的国近了！你们当悔改"

이르시되 "때가 찼고 하나님의 나라가 가까이 왔으니 (너희는) 회개하고~" 하시더라

* 当 dāng : 마땅히 ~해야 하다
* 悔改 huǐgǎi : 회개하다

70 说："日期满了，神的国近了！你们当悔改，信福音。"

이르시되 "때가 찼고 하나님의 나라가 가까이 왔으니 회개하고 **복음을 믿으라**" 하시더라

* 信 xìn : 믿다

1:16

耶稣顺着加利利的海边走，看见西门和西门的兄弟安得烈在海里撒网，他们本是打鱼的。

71 耶稣顺着加利利的海边走，

(예수께서) 갈릴리 해변으로 지나가시다가

* 顺着 shùnzhe : ~를 따르다, ~를 쫓다
* 海边 hǎibiān : 해변
* 走 zǒu : 걷다, 가다
* 顺着加利利的海边 shùnzhe jiā lì lì de hǎibiān : 갈릴리 해변을 따라서

72 yē sū shùnzhe jiā lì lì de hǎibiān zǒu, kànjiàn xī mén
耶稣 顺着加利利的海边走, 看见西门

갈릴리 해변으로 지나가시다가 시몬을 보시니

* kànjiàn
  看见 : 보다
* xī mén
  西门 : 시몬

73 yē sū shùnzhe jiā lì lì de hǎibiān zǒu, kànjiàn xī mén hé xī mén de xiōng dì ān dé liè
耶稣 顺着加利利的海边走, 看见西门和西门的兄弟安得烈

갈릴리 해변으로 지나가시다가 시몬과 그(시몬의) 형제 안드레를 보시니

* xiōng dì
  兄弟 : 형제
* ān dé liè
  安得烈 : 안드레

74 yē sū shùnzhe jiā lì lì de hǎibiān zǒu, kànjiàn xī mén hé xī mén de xiōng dì ān dé liè zài
耶稣 顺着加利利的海边走, 看见西门和西门的兄弟安得烈在
hǎi li sǎ wǎng
海里撒网,

갈릴리 해변으로 지나가시다가 시몬과 그 형제 안드레가 **바다에 그물 던지는**

것을 보시니

* zài hǎi li
  在海里 : 바다에, 바다에서
* sǎ wǎng
  撒网 : 그물을 치다/던지다

75 yē sū shùnzhe jiā lì lì de hǎibiān zǒu, kànjiàn xī mén hé xī mén de xiōng dì ān dé liè zài
耶稣 顺着加利利的海边走, 看见西门和西门的兄弟安得烈在
hǎi li sǎ wǎng tā men běn shì dǎ yú de
海里撒网, **他们本是打鱼的。**

갈릴리 해변으로 지나가시다가 시몬과 그 형제 안드레가 바다에 그물 던지는

것을 보시니 **그들은 어부라**

běnshì
* 本 是 : 본래~이다

dǎyúde
* 打鱼的 : 물고기 잡는 사람, 어부

1:17

yē sū duì tā men shuō　　lái gēncóng wǒ　wǒ yào jiào nǐ men dé rén rú dé yú yí yàng
耶稣对他们说："来跟从我！我要叫你们得人如得鱼一样。"

76　yē sū duì tā men shuō
　　耶稣对他们说:

예수께서 (그들에게) 이르시되: "~"하시니

　duì
* 对 : ~에게

77　yē sū duì tā men shuō　　lái gēncóng wǒ
　　耶稣对他们说:"来跟从我！

예수께서 이르시되: "나를 따라오라~"하시니

　gēncóng
* 跟 从 : 따르다

78　yē sū duì tā men shuō　　lái gēncóng wǒ　wǒ yào jiào nǐ men
　　耶稣对他们说:"来跟从我！我要叫你们

예수께서 이르시되: "나를 따라오라 내가 너희로 ~"하시니

　jiào
* 叫 : ~로 하여금 ~하게 하다

79
　　yē sū duì tā men shuō　　lái gēn cóng wǒ　　wǒ yào jiào nǐ men dé rén rú dé yú yí yàng
　　耶稣对他们说：　"来跟从我！我要叫你们得人如得鱼一样。"

예수께서 이르시되:"나를 따라오라 내가 너희로 **사람을 낚는 어부가 되게 하리라**"하시니

　　dé rén
* 得人 : 사람을 얻다
　　dé yú
* 得鱼 : 물고기를 잡다
　　rú　 yí yàng
* 如~一样 : ~와 같다
　　jiào nǐ men dé rén rú dé yú yí yàng
* 叫你们得人如得鱼一样
: 너희로 하여금 사람 낚는 것을 물고기 낚는 것과 같게 하리라 ▸ 너희로 사람을 낚는 어부가 되게 하리라

1:18
tā men jiù lì kè shě le wǎng　gēn cóng le tā
他们就立刻舍了网，跟从了他。

80
　　tā men jiù lì kè
　　他们就立刻

(그들이) 곧

　　lì kè
* 立刻 : 곧, 즉시

81
　　tā men jiù lì kè shě le wǎng
　　他们就立刻舍了网，

곧 그물을 버려두고

shě
* 舍 : 버리다, 포기하다, 내버리다

wǎng
* 网 : 그물

82 tā men jiù lì kè shě le wǎng　gēn cóng le tā
他们 就 立 刻 舍 了 网 ，跟 从 了 他。

곧 그물을 버려두고 (그를) 따르니라

1:19

yē sū shāo wǎng qián zǒu　yòu jiàn xī bì tài de ér zi yǎ gè hé yǎ gè de xiōng dì yuē hàn zài
耶稣 稍 往 前 走，又见 西庇太的 儿子 雅各 和 雅各 的 兄 弟 约 翰 在
chuán shang bǔ wǎng
船 上 补网。

83 yē sū shāo wǎng qián zǒu
耶稣 稍 往 前 走，

(예수께서) 조금 더 가시다가

shāo
* 稍 : 약간, 조금, 잠깐

wǎng
* 往 : ~쪽으로, ~을 향해

wǎng qián
* 往 前 : 앞으로

84 yē sū shāo wǎng qián zǒu　yòu jiàn xī bì tài de ér zi
耶稣 稍 往 前 走，又见 西庇太的 儿子

조금 더 가시다가 세베대의 아들을 보시니

xī bì tài
* 西庇太 : 세베대

85
yē sū shāo wǎng qián zǒu yòu jiàn xī bì tài de ér zi yǎ gè hé yǎ gè de xiōng dì yuē hàn
耶稣 稍 往 前走, 又见西庇太的儿子雅各和雅各的 兄 弟约 翰

조금 더 가시다가 세베대의 아들 **야고보**와 그 형제 요한을 보시니

* yǎ gè
  雅各 : 야고보

86
yē sū shāo wǎng qián zǒu yòu jiàn xī bì tài de ér zi yǎ gè hé yǎ gè de xiōng dì yuē hàn zài
耶稣 稍 往 前走, 又见西庇太的儿子雅各和雅各的 兄 弟约 翰在
chuán shang bǔ wǎng
船 上 补网。

조금 더 가시다가 세베대의 아들 야고보와 그 형제 요한을 보시니 [그들도] 배에 있어 그물을 깁는데

* chuán
  船 : 배
* zài chuán shang
  在 船 上 : 배에서
* bǔ wǎng
  补 网 : 그물을 깁다

1:20

yē sū suí jí zhāo hu tā men tā men jiù bǎ fù qīn xī bì tài hé gù gōng rén liú zài chuán
耶稣随即 招 呼他们, 他 们 就把父亲西庇太和雇 工 人留在 船
shang gēn cóng yē sū qù le
上 , 跟 从 耶稣去了。

87
yē sū suí jí zhāo hu tā men
耶稣随即 招 呼他们,

(예수께서) 곧 (그들을) 부르시니

* suí jí
  随即 : 즉시, 곧
* zhāo hu
  招 呼 : 부르다

88 yē sū suí jí zhāo hu tā men   tā men jiù bǎ fù qīn xī bì tài
耶稣随即招呼他们, 他们就把父亲西庇太

곧 부르시니 (그들이) 그 아버지 세베대를

  fùqīn
* 父亲 : 부친, 아버지

89 yē sū suí jí zhāo hu tā men   tā men jiù bǎ fù qīn xī bì tài hé gù gōng rén liú zài chuán shang
耶稣随即招呼他们, 他们就把父亲西庇太和雇工人留在船上,

곧 부르시니 그 아버지 세베대를 품꾼들과 함께 배에 버려두고

  gùgōngrén
* 雇工人 : 품꾼
  liú
* 留 : 머무르다, 머무르게 하다, 남겨두다

90 yē sū suí jí zhāo hu tā men   tā men jiù bǎ fù qīn xī bì tài hé gù gōng rén liú zài chuán shang gēn cóng yē sū qù le
耶稣随即招呼他们, 他们就把父亲西庇太和雇工人留在船上, 跟从耶稣去了。

곧 부르시니 그 아버지 세베대를 품꾼들과 함께 배에 버려두고 예수를 따라가니라

  qù
* 去 : 가다, 떠나다

1:21

dào le jiā bǎinóng　　yē sū jiù zài ān xī rì jìn le huìtáng jiàoxun rén
到了迦百农，耶稣就在安息日进了会堂教训人。

---

91 dào le jiā bǎinóng
到了迦百农，

[그들이] 가버나움에 들어가니라

　jiābǎinóng
* 迦百农 : 가버나움

---

92 dào le jiā bǎinóng　　yē sū jiù zài ān xī rì
到了迦百农，耶稣就在安息日

그들이 가버나움에 들어가니라 예수께서 곧 안식일에

　ān xī rì
* 安息日 : 안식일

---

93 dào le jiā bǎinóng　　yē sū jiù zài ān xī rì jìn le huìtáng jiàoxun rén
到了迦百农，耶稣就在安息日进了会堂教训人。

그들이 가버나움에 들어가니라 예수께서 곧 안식일에 **회당에 들어가 가르치시매**

　jìn
* 进 : 들어가다
　huìtáng
* 会堂 : 회당
　jiàoxun
* 教训 : 교훈하다, 훈계하다

1:22

zhòngrénhěn xī qí tā de jiàoxun　yīnwèi tā jiàoxun tā men　zhèngxiàngyǒuquánbǐng
众　人很希奇他的教训，因为他教训他们，　正　像有权　柄
de rén　búxiàngwénshì
的人，不像　文士。

94　zhòngrénhěn xī qí tā de jiàoxun
　　众　人很希奇他的教训，

뭇 사람이 그의 교훈에 놀라니

- zhòngrén
  众　人 : 뭇사람, 군중
- hěn
  很 : 매우, 아주
- xī qí
  希奇 : 진기(신기)하다, 드물다

95　zhòngrénhěn xī qí tā de jiàoxun　yīnwèi tā jiàoxun tā men
　　众　人很希奇他的教训，因为他教训他们，

뭇 사람이 그의 교훈에 놀라니 이는 그가 (그들을) 가르치시는 것이

- yīnwèi
  因　为 : 왜냐하면, ~때문에

96　zhòngrénhěn xī qí tā de jiàoxun　yīnwèi tā jiàoxun tā men　zhèngxiàngyǒuquánbǐng
　　众　人很希奇他的教训，因为他教训他们，　正　像有权　柄
　de rén
　的人，

뭇 사람이 그의 교훈에 놀라니 이는 그가 가르치시는 것이 권위 있는 자와 같고

- zhèngxiàng
  正　像 : 마치~와 같다
- quánbǐng
  权　柄 : 권력, 권세

1장　53

97　zhòngrén hěn xī qí tā de jiàoxun　yīnwèi tā jiàoxun tā men　zhèngxiàng yǒu quánbǐng
众 人很希奇他的教训，因为他教训他们， 正 像有权柄
de rén　búxiàng wénshì
的人，不 像 文士。

뭇 사람이 그의 교훈에 놀라니 이는 그가 가르치시는 것이 권위 있는 자와 같고

서기관들과 같지 아니함일러라

　　búxiàng
＊不 像 : ~같지 않다
　　wénshì
＊文 士 : 문인, 서기관

1:23

zài huìtáng li　yǒu yí ge rén bèi wūguǐ fù zhuó　tā hǎn jiào shuō
在会 堂里，有一个人被污鬼附 着 。他喊叫说:

98　zài huìtáng li　yǒu yí ge rén
在会 堂里，有一个人

[마침 그들의] 회당에 사람이 있어

　　yí ge rén
＊一个 人 : 한 사람

99　zài huìtáng li　yǒu yí ge rén bèi wūguǐ fù zhuó
在会 堂里，有一个人被污鬼附 着

마침 그들의 회당에 **더러운 귀신 들린** 사람이 있어

　　bèi
＊被 : ~에게 ~당하다
　　wūguǐ
＊污鬼 : 더러운 귀신
　　fùzhuó
＊附 着 : 부착하다, 달라 붙다

100 在会堂里，有一个人被污鬼附着。他喊叫说：

마침 그들의 회당에 더러운 귀신 들린 사람이 있어 **소리 질러 이르되**

* 喊叫 : 외치다, 고함치다

1:24

"拿撒勒人耶稣，我们与你有什么相干，你来灭我们吗？我知道你是谁，乃是神的圣者。"

---

101 "拿撒勒人耶稣，

"나사렛 (사람) 예수여

* 拿撒勒 : 나사렛

102 "拿撒勒人耶稣，我们与你有什么相干，

"나사렛 예수여 우리가 당신과 무슨 상관이 있나이까

* 我们 : 우리
* 与 : ~와/과
* 什么 : 무슨
* 相干 : 관계, 상관

1장　**55**

103
　　ná sā lè rén yē sū　　wǒmen yǔ nǐ yǒu shénme xiānggān　　nǐ lái miè wǒmen ma
"拿撒勒人耶稣，我们与你有什么相干，你来灭我们吗?

"나사렛 예수여 우리가 당신과 무슨 상관이 있나이까 우리를 멸하러 왔나이까

　　　　miè
* 灭 : 소멸하다, 없애다

104
　　ná sā lè rén yē sū　　wǒmen yǔ nǐ yǒu shénme xiānggān　　nǐ lái miè wǒmen ma　wǒ
"拿撒勒人耶稣，我们与你有什么相干，你来灭我们吗? 我
zhīdao nǐ shì shéi
知道你是谁，

"나사렛 예수여 우리가 당신과 무슨 상관이 있나이까 우리를 멸하러 왔나이까

나는 당신이 누구인 줄 아노니

　　　zhīdao
* 知道 : 알다
　　　shéi
* 谁 : 누구

105
　　ná sā lè rén yē sū　　wǒmen yǔ nǐ yǒu shénme xiānggān　　nǐ lái miè wǒmen ma　wǒ
"拿撒勒人耶稣，我们与你有什么相干，你来灭我们吗? 我
zhīdao nǐ shì shéi　nǎi shì shén de shèngzhě
知道你是谁，乃是神的圣者。"

"나사렛 예수여 우리가 당신과 무슨 상관이 있나이까 우리를 멸하러 왔나이까

나는 당신이 누구인 줄 아노니 하나님의 거룩한 자니이다"

　　　nǎishì
* 乃是 : 바로~이다, 곧~이다
　　　shèngzhě
* 圣者 : 성자, 거룩한 자

1:25

yē sū zé bèi tā shuō　bú yào zuò shēng　cóng zhè rén shēn shang chū lái ba
耶稣责备他说："不要作声，从这人身上出来吧！"

106 yē sū zé bèi tā shuō
耶稣责备他说：

예수께서 꾸짖어 이르시되 "~"하시니

　zébèi
* 责备 : 꾸짖다, 책망하다

107 yē sū zé bèi tā shuō　bú yào zuò shēng
耶稣责备他说："不要作声，

예수께서 꾸짖어 이르시되 "잠잠하고~" 하시니

　búyào
* 不要 : ~하지 마라
　zuòshēng
* 作声 : 소리를 내다, 말하다

108 yē sū zé bèi tā shuō　bú yào zuò shēng　cóng zhè rén shēn shang chū lái ba
耶稣责备他说："不要作声，从这人身上出来吧！"

예수께서 꾸짖어 이르시되 "잠잠하고 그 사람에게서 나오라" 하시니

　zhèrén
* 这人 : 이 사람
　shēnshang
* 身上 : 몸
　chūlái
* 出来 ; 나오다
　ba
* 吧 : 어기조사

1:26

wūguǐjiào nà rén chōu le yí zhènfēng dà shēng hǎnjiào jiù chū lái le
污鬼叫那人 抽了一阵风, 大 声 喊叫, 就出来了。

109 wūguǐjiào nà rén
污鬼叫那人
더러운 귀신이 그 사람에게

* jiào
  叫 : ~에게 ~하도록 하다

110 wūguǐjiào nà rén chōu le yí zhènfēng
污鬼叫那人 抽了一阵 风,
더러운 귀신이 그 사람에게 **경련을 일으키고**

* chōufēng   chōufēng
  抽 风 (= 抽 疯) : 경련을 일으키다
* yí zhèn
  一 阵 : 한바탕, 한차례
* chōu le yí zhènfēng
  抽 了一 阵 风 : (한바탕) 경련을 일으키다

111 wūguǐjiào nà rén chōu le yí zhènfēng dà shēng hǎnjiào
污鬼叫那人 抽 了一 阵 风, 大 声 喊叫,
더러운 귀신이 그 사람에게 경련을 일으키고 **큰 소리를 지르며**

* dàshēng
  大 声 : 큰 소리, 큰 소리로

112 wūguǐjiào nà rén chōu le yí zhènfēng dà shēng hǎnjiào jiù chū lái le
污鬼叫那人 抽 了一 阵 风, 大 声 喊叫, 就出来了。
더러운 귀신이 그 사람에게 경련을 일으키고 큰 소리를 지르며 **나오는지라**

> 1:27
> zhòngréndōujīngyà　　yǐ zhì bǐ cǐ duìwènshuō　zhèshìshénmeshì　shì ge xīndào lǐ
> 众 人 都 惊讶, 以致彼此对 问 说:"这是 什 么事?是个新道理
> a　　tā yòngquánbǐngfēn fù wūguǐ　liánwūguǐyě tīngcóng le tā
> 啊!他 用 权 柄 吩咐污鬼, 连污鬼也听 从 了他。"

113　zhòngréndōujīngyà
　　众 人 都 惊讶,

다 놀라

　　jīngyà
* 惊 讶 : 놀라다

114　zhòngréndōujīngyà　　yǐ zhì bǐ cǐ duìwènshuō
　　众 人 都 惊讶, 以致彼此对 问 说:

다 놀라 서로 물어 이르되 "~"하더라

　　yǐzhì
* 以致 : ~한 결과(나쁜 결과)를 초래하다/하게 하다
　　bǐ cǐ
* 彼此 : 피차, 서로
　　duìwèn
* 对 问 : 묻고 답하다

115　zhòngréndōujīngyà　　yǐ zhì bǐ cǐ duìwènshuō　zhèshìshénmeshì
　　众 人 都 惊讶, 以致彼此对 问 说:"这是 什 么事?

다 놀라 서로 물어 이르되 "이는 어찜이냐~"하더라

　　shì
* 事 : 일

116
　　zhòngréndōujīng yà　　yǐ zhì bǐ cǐ duìwènshuō　　zhèshìshénmeshì　　shìgexīndào lǐ
　　众 人 都 惊讶, 以致彼此对 问 说： "这是 什 么事？ 是个新道理
a
啊!

다 놀라 서로 물어 이르되 "이는 어찜이냐 새 교훈이로다~"하더라

　　　gè
* 个 : 양사, 사람이나 사물의 수량을 나타냄, 一个일 땐 一가 생략되기도 함
　　yí ge　　yī
　　xīn
* 新 : 새롭다
　　dào lǐ
* 道 理 : 도리, 이치
　　a
* 啊 : 어기조사

117
　　zhòngréndōujīng yà　　yǐ zhì bǐ cǐ duìwènshuō　　zhèshìshénmeshì　　shìgexīndào lǐ
　　众 人 都 惊讶, 以致彼此对 问 说： "这是 什 么事？ 是个新道理
a　　tā yòngquánbǐngfēn fù wūguǐ
啊! 他用 权 柄 吩咐污鬼,

다 놀라 서로 물어 이르되 "이는 어찜이냐 **권위 있는** 새 교훈이로다 **더러운 귀신들에게 명한즉**~"하더라

　　fēnfù
* 吩咐 : 분부하다, 시키다, 명령하다
　shìgexīndào lǐ a　　tā yòngquánbǐngfēnfùwūguǐ
* 是个新 道 理啊! 他用 权 柄 吩咐污鬼
  : 새로운 교훈이로다 그가 권위로 더러운 귀신들에게 명한즉 ▶ 권위 있는 새 교훈이로다 더러운 귀신들에게 명한즉

118
　　zhòngréndōujīng yà　　yǐ zhì bǐ cǐ duìwènshuō　　zhèshìshénmeshì　　shìgexīndào lǐ
　　众 人 都 惊讶, 以致彼此对 问 说： "这是 什 么事？ 是个新道理
a　　tā yòngquánbǐngfēn fù wūguǐ　　liánwūguǐ yě tīngcóng le tā
啊! 他用 权 柄 吩咐污鬼, 连污鬼也听 从 了他。"

다 놀라 서로 물어 이르되 "이는 어찜이냐 권위 있는 새 교훈이로다 더러운 귀신들에게 명한즉 **(더러운 귀신조차도) 순종하는도다**"하더라

liányě
* 连~也~ : ~조차도 ~하다

tīngcóng
* 听 从 : 듣다, 따르다, 순종하다

liánwūguǐyětīngcóngle tā
* 连 污 鬼 也 听 从 了 他 : 더러운 귀신조차도 그에게 순종하는도다

1:28

yē sū de míngshēng jiù chuánbiàn le jiā lì lì de sì fāng
耶稣的名 声 就 传 遍 了加利利的四方。

119 yē sū de míngshēng
耶稣的名 声

예수의 소문이

míngshēng
* 名 声 : 명성, 평판

120 yē sū de míngshēng jiù chuánbiàn le jiā lì lì de sì fāng
耶稣的名 声 就 传 遍 了加利利的四方。

예수의 소문이 곧 온 갈릴리 사방에 퍼지더라

chuánbiàn
* 传 遍 : 두루 퍼지다

sì fāng
* 四 方 : 사방

1장 61

1:29

tā men yì chū huì táng jiù tóng zhe yǎ gè yuē hàn jìn le xī mén hé ān dé liè de jiā
他们一出会堂，就同着雅各、约翰，进了西门和安得烈的家

121 tā men yì chū huì táng
他们一出会堂,

회당에서 나와

- 出 chū : 나가다, 나오다

122 tā men yì chū huì táng jiù tóng zhe yǎ gè yuē hàn
他们一出会堂, 就同着雅各、约翰,

회당에서 나와 곧 야고보와 요한과 함께

- 同着 tóngzhe : ~와 함께

123 tā men yì chū huì táng jiù tóng zhe yǎ gè yuē hàn jìn le xī mén hé ān dé liè de jiā
他们一出会堂, 就同着雅各、约翰, 进了西门和安得烈的家

회당에서 나와 곧 야고보와 요한과 함께 **시몬과 안드레의 집에 들어가시니**

- 家 jiā : 집

> 1:30
> xī mén de yuèmǔ zhèng hài rè bìng tǎng zhe, jiù yǒu rén gào su yē sū
> 西门的岳母 正 害热病 躺着， 就有人告诉耶稣。

124 xī mén de yuèmǔ
西门的岳母

시몬의 장모가

* yuèmǔ
  岳母 : 장모

125 xī mén de yuèmǔ zhèng hài rè bìng tǎng zhe
西门的岳母 正 害热病 躺着，

시몬의 장모가 **열병으로 누워 있는지라**

* zhèng
  正 : 동작의 진행, 상태의 지속을 나타냄(현재진행)
* hàibìng
  害病 : 병들다, 병에 걸리다
* hàirèbìng
  害热病 : 열병에 걸리다
* tǎngzhe
  躺着 : 누워 있다

126 xī mén de yuèmǔ zhèng hài rè bìng tǎng zhe, jiù yǒu rén gào su yē sū
西门的岳母 正 害热病 躺着， 就有人告诉耶稣。

시몬의 장모가 열병으로 누워 있는지라 **사람들이 곧 [그 여자에 대하여] 예수께 여짜온대**

* yǒurén
  有人 : 어떤 사람, 누군가
* gàosu
  告诉 : 알리다, 말하다

1:31

yē sū jìn qián lā zhe tā de shǒu　fú tā qǐ lái　　rè jiù tuì le　　tā jiù fú shì tā men
耶稣进前拉着她的手，扶她起来，热就退了，她就服事他们。

127 yē sū jìn qián lā zhe tā de shǒu
耶稣进前拉着她的手，

(예수께서) 나아가사 그 손을 잡아

* 进前 jìnqián : 나아가다, 전진하다
* 拉手 lā shǒu : 손을 잡다
* 她 tā : 그녀
* 拉着她的手 lā zhe tā de shǒu : 그녀의 손을 잡고

128 yē sū jìn qián lā zhe tā de shǒu　fú tā qǐ lái
耶稣进前拉着她的手，扶她起来，

나아가사 그 손을 잡아 **일으키시니**

* 扶 fú : 부축하다, 떠받치다
* 扶起来 fú qǐ lái : 부축해 일으키다

129 yē sū jìn qián lā zhe tā de shǒu　fú tā qǐ lái　rè jiù tuì le
耶稣进前拉着她的手，扶她起来，热就退了，

나아가사 그 손을 잡아 일으키시니 **열병이 떠나고**

* 热 rè : 열
* 退 tuì : 물러나다, 떠나다

130 yē sū jìn qián lā zhe tā de shǒu fú tā qǐ lái   rè jiù tuì le   tā jiù fú shì tā men
耶稣进 前 拉着 她的 手， 扶她起来， 热就退了， 她就服事他们。
나아가사 그 손을 잡아 일으키시니 열병이 떠나고 **여자가 그들에게 수종드니라**

* fúshì fúshì
  服事(=服侍) : 섬기다, 모시다, 접대하다

1:32

tiānwǎn rì luò de shíhou yǒuréndàizhe yí qièhàibìng de hé bèiguǐ fù de   lái dào yē sū
天 晚 日落的时候， 有人带着一切害 病 的和被鬼附的， 来到耶稣
gēnqián
跟 前。

---

131 tiānwǎn rì luò de shíhou
天 晚 日落的时候，
저물어 해 질 때에

* tiānwǎn
  天 晚 : 날이 저물다
* rì luò
  日 落 : 해가 지다
* shíhou
  时 候 : 때

132 tiānwǎn rì luò de shíhou yǒuréndàizhe yí qièhàibìngde
天 晚 日落的时候， 有人带着一切害 病 的
저물어 해 질 때에 (사람들이) 모든 병자를 데리고

* dài
  带 : 데리다, 인솔하다
* yíqiè
  一 切 : 모든, 온갖
* hàibìngde
  害 病 的 : 병든 사람

1장 65

133 tiānwǎn rì luòde shíhou　yǒuréndàizhe yí qièhàibìngde **hé bèiguǐ fù de**
天 晚 日落的时候，有人带着一切害 病 的**和被鬼附的，**

저물어 해 질 때에 모든 병자와 귀신 들린 자를 데리고

　　　bèiguǐfùde
* 被 鬼附的 : 귀신 들린 사람

134 tiānwǎn rì luòde shíhou　yǒuréndàizhe yí qièhàibìngde hé bèiguǐ fù de　**lái dào yē sū gēn qián**
天 晚 日落的时候，有人带着一切害 病 的和被鬼附的，**来到耶稣 跟 前。**

저물어 해 질 때에 모든 병자와 귀신 들린 자를 **예수께 데려오니(데리고 오니)**

　　　láidào
* 来 到 : 오다, 도착하다
　　　gēnqián
* 跟 前 : 옆, 곁, 앞

1:33

héchéngderéndōu jù jí zàiménqián
合 城 的人都聚集在 门前。

---

135 héchéngderén
合 城 的人

온 동네 (사람이)

　　　héchéng
* 合 城 : 온 도시, 온 동네

136 hé chéng de rén dōu jù jí zài ménqián
合 城 的人 都聚集在 门前。

온 동네가 그 문 앞에 모였더라

* 聚集 jù jí : 모이다
* 门前 ménqián : 문 앞

1:34

yē sū zhì hǎo le xǔ duō hài gè yàng bìng de rén yòu gǎn chū xǔ duō guǐ bù xǔ guǐ shuō huà yīnwèi guǐ rènshi tā
耶稣治好了许多害各样病的人,又赶出许多鬼,不许鬼说话,因为鬼认识他。

137 yē sū zhì hǎo le
耶稣治好了

예수께서 고치시며

* 治好 zhì hǎo : 고치다, 치유하다

138 yē sū zhì hǎo le xǔ duō hài gè yàng bìng de rén
耶稣治好了许多害各样病的人,

예수께서 각종 병이 든 많은 사람을 고치시며

* 许多 xǔduō : 무수히 많은, 허다한
* 各样 gèyàng : 각종

139 耶稣治好了许多害各样病的人，又赶出许多鬼，

예수께서 각종 병이 든 많은 사람을 고치시며 **많은 귀신을 내쫓으시되**

* 赶出 : 쫓아내다, 내쫓다

140 耶稣治好了许多害各样病的人，又赶出许多鬼，不许鬼说话，

예수께서 각종 병이 든 많은 사람을 고치시며 많은 귀신을 내쫓으시되 **그 말하는 것을 허락하지 아니하시니라**

* 不许 : 허락하지 않다, 불허하다
* 说话 : 말하다

141 耶稣治好了许多害各样病的人，又赶出许多鬼，不许鬼说话，因为鬼认识他。

예수께서 각종 병이 든 많은 사람을 고치시며 많은 귀신을 내쫓으시되 **귀신이 자기를 알므로 그 말하는 것을 허락하지 아니하시니라**

* 认识 : 알다

1:35

cì rì zǎochén tiān wèi liàng de shíhou　yē sū qǐ lái　dào kuàng yě dì fang qù　zài nà li
次日早晨, 天未 亮 的时候, 耶稣起来, 到 旷 野地方去, 在那里
dǎogào
祷 告。

142　cì rì zǎochén
　　次日早晨,

　　(이튿날) 새벽

　　　cì rì
　　* 次日 : 이튿날, 다음날
　　　zǎochén
　　* 早 晨 : 새벽

143　cì rì zǎochén tiān wèi liàng de shíhou
　　次日早晨, 天未 亮 的时候,

　　새벽 아직도 밝기 전에

　　　wèi
　　* 未 : 아직~않다
　　　liàng
　　* 亮 : 밝다

144　cì rì zǎochén tiān wèi liàng de shíhou　yē sū qǐ lái
　　次日早晨, 天未 亮 的时候, 耶稣起来,

　　새벽 아직도 밝기 전에 **예수께서 일어나**

　　　qǐ lái
　　* 起来 : 일어나다

145   cì rì zǎochén tiānwèiliàng de shíhou   yē sū qǐ lái   dào kuàng yě dì fang qù
次日早晨， 天未 亮 的时候， 耶稣起来， 到 旷 野地 方 去，

새벽 아직도 밝기 전에 예수께서 일어나 **나가 한적한 곳(광야)으로 가사**

146   cì rì zǎochén tiānwèiliàng de shíhou   yē sū qǐ lái   dào kuàng yě dì fang qù   zài nà li
次日早晨， 天未 亮 的时候， 耶稣起来， 到 旷 野地 方 去， 在那里
dǎogào
祷 告。

새벽 아직도 밝기 전에 예수께서 일어나 나가 한적한 곳으로 가사 **거기서 기도하시더니**

　　nà li
* 那里 : 그곳, 저곳, 거기, 저기
　　dǎogào
* 祷 告 : 기도하다

1:36

xī mén hé tóngbàn zhuī le tā qù
西 门 和 同 伴 追 了 他 去。

147   xī mén hé tóngbàn
西 门 和 同 伴

시몬과 및 그와 함께 있는 자들이

　　tóngbàn
* 同 伴 : 동반자, 동료

148 xī mén hé tóng bàn zhuī le tā qù
西 门 和 同 伴 追 了 他 去。

시몬과 및 그와 함께 있는 자들이 **예수의 뒤를 따라가**

* 追 : 쫓아가다, 뒤따르다
  zhuī

1:37

yù jiàn le jiù duì tā shuō   zhòng rén dōu zhǎo nǐ
遇 见 了 就 对 他 说 ：" 众 人 都 找 你。"

---

149 yù jiàn le jiù duì tā shuō
遇 见 了 就 对 他 说 ：

만나서 (그에게) 이르되

* 遇 见 : 만나다
  yùjiàn

---

150 yù jiàn le jiù duì tā shuō   zhòng rén dōu zhǎo nǐ
遇 见 了 就 对 他 说 ：" 众 人 都 找 你。"

만나서 이르되 "모든 사람이 주를 찾나이다"

* 找 : 찾다
  zhǎo

> 1:38
> yē sū duì tā men shuō   wǒ men kě yǐ wǎng bié chù qù   dào lín jìn de xiāng cūn   wǒ yě
> 耶稣对他们说："我们可以 往 别处去, 到邻近的 乡村, 我也
> hǎo zài nà li chuán dào   yīn wèi wǒ shì wèi zhè shì chū lái de
> 好 在那里 传 道, 因为我是为 这事出来的。"

151   yē sū duì tā men shuō
　　　耶稣对他们 说:

(예수께서 그들에게) 이르시되 "~" 하시고

152   yē sū duì tā men shuō   wǒ men kě yǐ wǎng bié chù qù
　　　耶稣对他们 说:"我们 可以 往 别处去,

이르시되 "우리가 다른 곳으로 가자~" 하시고

　　kě yǐ
* 可以 : ~할 수 있다, ~해도 좋다, ~할 가치가 있다
　　bié chù
* 别 处 : 다른 곳

153   yē sū duì tā men shuō   wǒ men kě yǐ wǎng bié chù qù   dào lín jìn de xiāng cūn
　　　耶稣对他们 说:"我们可以 往 别处去, 到邻近的 乡 村,

이르시되 "우리가 다른 **가까운 마을들로 가자**~" 하시고

　　lín jìn
* 邻近 : 가깝다/부근, 근처
　　xiāng cūn
* 乡 村 : 농촌, 시골

154 耶穌對他們說："我們可以往別處去，到鄰近的鄉村，我也好在那裏傳道，

이르시되 "우리가 다른 가까운 마을들로 가자 거기서도 전도하리니~" 하시고

* 好 : 좋다, ~하기가 좋다, ~하기가 편하다
* 傳道 : 전도하다

155 耶穌對他們說："我們可以往別處去，到鄰近的鄉村，我也好在那裏傳道，因為我是為這事出來的。"

이르시되 "우리가 다른 가까운 마을들로 가자 거기서도 전도하리니 내가 이를 위하여 왔노라" 하시고

* 為 : ~를 위하여
* 這事 : 이 일
* 出來 : 나오다

1:39

於是在加利利全地，進了會堂，傳道趕鬼。

156 於是在加利利全地，

이에 온 갈릴리에 다니시며

* 於是 : 이에, 따라서, 그래서, 그리하여

157
yú shì zài jiā lì lì quán dì　　jìn le huìtáng
于是在加利利 全 地, 进了会堂,

이에 온 갈릴리에 다니시며 그들의 여러 회당에서

158
yú shì zài jiā lì lì quán dì　　jìn le huìtáng　chuándào gǎnguǐ
于是在加利利 全 地, 进了会堂, 传 道赶鬼。

이에 온 갈릴리에 다니시며 그들의 여러 회당에서 전도하시고 또 귀신들을 내

쫓으시더라

* gǎnguǐ
  赶 鬼 : 귀신을 내쫓다

1:40

yǒu yí ge zhǎng dà máfēng de lái qiú yē sū　　xiàng tā guìxia　shuō　　nǐ ruòkěn　bì
有 一个 长 大麻风 的来求耶稣, 向 他跪下, 说:"你若肯, 必
néng jiàowǒ jié jìng le
能 叫我洁净了。"

159
yǒu yí ge zhǎng dà máfēng de
有 一个 长 大麻风 的

한 나병환자가

* zhǎngdàmáfēng　fēng de
  长 大麻 风 (=疯) 的 : 나병환자

160
yǒu yí ge zhǎng dà máfēng de lái qiú yē sū　　xiàng tā guìxia　shuō
有 一个 长 大麻 风 的来求耶稣， 向 他跪下，说：

한 나병환자가 예수께 와서 꿇어 엎드려 간구하여 이르되

　　qiú
* 求 : 구하다, 간청하다
　　xiàng
* 向 : ~에게, ~로, ~를 향하여
　　guìxia
* 跪 下 : 무릎을 꿇다, 꿇어 앉다

161
yǒu yí ge zhǎng dà máfēng de lái qiú yē sū　　xiàng tā guìxia　shuō　　nǐ ruòkěn
有 一个 长 大麻 风 的来求耶稣， 向 他跪下，说： "你若肯,

한 나병환자가 예수께 와서 꿇어 엎드려 간구하여 이르되 (만약 당신이) 원하시면

　　ruò
* 若 : 만약~라면
　　kěn
* 肯 : 허락하다, 동의하다

162
yǒu yí ge zhǎng dà máfēng de lái qiú yē sū　　xiàng tā guìxia　shuō　　nǐ ruòkěn　bì
有 一个 长 大麻 风 的来求耶稣， 向 他跪下，说： "你若肯, 必
néng jiàowǒ jiéjìng le
能　叫我洁净了。"

한 나병환자가 예수께 와서 꿇어 엎드려 간구하여 이르되 원하시면 저를 깨끗하게 하실 수 있나이다

　　bì
* 必 : 반드시, 꼭
　　néng
* 能 : ~할 수 있다
　　jiéjìng
* 洁 净 : 깨끗하다

1장　75

1:41

yē sū dòng le cí xīn   jiù shēn shǒu mō tā   shuō   wǒ kěn   nǐ jié jìng le ba
耶稣 动 了 慈心， 就 伸 手 摸他， 说："我肯，你洁净了吧！"

163
yē sū dòng le cí xīn
耶稣 动 了 慈心,

예수께서 불쌍히 여기사

* dòng
  动 : (어떤 마음, 감정을)불러 일으키다
* cí xīn
  慈心 : 자비심, 동정심

164
yē sū dòng le cí xīn   jiù shēn shǒu mō tā   shuō
耶稣 动 了 慈心, 就 伸 手 摸他, 说:

예수께서 불쌍히 여기사 손을 내밀어 그에게 대시며 이르시되 "~" 하시니

* shēn shǒu
  伸 手 : 손을 내밀다, 손을 뻗다
* mō
  摸 : 어루만지다, 대다, 쓰다듬다

165
yē sū dòng le cí xīn   jiù shēn shǒu mō tā   shuō   wǒ kěn   nǐ jié jìng le ba
耶稣 动 了 慈心, 就 伸 手 摸他, 说:"我肯，你洁净了吧！"

예수께서 불쌍히 여기사 손을 내밀어 그에게 대시며 이르시되 "내가 원하노니 깨끗함을 받으라" 하시니

* ba
  吧 : 어기조사

1:42

dà máfēng jí shí lí kāi tā　tā jiù jié jìng le
大麻风即时离开他，他就洁净了。

166 dà máfēng jí shí lí kāi tā
大麻风即时离开他，

곧 나병이 그 사람에게서 떠나가고

* dàmáfēng
  大麻风 : 나병
* jí shí
  即时 : 즉시, 즉각
* lí kāi
  离开 : 떠나다

167 dà máfēng jí shí lí kāi tā　tā jiù jié jìng le
大麻风即时离开他，他就洁净了。

곧 나병이 그 사람에게서 떠나가고 **깨끗하여진지라**

1:43

yē sū yán yán de zhǔ fù tā　jiù dǎ fa tā zǒu
耶稣严严地嘱咐他，就打发他走，

168 yē sū yán yán de zhǔ fù tā
耶稣严严地嘱咐他，

(예수께서) 엄히 경고하사

* yányánde
  严严地 : 엄하게, 엄중히
* zhǔfù
  嘱咐 : 분부하다, 부탁하다

169 yē sū yán yán de zhǔ fù tā　 jiù dǎ fa tā zǒu
耶稣严严地嘱咐他，就打发他走，

곧 보내시며 엄히 경고하사

　　dǎfa
* 打发 : 파견하다, 보내다, 가게 하다

1:44

duì tā shuō　　nǐ yào jǐn shèn　　shénme huà dōu bù kě gào su rén　　zhǐ yào qù bǎ shēn tǐ gěi
对他说："你要谨慎， 什么话都不可告诉人，只要去把身体给
jì sī chá kàn　yòu yīn wèi nǐ jié jìng le　 xiàn shàng mó xī suǒ fēn fù de lǐ wù　 duì zhòng
祭司察看，又因为你洁净了，献上摩西所吩咐的礼物，对 众
rén zuò zhèng jù
人作 证据。"

---

170 duì tā shuō　　nǐ yào jǐn shèn
对他说："你要谨慎，

이르시되 "(너는) 삼가~" 하셨더라

　　jǐnshèn
* 谨 慎 : 신중하다, 조심하다, 주의하다, 삼가~

---

171 duì tā shuō　　nǐ yào jǐn shèn　shénme huà dōu bù kě gào su rén
对他说："你要谨慎， 什么话都不可告诉人，

이르시되 "삼가 아무에게 아무 말도 하지 말고~" 하셨더라

　　huà
* 话 : 말
　　bùkě
* 不可 : ~해서는 안된다
　　gàosu
* 告诉 : 알리다, 말하다

172
　　duì tā shuō　　　nǐ yào jǐn shèn　　shénme huà dōu bù kě gào su rén　　zhǐyào qù bǎ shēn tǐ gěi
对他说："你要谨慎， 什么话都不可告诉人，只要去把身体给
jì sī chákàn
祭司察看,

이르시되 "삼가 아무에게 아무 말도 하지 말고 가서 네 몸을 제사장에게 보이

고~" 하셨더라

　zhǐyào
* 只 要 : 오직, 다만, 단지
　shēn tǐ
* 身 体 : 몸
　gěi
* 给 : ~에게/(~에게) ~를 시키다
　jì sī
* 祭司 : 제사장
　chákàn
* 察 看 : 관찰하다, 살펴보다

173
　　duì tā shuō　　　nǐ yào jǐn shèn　　shénme huà dōu bù kě gào su rén　　zhǐyào qù bǎ shēn tǐ gěi
对他说："你要谨慎， 什么话都不可告诉人，只要去把身体给
jì sī chákàn　yòu yīnwèi nǐ jié jìng le
祭司察看, 又因为你洁净了,

이르시되 "삼가 아무에게 아무 말도 하지 말고 가서 네 몸을 제사장에게 보이

고 네가 깨끗하게 되었으니~" 하셨더라

174
　　duì tā shuō　　　nǐ yào jǐn shèn　　shénme huà dōu bù kě gào su rén　　zhǐyào qù bǎ shēn tǐ gěi
对他说："你要谨慎， 什么话都不可告诉人，只要去把身体给
jì sī chákàn　yòu yīnwèi nǐ jié jìng le　xiàn shang mó xī suǒ fēn fù de lǐ wù
祭司察看, 又因为你洁净了, 献 上 摩西所吩咐的礼物,

이르시되 "삼가 아무에게 아무 말도 하지 말고 가서 네 몸을 제사장에게 보이

고 네가 깨끗하게 되었으니 모세가 명한 것(예물)을 드려~" 하셨더라

* xiànshang
  献 上 : 바치다
* móxī
  摩西 : 모세
* suǒ
  所 : (동사 앞에 쓰여)~하는, ~하는 바
* fēnfù
  吩咐 : 분부하다, 명령하다
* lǐ wù
  礼物 : 예물, 선물

175 对他说：“你要谨慎，什么话都不可告诉人，只要去把身体给祭司察看，又因为你洁净了，献上摩西所吩咐的礼物，对众人作证据。”

이르시되 "삼가 아무에게 아무 말도 하지 말고 가서 네 몸을 제사장에게 보이고 네가 깨끗하게 되었으니 모세가 명한 것을 드려 **그들에게 입증하라**" 하셨더라

* zuòzhèngjù
  作 证 据 : 증거로 삼다

1:45

那人出去，倒说许多的话，把这件事传扬开了，叫耶稣以后不得再明明地进城，只好在外边旷野地方。人从各处都就了他来。

176 那人出去，

그 사람이 나가서

nà rén
* 那 人 : 그 사람

　　　　nà rén chū qù　　dào shuō xǔ duō de huà
177 那人出去, 倒 说 许多的话,

그러나 그 사람이 나가서 (많은 말을 하고)

　　　dào
* 倒 : 역으로, 반대로, 오히려
　　　xǔ duō
* 许 多 : 허다한, 많은

　　　　nà rén chū qù　　dào shuō xǔ duō de huà　　bǎ zhè jiàn shì chuán yáng kāi le
178 那人出去, 倒 说 许多的话, 把这件事 传 扬 开了,

그러나 그 사람이 나가서 **이 일을 많이 전파하여 널리 퍼지게 하니**

　　　zhè jiàn shì
* 这 件 事 : 이 일
　　　chuán yáng kāi
* 传　扬　开 : 전파하여 널리 퍼지다/퍼뜨리다

　　　　nà rén chū qù　　dào shuō xǔ duō de huà　　bǎ zhè jiàn shì chuán yáng kāi le　　jiào yē sū yǐ hòu
179 那人出去, 倒 说 许多的话, 把这件事 传 扬 开了, 叫耶稣以后

그러나 그 사람이 나가서 이 일을 많이 전파하여 널리 퍼지게 하니 [그러므로]

예수께서 (이후에)

　　　　nà rén chū qù　　dào shuō xǔ duō de huà　　bǎ zhè jiàn shì chuán yáng kāi le　　jiào yē sū yǐ hòu
180 那人出去, 倒 说 许多的话, 把这件事 传 扬 开了, 叫耶稣以后
　　　bù dé zài míng míng de jìn chéng
不得再 明　明 地进 城,

그러나 그 사람이 나가서 이 일을 많이 전파하여 널리 퍼지게 하니 그러므로 예

수께서 다시는 드러나게 동네에 들어가지 못하시고

bùdé
* 不得 : ~해서는 안 된다, ~할 수가 없다

zài
* 再 : 다시, 또

míngmíngde
* 明　明　地 : 드러나게

jìnchéng
* 进　城　 : 성(시내, 동네)에 들어가다

181
nà rén chū qù　dào shuō xǔ duō de huà　bǎ zhè jiàn shì chuán yáng kāi le　jiào yē sū yǐ hòu
那人出去, 倒说许多的话, 把这件事传扬开了, 叫耶稣以后
bù dé zài míng míng de jìn chéng zhǐ hǎo zài wài bian kuàng yě dì fang
不得再明　明　地进城, 只好在外边　旷　野地方。

그러나 그 사람이 나가서 이 일을 많이 전파하여 널리 퍼지게 하니 그러므로 예

수께서 다시는 드러나게 동네에 들어가지 못하시고 **오직 바깥 한적한 곳(광야)**

에 계셨으나

zhǐhǎo
* 只 好 : 부득이, 부득불, 할 수 없이

wàibian
* 外 边 : 밖, 바깥, 외지

182
nà rén chū qù　dào shuō xǔ duō de huà　bǎ zhè jiàn shì chuán yáng kāi le　jiào yē sū yǐ hòu
那人出去, 倒说许多的话, 把这件事传扬开了, 叫耶稣以后
bù dé zài míng míng de jìn chéng zhǐ hǎo zài wài bian kuàng yě dì fang rén cóng gè chù dōu jiù
不得再明　明　地进城, 只好在外边　旷　野地方。人从各处都就
le tā lái
了他来。

그러나 그 사람이 나가서 이 일을 많이 전파하여 널리 퍼지게 하니 그러므로 예

수께서 다시는 드러나게 동네에 들어가지 못하시고 오직 바깥 한적한 곳에 계

셨으나 **사방에서 사람들이 그에게로 나아오더라**

gèchù
* 各 处 : 각처, 여러 곳

jiù kàojìn
* 就(=靠近) : 가깝다, 가까이 다가가다

암송! 중국어 마가복음

2장

1 过了些日子,耶稣又进了迦百农。人听见他在房子里,

2 就有许多人聚集,甚至连门前都没有空地,耶稣就对他们讲道。

3 有人带着一个瘫子来见耶稣,是用四个人抬来的。

4 因为人多,不得近前,就把耶稣所在的房子,拆了房顶,既拆通了,就把瘫子连所躺卧的褥子都缒下来。

5 耶稣见他们的信心,就对瘫子说:"小子,你的罪赦了。"

6 有几个文士坐在那里,心里议论说:

7 "这个人为什么这样说呢?他说僭妄的话了,除了神以外,谁能赦罪呢?"

8 耶稣心中知道他们心里这样议论,就说:"你们心里为什么这样议论呢?

9 或对瘫子说:'你的罪赦了',或说:'起来,拿你的褥子行走',哪一样容易呢?

10 但要叫你们知道,人子在地上有赦罪的权柄。"就对瘫子说:

11 "我吩咐你起来,拿你的褥子回家去吧!"

12 那人就起来,立刻拿着褥子,当众人面前出去了。以致众人都惊奇,归荣耀与神说:"我们从来没有见过这样的事!"

13 耶稣又出到海边去,众人都就了他来,他便教训他们。

14 耶稣经过的时候,看见亚勒腓的儿子利未坐在税关上,就对他说:"你跟从我来!"他就起来,跟从了耶稣。

15 耶稣在利未家里坐席的时候,有好些税吏和罪人与耶稣并门徒一同坐席,因为这样的人多,他们也跟随耶稣。

16 法利赛人中的文士看见耶稣和罪人并税吏一同吃饭,就对他门徒说:"他和税吏并罪人一同吃喝吗?"

17 耶稣听见,就对他们说:"康健的人用不着医生,有病的人才用得着。我来本不是召义人,乃是召罪人。"

18 当下,约翰的门徒和法利赛人禁食。他们来问耶稣说:"约翰的门徒和法利赛人的门徒禁食,你的门徒倒不禁食,这是为什么呢?"

2장　85

19 耶稣对他们说:"新郎和陪伴之人同在的时候,陪伴之人岂能禁食呢?新郎还同在,他们不能禁食。

20 但日子将到,新郎要离开他们,那日他们就要禁食。

21 没有人把新布缝在旧衣服上,恐怕所补上的新布带坏了旧衣服,破得就更大了。

22 也没有人把新酒装在旧皮袋里,恐怕酒把皮袋裂开,酒和皮袋就都坏了;惟把新酒装在新皮袋里。"

23 耶稣当安息日从麦地经过。他门徒行路的时候掐了麦穗。

24 法利赛人对耶稣说:"看哪,他们在安息日为什么作不可作的事呢?"

25 耶稣对他们说:"经上记着大卫和跟从他的人缺乏、饥饿之时所作的事,你们没有念过吗?

26 他当亚比亚他作大祭司的时候,怎么进了神的殿,吃了陈设饼,又给跟从他的人吃?这饼除了祭司以外,人都不可吃。"

27 又对他们说:"安息日是为人设立的,人不是为安息日设立的。

28 所以人子也是安息日的主。"

2:1

guò le xiē rì zi　　yē sū yòu jìn le jiā bǎi nóng rén tīng jiàn tā zài fáng zi li
过了些日子，耶稣又进了迦百农。人听见他在房子里，

1　guò le xiē rì zi
　过了些日子,

수 일 후에

　　guò
* 过 : 지나다, 경과하다
　　xiē
* 些 : 약간, 조금
　　rì zi
* 日子 : 날, 날짜, 기간

2　guò le xiē rì zi　　yē sū yòu jìn le jiā bǎi nóng
　过了些日子，耶稣又进了迦百农。

수 일 후에 **예수께서 다시 가버나움에 들어가시니**

3　guò le xiē rì zi　　yē sū yòu jìn le jiā bǎi nóng rén tīng jiàn tā zài fáng zi li
　过了些日子，耶稣又进了迦百农。人听见他在房子里,

수 일 후에 예수께서 다시 가버나움에 들어가시니 **집에 계시다는 소문이 들린지라**

　　tīng jiàn
* 听见 : 들리다, 듣다
　　fáng zi
* 房子 : 집
　　rén tīng jiàn tā zài fáng zi li
* 人听见他在房子里
　: 사람들이 그가 집에 계시다고 들은지라 ▶ 집에 계시다는 소문이 들린지라

2장　87

2:2

_{jiù yǒu xǔ duō rén jù jí   shènzhì lián mén qián dōu méi yǒu kòng dì   yē sū jiù duì tā men}
就有许多人聚集， 甚至连门前都没有空地， 耶稣就对他们
_{jiǎng dào}
讲 道。

4　_{jiù yǒu xǔ duō rén jù jí}
　就有许多人聚集，

많은 사람이 모여서

- _{xǔ duō rén}
  许 多 人 : 많은 사람들
- _{jù jí}
  聚集 : 모이다, 모으다

5　_{jiù yǒu xǔ duō rén jù jí   shènzhì lián mén qián dōu méi yǒu kòng dì}
　就有许多人聚集， 甚至连门前都没有空地，

많은 사람이 모여서 문 앞까지도 들어설 자리가 없게 되었는데

- _{shènzhì}
  甚 至 : 심지어
- _{lián dōu}
  连 ~ 都 ~ : ~조차도, ~까지도
- _{mén qián}
  门 前 : 문 앞
- _{méi yǒu}
  没 有 : 없다
- _{kòng dì}
  空 地 : 빈자리, 빈틈

6　_{jiù yǒu xǔ duō rén jù jí   shènzhì lián mén qián dōu méi yǒu kòng dì   yē sū jiù duì tā men}
　就有许多人聚集， 甚至连门前都没有空地， **耶稣就对他们**
_{jiǎng dào}
讲 道。

많은 사람이 모여서 문 앞까지도 들어설 자리가 없게 되었는데 **예수께서 그들**

에게 도를 말씀하시더니

jiǎngdào
* 讲 道 : 설교하다, 도리를 설명하다

2:3
yǒuréndàizhe yí ge tān zi lái jiàn yē sū   shì yòng sì ge rén tái lái de
有人带着一个瘫子来见耶稣, 是 用 四 个 人 抬 来 的。

7 yǒuréndàizhe yí ge tān zi
   有人带着一个瘫子

   사람들이 한 중풍병자를 (데리고)

yǒurén
* 有 人 : 어떤 사람, 누군가
dàizhe
* 带 着 : ~을 가지고 ~을 데리고
yí ge tān zi
* 一 个 瘫 子 : 한 중풍병자

8 yǒuréndàizhe yí ge tān zi lái jiàn yē sū
   有人带着一个瘫子来见耶稣,

   사람들이 한 중풍병자를 (데리고) 예수께로 올새

láijiàn
* 来 见 : 보러 오다, 만나러 오다
láijiàn yēsū
* 来 见 耶 稣 : 예수를 만나러 오다

9 yǒuréndàizhe yí ge tān zi lái jiàn yē sū   shì yòng sì ge rén tái lái de
   有人带着一个瘫子来见耶稣, 是 用 四 个 人 抬 来 的。

   사람들이 한 중풍병자를 네 사람에게 메워 가지고 예수께로 올새

shì de
* 是~的 : 강조를 나타냄

yòng
* 用 : 쓰다, 사용하다/~로, ~로써

sì ge rén
* 四个人 : 네 사람

tái lái
* 抬来 : 들고 오다, 메고 오다

2:4

yīn wèi rén duō　bù dé jìn qián，jiù bǎ yē sū suǒ zài de fáng zi，chāi le fáng dǐng，jì chāi
因为人多，不得近前，就把耶稣所在的房子，拆了房顶，既拆
tōng le，　jiù bǎ tān zi lián suǒ tǎng wò de rù zi dōu zhuì xià lái
通了，就把瘫子连所躺卧的褥子都缒下来。

10
yīn wèi rén duō　bù dé jìn qián，
因为人多，不得近前，

무리들 때문에 [예수께] 데려갈 수 없으므로

duō
* 多 : 많다

bù dé
* 不得 : ~할 수가 없다

jìn qián
* 近前 : 부근, 곁/가까이 가다

11
yīn wèi rén duō　bù dé jìn qián，jiù bǎ yē sū suǒ zài de fáng zi，
因为人多，不得近前，就把耶稣所在的房子，

무리들 때문에 예수께 데려갈 수 없으므로 그 계신 곳의

suǒ zài
* 所在 : 속한, 소속한, 있는

yē sū suǒ zài de fáng zi
* 耶稣所在的房子 : 예수가 계신 집

12
yīnwèirénduō bù dé jìn qián   jiù bǎ yē sū suǒzài de fáng zi   chāi le fángdǐng
因为人多，不得近前，就把耶稣所在的房子，拆了房顶,

무리들 때문에 예수께 데려갈 수 없으므로 그 계신 곳의 **지붕을 뜯어**

    chāi
* 拆 : 뜯다, 떼다
    fángdǐng
* 房 顶 : 지붕

13
yīnwèirénduō bù dé jìn qián   jiù bǎ yē sū suǒzài de fáng zi   chāi le fángdǐng   jì chāi
因为人多，不得近前，就把耶稣所在的房子，拆了房顶，既拆
tōng le   jiù bǎ tān zi
通 了，就把瘫子

무리들 때문에 예수께 데려갈 수 없으므로 그 계신 곳의 지붕을 뜯어 **구멍을 내**

고 중풍병자를

    jì   jiù
* 既~就~ : 이왕 ~한 이상, 기왕 ~하였으니
    chāitōng
* 拆 通 : 뜯어서 뚫다

14
yīnwèirénduō bù dé jìn qián   jiù bǎ yē sū suǒzài de fáng zi   chāi le fángdǐng   jì chāi
因为人多，不得近前，就把耶稣所在的房子，拆了房顶，既拆
tōng le   jiù bǎ tān zi liánsuǒtǎngwò de rù zi dōuzhuìxià lái
通 了，就把瘫子连所躺卧的褥子都缒下来。

무리들 때문에 예수께 데려갈 수 없으므로 그 계신 곳의 지붕을 뜯어 구멍을 내

고 중풍병자가 **누운 상을 달아 내리니**

    lián   dōu
* 连 ~ 都 ~ : ~조차도, ~마저도
    tǎngwò
* 躺 卧 : 눕다
    rù zi
* 褥子 : 요
    zhuìxiàlái
* 缒 下来 : 줄에 매달아 내리다

2:5

yē sū jiàn tā men de xìn xīn　　jiù duì tān zi shuō　　xiǎo zi　　nǐ de zuì shè le
耶稣见他们的信心,就对瘫子说:"小子,你的罪赦了。"

15 yē sū jiàn tā men de xìn xīn
耶稣见他们的信心,

예수께서 그들의 믿음을 보시고

- 见 : 보다 (jiàn)
- 信心 : 믿음, 확신 (xìnxīn)

16 yē sū jiàn tā men de xìn xīn　　jiù duì tān zi shuō
耶稣见他们的信心, 就对瘫子说:

예수께서 그들의 믿음을 보시고 **중풍병자에게 이르시되 "~"** 하시니

17 yē sū jiàn tā men de xìn xīn　　jiù duì tān zi shuō　　xiǎo zi　　nǐ de zuì shè le
耶稣见他们的信心, 就对瘫子说: "小子, 你的罪赦了。"

예수께서 그들의 믿음을 보시고 중풍병자에게 이르시되 **"작은 자야 네 죄 사함을 받았느니라"** 하시니

- 小子 : 작은 자 (xiǎo zi)
- 赦 : 사면하다, 용서하다 (shè)

2:6

yǒu jǐ ge wénshì zuò zài nà li　xīn li yì lùn shuō
有 几 个 文 士 坐 在 那 里， 心 里 议 论 说：

　　　　yǒu jǐ ge wénshì zuò zài nà li
18　有 几 个 文 士 坐 在 那 里，

어떤 서기관들이 거기 앉아서

　　jǐ ge
* 几个 : 몇 개, 몇 명

　　　　yǒu jǐ ge wénshì zuò zài nà li　　xīn li yì lùn shuō
19　有 几 个 文 士 坐 在 那 里， 心 里 议 论 说：

어떤 서기관들이 거기 앉아서 **마음에 생각하기를**

　　xīn li
* 心里 : 마음속

　　yì lùn
* 议论 : 의논하다, 비평하다, 왈가왈부하다

2:7

zhè ge rén wèi shénme zhèyàng shuō ne　tā shuō jiànwàng de huà le　chú le shén yǐ
"这 个 人 为 什 么 这 样 说 呢？他 说 僭 妄 的 话 了， 除 了 神 以
wài　shéi néng shè zuì ne
外， 谁 能 赦 罪 呢？"

　　　　zhè ge rén wèi shénme zhèyàng shuō ne
20　"这 个 人 为 什 么 这 样 说 呢

'이 사람이 어찌 이렇게 말하는가

2장　93

wèishénme
* 为 什 么 : 왜, 어째서
zhèyàng
* 这 样 : 이렇게
ne
* 呢 : 의문을 나타내는 어기조사

21 "这个人为什么这样说呢? 他说僭妄的话了,

'이 사람이 어찌 이렇게 말하는가 신성 모독이로다

jiànwàng
* 僭 妄 : 분수에 넘치고 망령되다, 주제넘다
shuōjiànwàngdehuà
* 说 僭 妄 的 话 : 망령된 말을 하다 ▶ 신성 모독이다

22 "这个人为什么这样 说呢? 他说僭妄的话了, 除了神以外, 谁能赦罪呢?"

'이 사람이 어찌 이렇게 말하는가 신성 모독이로다 오직 하나님 한 분 외에는

누가 능히 죄를 사하겠느냐'

chúle yǐwài
* 除了~以外~ : ~를 제외하고는, ~이외에는

2:8
耶稣心中知道他们心里这样议论,就说:"你们心里为什么这样议论呢?

23 耶稣心中知道他们心里这样议论

그들이 속으로 이렇게 생각하는 줄을 예수께서 곧 중심에 아시고

xīnzhōng xīn li
* 心 中 (=心里) : 심중, 마음속

24 yē sū xīnzhōng zhīdao tā menxīn li zhèyàng yì lùn　　jiù shuō　　nǐ menxīn li wèishén
耶稣心 中 知道他们心里这 样 议论，就说："你们心里为 什
mezhèyàng yì lùn ne
么这 样 议论呢?

그들이 속으로 이렇게 생각하는 줄을 예수께서 곧 중심에 아시고 이르시되 "어찌하여 이것을 마음에 생각하느냐

2:9
huòduìtān zi shuō　　nǐ de zuìshè le　　huòshuō　　qǐ lái　　ná nǐ de rù zi xíng
或 对瘫子说：'你的罪赦了'，或说：'起来，拿你的褥子 行
zǒu　　nǎ yí yàngróng yì ne
走'，哪一 样 容 易呢?

25 huòduìtān zi shuō　　nǐ de zuìshè le
或 对瘫子说：'你的罪赦了'，

중풍병자에게 '네 죄 사함을 받았느니라' 하는 말과

huò　huò
* 或~ 或~ : ~하거나 ~하다

26 huòduìtān zi shuō　　nǐ de zuìshè le　　huòshuō　　qǐ lái　　ná nǐ de rù zi xíngzǒu
或 对瘫子说：'你的罪赦了'，或说：'起来，拿你的褥子 行走'

중풍병자에게 '네 죄 사함을 받았느니라' 하는 말과 '일어나 네 상을 가지고 걸어가라' 하는 말 중에서

qǐ lái
* 起来 : 일어나다, 일어서다
ná
* 拿 : 가지다
xíngzǒu
* 行 走 : 걷다, 걸어가다

27 huò duì tān zi shuō　　nǐ de zuì shè le　　huò shuō　　qǐ lái　　ná nǐ de rù zi xíng
或 对 瘫 子 说：'你的罪赦了'，或说：'起来，拿你的褥子 行
zǒu　　nǎ yí yàng róng yì ne
走'，哪一 样 容易呢?

중풍병자에게 '네 죄 사함을 받았느니라' 하는 말과 '일어나 네 상을 가지고 걸어가라' 하는 말 중에서 **어느 것이 쉽겠느냐**

- 哪一 样 nǎ yí yàng : 어떤 것, 어느 것
- 容 易 róng yì : 쉽다

2:10

dàn yào jiào nǐ men zhī dao　　rén zǐ zài dì shang yǒu shè zuì de quán bǐng　　jiù duì tān zi
但 要 叫你们 知道, 人子在地 上 有赦罪的 权 柄。"就对 瘫 子
shuō
说:

28 dàn yào jiào nǐ men zhī dao
但 要 叫你们 知道,

그러나 너희로 알게 하려 하노라

- 叫 jiào : 사역동사, ~로 하여금 ~하게 하다

29 dàn yào jiào nǐ men zhī dao　　rén zǐ zài dì shang yǒu shè zuì de quán bǐng
但 要 叫你们 知道, 人子在地 上 有赦罪的 权 柄。"

그러나 **인자가 땅에서 죄를 사하는 권세가 있는 줄을** 너희로 알게 하려 하노라" 하시고

- 在地 上 zài dì shang : 땅에서
- 하시고 : 8절 说 shuō 에 해당된다

30 但要叫你们知道，人子在地上有赦罪的权柄。"就对瘫子说：

그러나 인자가 땅에서 죄를 사하는 권세가 있는 줄을 너희로 알게 하려 하노라" 하시고 **중풍병자에게 말씀하시되**

2:11
"我吩咐你起来，拿你的褥子回家去吧！"

31 "我吩咐你起来,

"내가 네게 이르노니 일어나

32 "我吩咐你起来，拿你的褥子回家去吧！"

"내가 네게 이르노니 일어나 **네 상을 가지고 집으로 가라**" 하시니

* 回家去 : 집으로 돌아가다
* 하시니 : 10절 说 에 해당된다

2:12

nà rén jiù qǐ lái   lì kè ná zhe rù zi   dāng zhòng rén miàn qián chū qù le   yǐ zhì zhòng
那人就起来，立刻拿着褥子，当众人面前出去了。以致众
rén dōu jīng qí   guī róng yào yǔ shén shuō   wǒ men cóng lái méi yǒu jiàn guo zhè yàng de
人都惊奇，归荣耀与神说："我们从来没有见过这样的
shì
事！"

33
nà rén jiù qǐ lái   lì kè ná zhe rù zi
那人就起来，立刻拿着褥子，

그가 일어나 곧 상을 가지고

* nà rén
  那人 : 그 사람

34
nà rén jiù qǐ lái   lì kè ná zhe rù zi   dāng zhòng rén miàn qián chū qù le
那人就起来，立刻拿着褥子，当众人面前出去了。

그가 일어나 곧 상을 가지고 **모든 사람 앞에서 나가거늘**

* dāng
  当 : ~에, ~에서(바로 그 시간이나 장소를 가리킴)
* miànqián
  面前 : 앞

35
nà rén jiù qǐ lái   lì kè ná zhe rù zi   dāng zhòng rén miàn qián chū qù le   yǐ zhì zhòng rén
那人就起来，立刻拿着褥子，当众人面前出去了。以致众人
dōu jīng qí
都惊奇，

그가 일어나 곧 상을 가지고 모든 사람 앞에서 나가거늘 **그들이 다 놀라**

* yǐ zhì
  以致 : ~이 되다, ~ (결과)를 가져오다, 초래하다
* jīng qí
  惊奇 : 놀랍다, 이상하게 여기다, 신기하다

36 ^{nà rén jiù qǐ lái} ^{lì kè ná zhe rù zi} ^{dāng zhòng rén miàn qián chū qù le} ^{yǐ zhì zhòng rén}
那人就起来，立刻拿着褥子，当众人面前出去了。以致众人
^{dōu jīng qí} ^{guī róng yào yǔ shén shuō}
都惊奇，归荣耀与神说：

그가 일어나 곧 상을 가지고 모든 사람 앞에서 나가거늘 그들이 다 놀라 하나님

께 영광을 돌리며 이르되: "~"하더라

* ^{guī róng yào yǔ shén} ^{róng yào guī yǔ shén} ^{róng yào guī yú shén}
  归荣耀与神 = 荣耀归与神 = 荣耀归于神 : 하나님께 영광을 돌리다

37 ^{nà rén jiù qǐ lái} ^{lì kè ná zhe rù zi} ^{dāng zhòng rén miàn qián chū qù le} ^{yǐ zhì zhòng}
那人就起来，立刻拿着褥子，当众人面前出去了。以致众
^{rén dōu jīng qí} ^{guī róng yào yǔ shén shuō} ^{wǒ men cóng lái méi yǒu jiàn guo zhè yàng de}
人都惊奇，归荣耀与神说："我们从来没有见过这样的
^{shì}
事！"

그가 일어나 곧 상을 가지고 모든 사람 앞에서 나가거늘 그들이 다 놀라 하나님

께 영광을 돌리며 이르되 "우리가 이런 일을 도무지 보지 못하였다" 하더라

* ^{cónglái}
  从来 : 지금까지, 여태껏, 이제까지
  ^{cónglái méi yǒu} ^{guo}
  从来没有 ~ 过 : 지금까지 ~한 적이 없다

2:13
^{yē sū yòu chū dào hǎi biān qù} ^{zhòng rén dōu jiù le tā lái} ^{tā biàn jiào xun tā men}
耶稣又出到海边去，众人都就了他来，他便教训他们。

38 ^{yē sū yòu chū dào hǎi biān qù}
耶稣又出到海边去，

예수께서 다시 바닷가에 나가시매

39 yē sū yòu chū dào hǎi biān qù zhòng rén dōu jiù le tā lái
耶稣又出到海边去，众人都就了他来，

예수께서 다시 바닷가에 나가시매 큰 무리가 나왔거늘

- jiù le tā lái
  就了他来 : 그에게 가까이 오다

40 yē sū yòu chū dào hǎi biān qù zhòng rén dōu jiù le tā lái   tā biàn jiāoxun tā men
耶稣又出到海边去，众人都就了他来，他便教训他们。

예수께서 다시 바닷가에 나가시매 큰 무리가 나왔거늘 예수께서 그들을 가르치시니라

- biàn
  便 : 곧, 바로, 즉시

2:14

yē sū jīng guò de shíhou   kànjiàn yà lè fēi de ér zi lì wèi zuò zài shuì guān shang jiù duì tā
耶稣经过的时候，看见亚勒腓的儿子利未坐在税关上，就对他
shuō   nǐ gēn cóng wǒ lái   tā jiù qǐ lái   gēn cóng le yē sū
说："你跟从我来！"他就起来，跟从了耶稣。

41 yē sū jīng guò de shíhou
耶稣经过的时候，

또 지나가시다가

- jīngguò
  经过 : 경과하다, 지나다, 통과하다
- shíhou
  时候 : 때, 무렵, 시각
- yē sū jīng guò de shíhou
  耶稣经过的时候 : 예수께서 지나가실 때

42 耶穌經過的時候，看見亞勒腓的兒子利未
_{yē sū jīngguò de shíhou kànjiàn yà lè fēi de ér zi lì wèi}

또 지나가시다가 알패오의 아들 레위를 보시고

* 亞勒腓 : 알패오
  _{yà lè fēi}
* 利未 : 레위
  _{lì wèi}

43 耶穌經過的時候，看見亞勒腓的兒子利未坐在稅關上，
_{yē sū jīngguò de shíhou kànjiàn yà lè fēi de ér zi lì wèi zuò zài shuìguān shang}

또 지나가시다가 알패오의 아들 레위가 세관에 앉아 있는 것을 보시고

* 坐 : 앉다
  _{zuò}
* 稅關 : 세무서, 세관
  _{shuìguān}

44 耶穌經過的時候，看見亞勒腓的兒子利未坐在稅關上，就對他說："你跟從我來！"
_{yē sū jīngguò de shíhou kànjiàn yà lè fēi de ér zi lì wèi zuò zài shuìguān shang jiù duì tā shuō   nǐ gēncóng wǒ lái}

또 지나가시다가 알패오의 아들 레위가 세관에 앉아 있는 것을 보시고 그에게 이르시되 "나를 따르라" 하시니

* 跟從我來 : 나를 따라오라
  _{gēncóng wǒ lái}

45 耶穌經過的時候，看見亞勒腓的兒子利未坐在稅關上，就對他說："你跟從我來！"他就起來，跟從了耶穌。
_{yē sū jīngguò de shíhou kànjiàn yà lè fēi de ér zi lì wèi zuò zài shuìguān shang jiù duì tā shuō   nǐ gēncóng wǒ lái   tā jiù qǐ lái gēncóng le yē sū}

또 지나가시다가 알패오의 아들 레위가 세관에 앉아 있는 것을 보시고 그에게 이르시되 "나를 따르라" 하시니 일어나 따르니라

2:15

yē sū zài lì wèi jiā li zuò xí de shíhou　yǒuhǎoxiēshuì lì hé zuìrén yǔ yē sū bìngmén tú
耶稣在利未家里坐席的时候，有好些税吏和罪人与耶稣并门徒
yì tóngzuò xí　　yīnwèizhèyàng de rénduō　tā men yě gēnsuí yē sū
一同 坐席，因为这样的人多，他们也跟随耶稣。

46　yē sū zài lì wèi jiā li zuò xí de shíhou
耶稣在利未家里坐席的时候,

(예수께서) 그(레위)의 집에 앉아 잡수실 때에

　　zuò xí
• 坐 席 : 연회에 참가하다, 자리에 앉다, 착석하다

47　yē sū zài lì wèi jiā li zuò xí de shíhou　yǒuhǎoxiēshuì lì hé zuìrén
耶稣在利未家里坐席的时候, 有好些税吏和罪人

그의 집에 앉아 잡수실 때에 **많은 세리와 죄인들이**

　　hǎoxiē
• 好 些 : 많은
　　shuì lì
• 税 吏 : 세리

48　yē sū zài lì wèi jiā li zuò xí de shíhou　yǒuhǎoxiēshuì lì hé zuìrén yǔ yē sū bìngmén tú
耶稣在利未家里坐席的时候, 有好些税吏和罪人与耶稣并门徒
yì tóngzuò xí
一同 坐席,

그의 집에 앉아 잡수실 때에 많은 세리와 죄인들이 **예수와 그의 제자들과 함께**

앉았으니

　　yǔ　hé tóng　gēn
• 与(=和 =同 =跟) : ~와/과
　　bìng
• 并 : 그리고, 또, 아울러, 게다가
　　méntú
• 门 徒 : 제자
　　yì tóng
• 一 同 : 같이, 함께

49 yē sū zài lì wèi jiā li zuò xí de shíhou yǒu hǎo xiē shuì lì hé zuì rén yǔ yē sū bìng mén tú
耶稣在利未家里坐席的时候, 有好些税吏和罪人与耶稣并门徒
yì tóng zuò xí   yīn wèi zhè yàng de rén duō
一同坐席, 因为这样的人多,

그의 집에 앉아 잡수실 때에 많은 세리와 죄인들이 예수와 그의 제자들과 함께

앉았으니 이는 그러한 사람들이 많이 있어서

50 yē sū zài lì wèi jiā li zuò xí de shíhou yǒu hǎo xiē shuì lì hé zuì rén yǔ yē sū bìng mén tú
耶稣在利未家里坐席的时候, 有好些税吏和罪人与耶稣并门徒
yì tóng zuò xí   yīn wèi zhè yàng de rén duō tā men yě gēn suí yē sū
一同坐席, 因为这样的人多, 他们也跟随耶稣。

그의 집에 앉아 잡수실 때에 많은 세리와 죄인들이 예수와 그의 제자들과 함께

앉았으니 이는 그러한 사람들이 많이 있어서 (그들도) 예수를 따름이러라

* yě
  也 : ~도, ~조차

* gēn suí
  跟 随 : 뒤따르다, 동행하다, 따라가다

2:16
fǎ lì sài rén zhōng de wén shì kàn jiàn yē sū hé zuì rén bìng shuì lì yì tóng chī fàn   jiù duì tā
法利赛人中的文士看见耶稣和罪人并税吏一同吃饭, 就对他
men tú shuō   tā hé shuì lì bìng zuì rén yì tóng chī hē ma
门徒说: "他和税吏并罪人一同吃喝吗?"

51 fǎ lì sài rén zhōng de wén shì
法利赛人中的文士

바리새인의 서기관들이

* fǎ lì sài rén
  法利赛人 : 바리새인

52
fǎ lì sàirénzhōng de wénshì kànjiàn yē sū hé zuìrén bìng shuì lì yì tóng chīfàn
法利赛人 中 的文士看见耶稣和罪人并 税吏一 同 吃饭,

바리새인의 서기관들이 예수께서 죄인 및 세리들과 함께 잡수시는 것을 보고

* 吃饭 chīfàn : 밥을 먹다

53
fǎ lì sàirénzhōng de wénshì kànjiàn yē sū hé zuìrén bìng shuì lì yì tóng chīfàn jiù duì tā
法利赛人 中 的文士看见耶稣和罪人并 税吏一 同 吃饭, 就对他
mén tú shuō
门 徒说:

바리새인의 서기관들이 예수께서 죄인 및 세리들과 함께 잡수시는 것을 보고

그의 제자들에게 이르되

54
fǎ lì sàirénzhōng de wénshì kànjiàn yē sū hé zuìrén bìng shuì lì yì tóng chīfàn jiù duì tā
法利赛人 中 的文士看见耶稣和罪人并 税吏一 同 吃饭, 就对他
mén tú shuō   tā hé shuì lì bìng zuìrén yì tóng chī hē ma
门 徒说: "他和 税 吏并 罪人一 同 吃喝吗?"

바리새인의 서기관들이 예수께서 죄인 및 세리들과 함께 잡수시는 것을 보고

그의 제자들에게 이르되 [어찌하여] 세리 및 죄인들과 함께 먹는가"

* 吃喝 chīhē : 먹고 마시다

2:17

yē sū tīngjiàn　　jiù duì tā men shuō　　kāngjiàn de rén yòng bu zháo yī shēng yǒu bìng de rén
耶稣听见，就对他们说："康健的人用不着医生，有病的人
cái yòng de zháo　wǒ lái běn bú shì zhào yì rén　　nǎi shì zhào zuì rén
才用得着。我来本不是召义人，乃是召罪人。"

2

55
yē sū tīngjiàn　　jiù duì tā men shuō
耶稣听见，就对他们说：

예수께서 들으시고 그들에게 이르시되 " ~ " 하시니라

  tīngjiàn
* 听 见 : 들리다, 듣다

56
yē sū tīngjiàn　　jiù duì tā men shuō　　kāngjiàn de rén yòng bu zháo yī shēng
耶稣听见，就对他们说："康健的人用不着医生，

예수께서 들으시고 그들에게 이르시되 "건강한 자에게는 의사가 쓸 데 없고~ "

하시니라

  kāngjiàn jiànkāng
* 康 健(=健 康) : 강건하다, 건강하다
  yòngbuzháo
* 用 不 着 : 필요치 않다, 쓸모없다, 소용되지 않다
  yīshēng
* 医 生 : 의사

57
yē sū tīngjiàn　　jiù duì tā men shuō　　kāngjiàn de rén yòng bu zháo yī shēng yǒu bìng de rén
耶稣听见，就对他们说："康健的人用不着医生，有病的人
cái yòng de zháo
才用得着。

예수께서 들으시고 그들에게 이르시되 "긴강한 자에게는 의사가 쓸 데 없고 병

든 자에게라야 쓸 데 있느니라~ " 하시니라

  yǒubìng
* 有 病 : 병을 앓다, 병에 걸리다
  cái
* 才 : 비로소, ~이야말로
  yòngdezháo
* 用 得 着 : 필요하다, 쓸모 있다, 소용이 되다

2장　105

58
yē sū tīngjiàn　jiù duì tā menshuō　kāngjiàn de rényòng bu zháo yī shēngyǒubìng de rén
耶稣听见，就对他们说："康健的人 用不着医生，有病的人
cái yòng de zháo　wǒ lái běn bú shì zhào yī rén
才 用 得着。我来本不是召 义人,

예수께서 들으시고 그들에게 이르시되 "건강한 자에게는 의사가 쓸 데 없고 병

든 자에게라야 쓸 데 있느니라 **나는 의인을 부르러 온 것이 아니요**" 하시니라

　　běn
* 本 : 원래, 본래
　　búshì
* 不是 : ~이 아니다
　　zhào
* 召 : 부르다, 소집하다
　　yì rén
* 义人 : 의인

59
yē sū tīngjiàn　jiù duì tā menshuō　kāngjiàn de rényòng bu zháo yī shēngyǒubìng de rén
耶稣听见，就对他们说："康健的人 用不着医生，有病的人
cái yòng de zháo　wǒ lái běn bú shì zhào yī rén　nǎi shì zhào zuì rén
才 用 得着。我来本不是召 义人, 乃是 召 罪人。"

예수께서 들으시고 그들에게 이르시되 "건강한 자에게는 의사가 쓸 데 없고 병

든 자에게라야 쓸 데 있느니라 나는 의인을 부르러 온 것이 아니요 **죄인을 부르**

러 왔노라" 하시니라

　　nǎishì
* 乃是 : 곧(바로, 즉) ~이다

2:18

dāngxià　yuēhàn de mén tú hé fǎ lì sài rén jìn shí　tā men lái wèn yē sū shuō　yuē
当 下, 约翰的 门 徒和法利赛人禁食。他们来问耶稣说:"约
hàn de mén tú hé fǎ lì sài rén de mén tú jìn shí　nǐ de mén tú dào bú jìn shí　zhè shì wèi
翰的门徒和法利赛人的门徒禁食, 你的门徒倒不禁食, 这是为
shénme ne
什 么呢?"

60
dāngxià　yuēhàn de mén tú hé fǎ lì sài rén jìn shí
当 下, 约翰的 门 徒和法利赛人禁食。

(그때) 요한의 제자들과 바리새인들이 금식하고 있는지라

dāngxià
* 当 下 : 그때, 그 당시
jìnshí
* 禁 食 : 금식하다

61
dāngxià　yuēhàn de mén tú hé fǎ lì sài rén jìn shí　**tā men lái wèn yē sū shuō**
当 下, 约翰的 门 徒和法利赛人禁食。**他 们 来 问 耶 稣 说:**

요한의 제자들과 바리새인들이 금식하고 있는지라 사람들이 예수께 와서 말하

되

wèn
* 问 : 묻다

62
dāngxià　yuēhàn de mén tú hé fǎ lì sài rén jìn shí　tā men lái wèn yē sū shuō　yuēhàn
当 下, 约翰的 门 徒和法利赛人禁食。他们来问耶稣说:"约翰
de mén tú hé fǎ lì sài rén de mén tú jìn shí
的 门 徒和法利赛人的 门 徒禁食,

요한의 제자들과 바리새인들이 금식하고 있는지라 사람들이 예수께 와서 말하

되"요한의 제자들과 바리새인의 제자들은 금식하는데

63
　　dāngxià　yuēhàn de mén tú hé fǎ lì sài rén jìn shí　tā men lái wèn yē sū shuō　yuēhàn
　　当 下, 约翰的 门 徒 和 法 利 赛 人 禁 食。他 们 来 问 耶 稣 说:"约翰
　　de mén tú hé fǎ lì sài rén de mén tú jìn shí　nǐ de mén tú dào bú jìn shí
　　的 门 徒 和 法 利 赛 人 的 门 徒 禁 食, 你 的 门 徒 倒 不 禁 食,

요한의 제자들과 바리새인들이 금식하고 있는지라 사람들이 예수께 와서 말하

되 "요한의 제자들과 바리새인의 제자들은 금식하는데 (오히려) 당신의 제자들

은 금식하지 않는다

　　　dào
* 倒 : 오히려, 도리어, 반대로, 거꾸로

64
　　dāngxià　yuēhàn de mén tú hé fǎ lì sài rén jìn shí　tā men lái wèn yē sū shuō　yuēhàn
　　当 下, 约翰的 门 徒 和 法 利 赛 人 禁 食。他 们 来 问 耶 稣 说:"约翰
　　de mén tú hé fǎ lì sài rén de mén tú jìn shí　nǐ de mén tú dào bú jìn shí　zhè shì wèi shén
　　的 门 徒 和 法 利 赛 人 的 门 徒 禁 食, 你 的 门 徒 倒 不 禁 食, 这 是 为 什
me ne
么呢?"

요한의 제자들과 바리새인들이 금식하고 있는지라 사람들이 예수께 와서 말하

되 "요한의 제자들과 바리새인의 제자들은 금식하는데 어찌하여 당신의 제자

들은 금식하지 아니하나이까"

　　　zhè shì wèi shén me ne
* 这 是 为 什 么呢? : 이는 왜 그러는지요? 이것은 어째서지요?

2:19

　yē sū duì tā men shuō　xīn láng hé péi bàn zhī rén tóng zài de shí hou　péi bàn zhī rén qǐ
　耶 稣 对 他 们 说:"新 郎 和 陪 伴 之 人 同 在 的 时候, 陪 伴 之 人 岂
néng jìn shí ne　xīn láng hái tóng zài　tā men bù néng jìn shí
能 禁 食呢? 新 郎 还 同 在, 他 们 不 能 禁 食。

65
　yē sū duì tā men shuō
　耶 稣 对 他 们 说:

예수께서 그들에게 이르시되

66 耶稣对他们说："新郎和陪伴之人同在的时候,

예수께서 그들에게 이르시되 "혼인 집 손님들이 신랑과 함께 있을 때에

* 新郎 : 신랑
* 陪伴 : 동반하다, 동석하다, 동행하다
* 之 : ~의, ~한(하는)
* 陪伴之人 : 동석한 사람들 ▶ 혼인 집 손님들
* 同在 : 함께 있다, 같은 곳에 있다

67 耶稣对他们说："新郎和陪伴之人同在的时候, 陪伴之人岂能禁食呢?

예수께서 그들에게 이르시되 "혼인 집 손님들이 신랑과 함께 있을 때에 (혼인 집 손님들이 어찌) 금식할 수 있느냐

* 岂能 : 어찌 ~할 수 있겠는가?

68 耶稣对他们说："新郎和陪伴之人同在的时候, 陪伴之人岂能禁食呢? 新郎还同在,

예수께서 그들에게 이르시되 "혼인 집 손님들이 신랑과 함께 있을 때에 금식할 수 있느냐 (아직) 신랑과 함께 있을 동안에는

* 还 : 아직, 여전히

69 耶稣对他们说：新郎和陪伴之人同在的时候，陪伴之人岂能禁食呢？新郎还同在，**他们不能禁食。**

예수께서 그들에게 이르시되 "혼인 집 손님들이 신랑과 함께 있을 때에 금식할 수 있느냐 신랑과 함께 있을 동안에는 **금식할 수 없느니라**

* 不能 : ~할 수가 없다, 해서는 안 된다

2:20

但日子将到，新郎要离开他们，那日他们就要禁食。

70 但日子将到,

그러나 날이 이르리니

* 但 : 그러나
* 日子 : 날, 시간
* 将 : 장차, 곧, 막
* 到 : 도착하다, 도달하다, 이르다

71 但日子将到，新郎要离开他们,

그러나 신랑을 빼앗길 날이 이르리니

* 离开 : 떠나다, 벗어나다, 헤어지다
* 新郎要离开他们 : 신랑이 그들을 떠날 것이다 ▶ 신랑을 빼앗길 것이다

72　但日子将到，新郎要离开他们，那日他们就要禁食。

그러나 신랑을 빼앗길 날이 이르리니 그 날에는 금식할 것이니라

2:21

没有人把新布缝在旧衣服上，恐怕所补上的新布带坏了旧衣服，破得就更大了。

73　没有人把新布缝在旧衣服上

생베 조각을 낡은 옷에 붙이는 자가 없나니

- 新布 xīnbù : 새 천
- 缝 féng : 바느질하다, 꿰매다
- 旧 jiù : 헐다, 낡다, 오래 되다

74　没有人把新布缝在旧衣服上，恐怕所补上的新布

생베 조각을 낡은 옷에 붙이는 자가 없나니 만일 그렇게 하면 기운 새 것이

- 恐怕 kǒngpà : 아마 ~일 것이다, (~할까) 무서워하다
- 补上 bǔshàng : 보충하다

75 没有人把新布缝在旧衣服上，恐怕所补上的新布带坏了旧衣服,

생베 조각을 낡은 옷에 붙이는 자가 없나니 만일 그렇게 하면 기운 새 것이 낡은 그것을 당기어

* 带坏 (dàihuài) : 망쳐 놓다, 버려 놓다, 덩달아 나빠지다

76 没有人把新布缝在旧衣服上，恐怕所补上的新布带坏了旧衣服, 破得就更大了。

생베 조각을 낡은 옷에 붙이는 자가 없나니 만일 그렇게 하면 기운 새 것이 낡은 그것을 당기어 **해어짐이 더하게 되느니라**

* 破 (pò) : 찢어지다, 해지다, 파손되다, 부수다, 깨다
* 동사 + 得 (de) : 동사의 정도를 나타냄
* 破得更大 (pòdegèngdà) : 해어진 정도가 더욱 크다(심하다)

2:22

也没有人把新酒装在旧皮袋里，恐怕酒把皮袋裂开，酒和皮袋就都坏了; 惟把新酒装在新皮袋里。"

77 也没有人把新酒装在旧皮袋里,

(또한) 새 포도주를 낡은 가죽 부대에 넣는 자가 없나니

```
      jiǔ
* 酒 : 술
      zhuāng
* 装   : 담다, 채워 넣다
    pí dài
* 皮袋 : 가죽 부대
```

78 yě méiyǒurén bǎ xīn jiǔ zhuāngzài jiù pí dài li kǒng pà jiǔ bǎ pí dài liè kāi
　　也没有人把新酒　装　在旧皮袋里，恐怕酒把皮袋裂开，

새 포도주를 낡은 가죽 부대에 넣는 자가 없나니 만일 그렇게 하면 새 포도주가

부대를 터뜨려

```
     lièkāi
* 裂开 : 찢어지다, 갈라지다, 터지다, 찢다
```

79 yě méiyǒurén bǎ xīn jiǔ zhuāngzài jiù pí dài li kǒng pà jiǔ bǎ pí dài liè kāi   jiǔ hé pí dài
　　也没有人把新酒　装　在旧皮袋里，恐怕酒把皮袋裂开，酒和皮袋
  jiù dōuhuài le
  就都坏了；

새 포도주를 낡은 가죽 부대에 넣는 자가 없나니 만일 그렇게 하면 새 포도주가

부대를 터뜨려 **포도주와 부대를 버리게 되리라**

```
    huài
* 坏 : 나쁘다, 망가지다, 못쓰게 되다
```

80 yě méiyǒurén bǎ xīn jiǔ zhuāngzài jiù pí dài li kǒng pà jiǔ bǎ pí dài liè kāi   jiǔ hé pí dài
　　也没有人把新酒　装　在旧皮袋里，恐怕酒把皮袋裂开，酒和皮袋
  jiù dōuhuài le   wéi bǎ xīn jiǔ zhuāngzàixīn pí dài li
  就都坏了；惟把新酒　装　在新皮袋里。"

새 포도주를 낡은 가죽 부대에 넣는 자가 없나니 만일 그렇게 하면 새 포도주가

부대를 터뜨려 포도주와 부대를 버리게 되리라 **오직 새 포도주는 새 부대에 넣**

느니라" 하시니라

```
    wéi
* 惟 : 다만, 오직
           shuō
* 하시니라 : 19절　说　에 해당된다
```

2:23

yē sū dāng ān xī rì cóng mài dì jīngguò   tā mén tú xíng lù de shíhou qiā le màisuì
耶稣 当 安息日 从 麦地经过。他门徒行路的时候掐了麦穗。

---

81 yē sū dāng ān xī rì cóng mài dì jīngguò
耶稣 当 安息日 从 麦地经过。

안식일에 예수께서 밀밭 사이로 지나가실새

- dāng
  当 : ~에(바로 그 시간이나 장소를 가리킴)
- cóng
  从 : ~을/를, ~(으)로 (지나가는 장소를 나타냄)
- màidì
  麦地 : 밀밭, 보리밭
- jīngguò
  经过 : 지나다, 통과하다, 경과하다

---

82 yē sū dāng ān xī rì cóng mài dì jīngguò   tā mén tú xíng lù de shíhou
耶稣 当 安息日 从 麦地经过。他门徒行路的时候

안식일에 예수께서 밀밭 사이로 지나가실새 그의 제자들이 길을 열며

- xínglù
  行路 : 길을 걷다, 길을 가다

---

83 yē sū dāng ān xī rì cóng mài dì jīngguò   tā mén tú xíng lù de shíhou qiā le màisuì
耶稣 当 安息日 从 麦地经过。他门徒行路的时候掐了麦穗。

안식일에 예수께서 밀밭 사이로 지나가실새 그의 제자들이 길을 열며 이삭을 자르니

- qiā
  掐 : 꺾다, 끊다, 꼬집다
- màisuì
  麦穗 : 밀삭, 보리이삭

2:24

fǎ lì sài rén duì yē sū shuō　　kàn na　tā men zài ān xī rì wèi shén me zuò bù kě zuò de
法利赛人对耶稣说："看哪，他们在安息日为什么作不可作的
shì ne
事呢？"

84 fǎ lì sài rén duì yē sū shuō
法利赛人对耶稣说：

바리새인들이 예수께 말하되

85 fǎ lì sài rén duì yē sū shuō　　kàn na　tā men zài ān xī rì
法利赛人对耶稣说："看哪，他们在安息日

바리새인들이 예수께 말하되 "보시오 저들이 안식일에

86 fǎ lì sài rén duì yē sū shuō　　kàn na　tā men zài ān xī rì wèi shén me zuò bù kě zuò de shì
法利赛人对耶稣说："看哪，他们在安息日为什么作不可作的事
ne
呢？"

바리새인들이 예수께 말하되 "보시오 저들이 어찌하여 안식일에 하지 못할 일

을 하나이까"

* zuò
  作 : 일하다, 노동하다, 만들다
* bù kě
  不可 : ~할 수가 없다, ~해서는 안 된다

2:25

_{yē sū duì tā men shuō} _{jīng shang jì zhe dà wèi hé gēn cóng tā de rén quē fá} _{jī è zhī}
耶稣对他们说:"经 上 记着大卫和跟 从 他的人缺乏、饥饿之
_{shí suǒ zuò de shì} _{nǐ men méi yǒu niàn guo ma}
时所作的事,你们没有念过吗?

87 _{yē sū duì tā men shuō}
耶稣对他们说:

예수께서 이르시되

88 _{yē sū duì tā men shuō} _{jīng shang jì zhe}
耶稣对他们说:"经 上 记着

예수께서 이르시되"(성경에 기록되어 있다)

* _{jīng}
  经 : 경전, 성경

89 _{yē sū duì tā men shuō} _{jīng shang jì zhe dà wèi hé gēn cóng tā de rén}
耶稣对他们说:"经 上 记着大卫和跟 从 他的人

예수께서 이르시되"다윗이 자기와 및 함께 한 자들이

* _{dà wèi}
  大卫 : 다윗
* _{gēn cóng tā de rén}
  跟 从 他的人 : 그를 따르는 자

90 _{yē sū duì tā men shuō} _{jīng shang jì zhe dà wèi hé gēn cóng tā de rén quē fá} _{jī è zhī}
耶稣对他们说:"经 上 记着大卫和跟 从 他的人缺乏、饥饿之
_{shí suǒ zuò de shì}
时所作的事,

예수께서 이르시되"다윗이 자기와 및 함께 한 자들이 먹을 것이 없어 시장할

때에 한 일을

quē fá
* 缺 乏 : 결핍되다, 모자라다

jī è
* 饥饿 : 배고프다, 굶주리다, 기아, 굶주림

zhī shí
* ~之时 : ~할 때

91 耶稣对他们说："经上记着大卫和跟从他的人缺乏、饥饿之时所作的事，你们没有念过吗?

예수께서 이르시되 "다윗이 자기와 및 함께 한 자들이 먹을 것이 없어 시장할 때에 한 일을 읽지 못하였느냐

niàn
* 念 : 읽다

2:26

他当亚比亚他作大祭司的时候，怎么进了神的殿，吃了陈设饼，又给跟从他的人吃? 这饼除了祭司以外，人都不可吃。"

92 他当亚比亚他作大祭司的时候，

그가 아비아달 대제사장 때에

yà bǐ yà tā
* 亚比亚他 : 아비아달

dà jì sī
* 大祭司 : 대제사장

93 　　tā dāng yà bǐ yà tā zuò dà jì sī de shíhou　zěnme jìn le shén de diàn
　　他 当 亚比亚他作大祭司的时候, 怎么进了 神 的殿,

　　그가 아비아달 대제사장 때에 (어떻게) 하나님의 전에 들어가서

　　　zěnme
　• 怎 么 : 왜(어찌, 어떻게) ~ 하겠니(반문이나 감탄을 나타냄) ▶ 하지 아니하였느냐
　　　diàn
　• 殿 : 신전, 궁전

94 　　tā dāng yà bǐ yà tā zuò dà jì sī de shíhou　zěnme jìn le shén de diàn　chī le chén shè
　　他 当 亚比亚他作大祭司的时候, 怎么进了 神 的殿, 吃了 陈 设
　　bǐng
　　饼,

　　그가 아비아달 대제사장 때에 하나님의 전에 들어가서 진설병을 먹고

　　　chénshèbǐng
　• 陈 设 饼 : 진설병

95 　　tā dāng yà bǐ yà tā zuò dà jì sī de shíhou　zěnme jìn le shén de diàn　chī le chén shè
　　他 当 亚比亚他作大祭司的时候, 怎么进了 神 的殿, 吃了 陈 设
　　bǐng yòugěigēncóng tā de rén chī
　　饼, 又给跟 从 他的人吃?

　　그가 아비아달 대제사장 때에 하나님의 전에 들어가서 진설병을 먹고 (또한) 함

　　께 한 자들에게도 주지 아니하였느냐"

96 　　tā dāng yà bǐ yà tā zuò dà jì sī de shíhou　zěnme jìn le shén de diàn　chī le chén shè
　　他 当 亚比亚他作大祭司的时候, 怎么进了 神 的殿, 吃了 陈 设
　　bǐng yòugěigēncóng tā de rén chī　zhèbǐngchú le jì sī yǐ wài
　　饼, 又给跟 从 他的人吃? 这饼 除了祭司以外,

　　그가 아비아달 대제사장 때에 하나님의 전에 들어가서 진설병을 먹고 함께 한

　　자들에게도 주지 아니하였느냐 (이 진설병은) 제사장 외에는~"

　　　zhèbǐng
　• 这 饼 : 이 (진설)병
　　　chúle　yǐwài
　• 除 了~以 外 : ~이외에는, ~을 제외하고는

97 他 当 亚比亚他作大祭司的时候，怎么进了神的殿，吃了陈设饼，又给跟从他的人吃? 这饼除了祭司以外，人都不可吃。"

그가 아비아달 대제사장 때에 하나님의 전에 들어가서 제사장 외에는 (아무도) 먹어서는 안 되는 진설병을 먹고 함께 한 자들에게도 주지 아니하였느냐"

- 这饼除了祭司以外，人都不可吃 : 이 진설병은 제사장 외에는 아무도 먹어서는 안 된다

2:27

又 对他们说："安息日是为人设立的，人不是为安息日设立的。"

98 又 对他们说：

또 이르시되

99 又 对他们说："安息日是为人设立的,

또 이르시되 "안식일이 사람을 위하여 있는 것이요

- 为 : ~을 위하여
- 设立: 세우다, 설립하다, 건립하다

100 又 对他们说："安息日是为人设立的，人不是为安息日设立的。

또 이르시되 "안식일이 사람을 위하여 있는 것이요 사람이 안식일을 위하여 있는 것이 아니니

2:28

suǒ yǐ rén zǐ yě shì ān xī rì de zhǔ
所以人子也是安息日的主。"

101 suǒ yǐ rén zǐ yě shì ān xī rì de zhǔ
所以人子也是安息日的主。"

이러므로 인자는 안식일에도 주인이니라"

- suǒ yǐ
  所以 : 그래서, 그러므로

암송! 중국어 마가복음

3장

1 耶稣又进了会堂,在那里有一个人枯干了一只手。

2 众人窥探耶稣,在安息日医治不医治,意思是要控告耶稣。

3 耶稣对那枯干一只手的人说:"起来!站在当中。"

4 又问众人说:"在安息日行善行恶,救命害命,哪样是可以的呢?"他们都不作声。

5 耶稣怒目周围看他们,忧愁他们的心刚硬,就对那人说:"伸出手来!"他把手一伸,手就复了原。

6 法利赛人出去,同希律一党的人商议怎样可以除灭耶稣。

7 耶稣和门徒退到海边去,有许多人从加利利跟随他。

8 还有许多人听见他所作的大事,就从犹太、耶路撒冷、以土买、约旦河外并推罗、西顿的四方,来到他那里。

9 他因为人多,就吩咐门徒叫一只小船伺候着,免得众人拥挤他。

10 他治好了许多人,所以凡有灾病的,都挤进来要摸他。

11 污鬼无论何时看见他，就俯伏在他面前，喊着说："你是神的儿子！"

12 耶稣再三地嘱咐他们，不要把他显露出来。

13 耶稣上了山，随自己的意思叫人来，他们便来到他那里。

14 他就设立十二个人，要他们常和自己同在，也要差他们去传道，

15 并给他们权柄赶鬼。

16 这十二个人有西门，耶稣又给他起名叫彼得；

17 还有西庇太的儿子雅各和雅各的兄弟约翰，又给这两个人起名叫半尼其，就是雷子的意思；

18 又有安得烈、腓力、巴多罗买、马太、多马、亚勒腓的儿子雅各和达太，并奋锐党的西门；

19 还有卖耶稣的加略人犹大。

20 耶稣进了一个屋子，众人又聚集，甚至他连饭也顾不得吃。

21 耶稣的亲属听见，就出来要拉住他，因为他们说他癫狂了。

3장

22 从耶路撒冷下来的文士说："他是被别西卜附着。"又说："他是靠着鬼王赶鬼。"

23 耶稣叫他们来，用比喻对他们说："撒但怎能赶出撒但呢？

24 若一国自相纷争，那国就站立不住；

25 若一家自相纷争，那家就站立不住。

26 若撒但自相攻打纷争，他就站立不住，必要灭亡。

27 没有人能进壮士家里抢夺他的家具，必先捆住那壮士，才可以抢夺他的家。

28 我实在告诉你们：世人一切的罪和一切亵渎的话都可得赦免；

29 凡亵渎圣灵的，却永不得赦免，乃要担当永远的罪。"

30 这话是因为他们说："他是被污鬼附着的。"

31 当下，耶稣的母亲和弟兄来站在外边，打发人去叫他。

32 有许多人在耶稣周围坐着，他们就告诉他说："看哪，你母亲和你弟兄在外边找你。"

33 耶稣回答说："谁是我的母亲？谁是我的弟兄？"

34 就四面观看那周围坐着的人，说："看哪，我的母亲，我的弟兄。

35 凡遵行神旨意的人，就是我的弟兄姐妹和母亲了。"

3:1

yē sū yòu jìn le huìtáng　zài nà li yǒu yí ge rén kū gān le yì zhī shǒu
耶稣又进了会堂，在那里有一个人枯干了一只手。

1 　yē sū yòu jìn le huìtáng
　耶稣又进了会堂，

　예수께서 다시 회당에 들어가시니

2 　yē sū yòu jìn le huìtáng　zài nà li yǒu yí ge rén
　耶稣又进了会堂，在那里有一个人

　예수께서 다시 회당에 들어가시니 **사람이 거기 있는지라**

3 　yē sū yòu jìn le huìtáng　zài nà li yǒu yí ge rén kū gān le yì zhī shǒu
　耶稣又进了会堂，在那里有一个人枯干了一只手。

　예수께서 다시 회당에 들어가시니 **한쪽 손 마른** 사람이 거기 있는지라

　　　kū gān
* 枯 干 : 시들다, 메마르다
　　　yì zhī shǒu
* 一 只　手 : 한쪽 손

3:2

zhòng rén kuī tàn yē sū　　zài ān xī rì yī zhì bu yī zhì　yì si shì yào kòng gào yē sū
众　人窥探耶稣，在安息日医治不医治，意思是要 控　告耶稣。

4 　zhòng rén kuī tàn yē sū
　众　人窥探耶稣，

　사람들이 (예수를) 주시하고 있거늘

　　　kuī tàn
* 窥 探 : 정탐하다, 엿보다

5 zhòngrén kuītàn yē sū　zài ān xī rì yī zhì bu yī zhì
   众 人 窥探 耶稣, 在安息日医治不医治,

사람들이 안식일에 [그 사람을] 고치시는가 (안 고치는가) 주시하고 있거늘

　　yīzhì
* 医治 : 치료하다, 고치다

6 zhòngrén kuītàn yē sū　zài ān xī rì yī zhì bu yī zhì　yì si shì yào kònggào yē sū
   众 人 窥探 耶稣, 在安息日医治不医治, 意思是要 控 告耶稣。

사람들이 예수를 고발하려 하여 안식일에 그 사람을 고치시는가 주시하고 있거늘

　　yì si shì
* 意思是 : 뜻/생각은 ~이다(~하려는 뜻/생각이다)
　　kònggào
* 控　告 : 고소하다, 고발하다

3:3
yē sū duì nà kū gān yī zhī shǒu de rén shuō　qǐ lái　zhàn zài dāngzhōng
耶稣对那枯干一只手 的人说: "起来! 站在 当 中。"

7 yē sū duì nà kū gān yī zhī shǒu de rén shuō
   耶稣对那枯干一只手 的人说:

예수께서 손 마른 사람에게 이르시되 "~" 하시고

8 yē sū duì nà kū gān yī zhī shǒu de rén shuō　qǐ lái　zhàn zài dāngzhōng
   耶稣对那枯干一只手 的人说: "起来! 站在 当 中。"

예수께서 손 마른 사람에게 이르시되 "한 가운데에 일어서라" 하시고

　　qǐlái
* 起来 : 일어나다, 일어서다
　　zhàn
* 站 : 서다, 일어서다
　　dāngzhōng
* 当　中 : 중간, 가운데, 한복판

3:4

_{yòu wèn zhòng rén shuō   zài ān xī rì xíng shàn xíng è   jiù mìng hài mìng nǎ yàng shì kě}
又 问 众 人 说："在安息日行 善 行恶，救 命 害命，哪 样 是 可
_{yǐ de ne   tā men dōu bú zuò shēng}
以的呢？"他们 都 不作 声。

9　_{yòu wèn zhòng rén shuō}
又 问 众 人 说：

(또한) 그들에게 (물어) 이르시되 "~" 하시니

10　_{yòu wèn zhòng rén shuō   zài ān xī rì xíng shàn xíng è}
又 问 众 人 说："在安息日行 善 行恶,

그들에게 이르시되 "안식일에 선을 행하는 것과 악을 행하는 것,~ " 하시니

* _{xíng shàn}
  行 善 : 선을 행하다
* _{xíng è}
  行 恶 : 악을 행하다

11　_{yòu wèn zhòng rén shuō   zài ān xī rì xíng shàn xíng è   jiù mìng hài mìng}
又 问 众 人 说："在安息日行 善 行恶, **救 命 害命**,

그들에게 이르시되 "안식일에 선을 행하는 것과 악을 행하는 것, 생명을 구하

는 것과 죽이는 것,~ " 하시니

* _{jiù mìng}
  救 命 : 목숨을 구하다, 살리다
* _{hài mìng}
  害 命 : 목숨을 앗아가다, 죽이다

12 又问众人说："在安息日行善行恶，救命害命，哪样是可以的呢？"

그들에게 이르시되 "안식일에 선을 행하는 것과 악을 행하는 것, 생명을 구하는 것과 죽이는 것, **어느 것이 옳으냐**" 하시니

* 哪样 : 어떤 것, 어느 것
* 可以 : ~할 수 있다, 좋다, 괜찮다

13 又问众人说："在安息日行善行恶，救命害命，哪样是可以的呢？" 他们都不作声。

그들에게 이르시되 "안식일에 선을 행하는 것과 악을 행하는 것, 생명을 구하는 것과 죽이는 것, 어느 것이 옳으냐" 하시니 **그들이 잠잠하거늘**

3:5

耶稣怒目周围看他们，忧愁他们的心刚硬，就对那人说："伸出手来！"他把手一伸，手就复了原。

14 耶稣怒目周围看他们，

(예수께서) 노하심으로 그들을 둘러 보시고

* 怒目 : 눈을 부릅뜨다, 눈에 노기를 띠다
* 周围 : 주위, 사방, 둘레

15
yē sū nù mù zhōu wéi kàn tā men yōuchóu tā men de xīn gāngyìng
耶稣怒目 周 围看他们, 忧 愁 他们的心 刚 硬,

그들의 마음이 완악함을 탄식하사 노하심으로 그들을 둘러 보시고

      yōuchóu
* 忧 愁 : 우울하다, 걱정스럽다, 근심하다
      gāngyìng
* 刚 硬 : 단단하다, 고집이 세다, 강경하다

16
yē sū nù mù zhōu wéi kàn tā men yōuchóu tā men de xīn gāngyìng jiù duì nà rén shuō
耶稣怒目 周 围 看他们, 忧 愁 他 们 的 心 刚 硬, 就对那人说:
    shēnchū shǒu lái
    "伸出 手 来!"

그들의 마음이 완악함을 탄식하사 노하심으로 그들을 둘러 보시고 그 사람에게

이르시되 "네 손을 내밀라" 하시니

      shēnchūlái
* 伸 出 来 : 내밀다, 펴다
      shēnchūshǒulái
* 伸 出 手 来 : 손을 내밀다

17
yē sū nù mù zhōu wéi kàn tā men yōuchóu tā men de xīn gāngyìng jiù duì nà rén shuō
耶稣怒目 周 围 看他们, 忧 愁 他 们 的 心 刚 硬, 就对那人说:
    shēnchū shǒu lái   tā bǎ shǒu yì shēn
    "伸出 手 来!" 他把 手 一伸,

그들의 마음이 완악함을 탄식하사 노하심으로 그들을 둘러 보시고 그 사람에게

이르시되 "네 손을 내밀라" 하시니 (그가 손을) 내밀매

18
yē sū nù mù zhōu wéi kàn tā men yōuchóu tā men de xīn gāngyìng jiù duì nà rén shuō
耶稣怒目 周 围 看他们, 忧 愁 他 们 的 心 刚 硬, 就对那人说:
    shēnchū shǒu lái   tā bǎ shǒu yì shēn shǒu jiù fù le yuán
    "伸出 手 来!" 他把 手 一伸, 手 就复了原。

그들의 마음이 완악함을 탄식하사 노하심으로 그들을 둘러 보시고 그 사람에게

이르시되 "네 손을 내밀라" 하시니 내밀매 그 손이 회복되었더라

fùyuán
* 复 原 : 복원하다, 회복되다

3:6

fǎ lì sàirénchūqù tóng xī lǜ yì dǎngderénshāng yì zěnyàng kě yǐ chúmiè yē sū
法利赛人出去,同希律一党的人商议怎样可以除灭耶稣。

fǎ lì sàirénchūqù
19 法利赛人出去,

바리새인들이 나가서

fǎ lì sàirén
* 法利赛人 : 바리새인

fǎ lì sàirénchūqù tóng xī lǜ yì dǎngderénshāng yì
20 法利赛人出去,同希律一党的人商议

바리새인들이 나가서 곧 헤롯당과 함께 의논하니라

tóng
* 同 : ~와/과
xī lǜ yì dǎng
* 希律一党 : 헤롯당
shāng yì
* 商 议 : 상의하다, 협의하다

fǎ lì sàirénchūqù tóng xī lǜ yì dǎngderénshāng yì zěnyàng kě yǐ chúmiè yē sū
21 法利赛人出去,同希律一党的人商议怎样可以除灭耶稣。

바리새인들이 나가서 곧 헤롯당과 함께 **어떻게 하여 예수를 죽일까** 의논하니라

zěnyàng
* 怎 样 : 어떻게
chúmiè
* 除 灭 : 없애다, 제거하다

3:7

yē sū hé mén tú tuì dào hǎi biān qù　yǒu xǔ duō rén cóng jiā lì lì gēn suí tā
耶稣和门徒退到海边去，有许多人从加利利跟随他。

22　yē sū hé mén tú tuì dào hǎi biān qù
　　耶稣和门徒退到海边去，

　　예수께서 제자들과 함께 바다로 물러가시니

　　méntú
* 门徒 : 제자
　　tuì
* 退 : 물러나다, 물러서다

23　yē sū hé mén tú tuì dào hǎi biān qù　yǒu xǔ duō rén cóng jiā lì lì gēn suí tā
　　耶稣和门徒退到海边去，有许多人从加利利跟随他。

　　예수께서 제자들과 함께 바다로 물러가시니 갈릴리에서 큰 무리가 따르며

3:8

hái yǒu xǔ duō rén tīng jiàn tā suǒ zuò de dà shì　jiù cóng yóu tài　yē lù sā lěng　yǐ tǔ
还有许多人听见他所作的大事，就从犹太、耶路撒冷、以土
mǎi　yuē dàn hé wài bìng tuī luó　xī dùn de sì fāng　lái dào tā nà li
买、约旦河外并推罗、西顿的四方，来到他那里。

24　hái yǒu xǔ duō rén tīng jiàn tā suǒ zuò de dà shì
　　还有许多人听见他所作的大事，

　　(또) 많은 무리가 그가 하신 큰 일을 듣고

25　hái yǒu xǔ duō rén tīng jiàn tā suǒ zuò de dà shì　jiù cóng yóu tài　yē lù sā lěng
　　还有许多人听见他所作的大事，就从犹太、耶路撒冷、

　　유대와 예루살렘에서 많은 무리가 그가 하신 큰 일을 듣고

26
　　há iyǒu xǔ duōrén tīng jiàn tā suǒzuò de dà shì　　jiù cóng yóu tài　　yē lù sā lěng　　yǐ tǔ
还有 许 多 人 听 见 他 所 作 的 大 事, 就 从 犹 太、耶路撒冷、以土
mǎi　yuēdàn hé wài
买、约旦河外

유대와 예루살렘과 **이두매와 요단 강 건너편**에서 많은 무리가 그가 하신 큰 일을 듣고

　　yǐ tǔ mǎi
* 以土 买 : 이두매
　　yuēdàn hé wài
* 约 旦 河 外 : 요단강 밖 ▶ 요단강 건너편

27
　　há iyǒu xǔ duōrén tīng jiàn tā suǒzuò de dà shì　　jiù cóng yóu tài　　yē lù sā lěng　　yǐ tǔ
还有 许 多 人 听 见 他 所 作 的 大 事, 就 从 犹 太、耶路撒冷、以土
mǎi　yuēdàn hé wài bìng tuī luó　xī dùn de sì fāng
买、约旦河外 并 推罗、西顿的四方,

유대와 예루살렘과 이두매와 요단 강 건너편과 **또 두로와 시돈 근처**에서 많은 무리가 그가 하신 큰 일을 듣고

　　tuī luó
* 推 罗 : 두로
　　xī dùn
* 西 顿 : 시돈

28
　　há iyǒu xǔ duōrén tīng jiàn tā suǒzuò de dà shì　　jiù cóng yóu tài　　yē lù sā lěng　　yǐ tǔ
还有 许 多 人 听 见 他 所 作 的 大 事, 就 从 犹 太、耶路撒冷、以土
mǎi　yuēdàn hé wài bìng tuī luó　xī dùn de sì fāng　lái dào tā nà li
买、约旦河外 并 推罗、西顿的四方, 来到他那里。

유대와 예루살렘과 이두매와 요단 강 건너편과 또 두로와 시돈 근처에서 많은 무리가 그가 하신 큰 일을 듣고 **(그가 있는 거기로) 나아오는지라**

3장　133

3:9

tā yīnwèirénduō　jiù fēn fù mén tú jiào yì zhī xiǎochuán cì houzhe miǎn de zhòngrényōng
他因为人多，就吩咐门徒叫一只小船伺候着，免得众人拥
jǐ tā
挤他。

29 tā yīnwèirénduō　jiù fēn fù mén tú
他因为人多，就吩咐门徒

예수께서 (사람이 많음으로) 제자들에게 명하셨으니

30 tā yīnwèirénduō　jiù fēn fù mén tú jiào yì zhī xiǎochuán cì houzhe
他因为人多，就吩咐门徒叫一只小船伺候着，

예수께서 작은 배를 대기하도록 제자들에게 명하셨으니

　　zhī
* 只 : 척(배의 양사)
　　cì hou
* 伺 候 : 시중들다, 돌보다, 보살피다, 뒷바라지하다

31 tā yīnwèirénduō　jiù fēn fù mén tú jiào yì zhī xiǎochuán cì houzhe miǎn de zhòngrényōng
他因为人多，就吩咐门徒叫一只小船伺候着，免得众人拥
jǐ tā
挤他。

예수께서 무리가 에워싸 미는 것을 피하기 위하여 작은 배를 대기하도록 제자

들에게 명하셨으니

　　miǎnde
* 免 得 : ~하지 않도록, ~않기 위해서
　　yōng jǐ
* 拥 挤 : 붐비다, 혼잡하다, 한데 몰리다, 한곳으로 밀리다

3:10

tā zhìhǎo le xǔ duō rén　suǒ yǐ fán yǒu zāi bìng de　dōu jǐ jìn lái yào mō tā
他治好了许多人，所以凡有灾病的，都挤进来要摸他。

32　tā zhìhǎo le xǔ duō rén
　　他治好了许多人，

　　(그가) 많은 사람을 고치셨다

　　zhìhǎo
　* 治好 : 치유되다, 치유하다, 다 낫다, 고치다

33　tā zhìhǎo le xǔ duō rén　suǒ yǐ fán yǒu zāi bìng de
　　他治好了许多人，所以凡有灾病的，

　　이는 많은 사람을 고치셨으므로 병으로 고생하는 자들이

　　suǒyǐ
　* 所以 : 그래서, 그러므로
　　fán yǒu　　de
　* 凡有 ~ 的 : 무릇 ~가 있는 (모든) 것/자들
　　zāibìng
　* 灾病 : 질병, 재난과 질병

34　tā zhìhǎo le xǔ duō rén　suǒ yǐ fán yǒu zāi bìng de　dōu jǐ jìn lái yào mō tā
　　他治好了许多人，所以凡有灾病的，都挤进来要摸他。

　　이는 많은 사람을 고치셨으므로 병으로 고생하는 자들이 예수를 만지고자 하여

　　몰려왔음이더라

　　jǐ jìnlái
　* 挤进来 : 비집고 들어오다, 밀어닥치다, 몰려오다
　　mō
　* 摸 : 만지다, 대다

3:11

wūguǐwúlùn hé shíkànjiàn tā　jiù fǔ fú zài tā miànqián hǎnzheshuō　nǐ shìshén de ér zi
污鬼无论何时看见他，就俯伏在他面前，喊着说："你是神的儿子！"

35　wūguǐwúlùn hé shíkànjiàn tā
污鬼无论何时看见他

더러운 귀신들도 어느 때든지 예수를 보면

　　wúlùn
* 无论 : ~에도 불구하고, ~에 관계없이
　　héshí
* 何时 : 언제

36　wūguǐwúlùn hé shíkànjiàn tā　jiù fǔ fú zài tā miànqián
污鬼无论何时看见他，就俯伏在他面前，

더러운 귀신들도 어느 때든지 예수를 보면 그 앞에 엎드려

　　fǔfú
* 俯伏 : 엎드리다

37　wūguǐwúlùn hé shíkànjiàn tā　jiù fǔ fú zài tā miànqián hǎnzheshuō　nǐ shìshén de ér zi
污鬼无论何时看见他，就俯伏在他面前，喊着说："你是神的儿子！"

더러운 귀신들도 어느 때든지 예수를 보면 그 앞에 엎드려 **부르짖어 이르되**

"당신은 하나님의 아들이니이다" 하니

3:12

yē sū zài sān de zhǔ fù tā men　bú yào bǎ tā xiǎn lù chū lái
耶稣再三地嘱咐他们，不要把他显露出来。

38 yē sū zài sān de zhǔ fù tā men
耶稣再三地嘱咐他们，

예수께서 많이 경고하시니라

　zài sān
* 再三 : 재삼, 여러 번
　zài sān　de
* 再三 + 地 (부사어로 쓰여 동사나 형용사를 수식함) : 재삼, 거듭, 여러 번
　zhǔ fù
* 嘱咐 : 분부하다, 부탁하다, 당부하다

39 yē sū zài sān de zhǔ fù tā men　bú yào bǎ tā xiǎn lù chū lái
耶稣再三地嘱咐他们，不要把他显露出来。

예수께서 자기(그)를 나타내지 말라고 많이 경고하시니라

　xiǎn lù
* 显露 : 밖으로 드러내다, 나타내다
　xiǎn lù　chū lái
* 显露 + 出来 (동사나 형용사 뒤에 쓰여 동작이나 행위의 방향을 나타냄)
 : 밖으로 드러내다, 나타내다

3:13

yē sū shàng le shān　suí zì jǐ de yì si jiào rén lái　tā men biàn lái dào tā nà li
耶稣上了山，随自己的意思叫人来，他们便来到他那里。

40 yē sū shàng le shān
耶稣上了山，

(예수께서) [또] 산에 오르사

　shàng shān
* 上山 : 산에 오르다

41 yē sū shàng le shān suí zì jǐ de yì si jiào rén lái
耶稣 上 了山, 随自己的意思叫 人来,

또 산에 오르사 자기가 원하는 자들을 부르시니

> suí
> * 随 : 따라가다, 따르다/마음대로 하다/~에 따라, ~에 근거해서
> suí zì jǐ de yì si
> * 随自己的意思 : 자기의 뜻에 따라, 자기 뜻대로, 자기가 원하는대로

42 yē sū shàng le shān suí zì jǐ de yì si jiào rén lái   tā men biàn lái dào tā nà li
耶稣 上 了山, 随自己的意思叫 人来, 他们 便 来到他那里。

또 산에 오르사 자기가 원하는 자들을 부르시니 (그들이 곧 그가 있는 거기로)

나아온지라

> biàn
> * 便 : 곧, 즉, 즉시, 바로

3:14

tā jiù shè lì shí èr ge rén   yào tā men cháng hé zì jǐ tóng zài   yě yào chāi tā men qù
他就设立十二个人, 要他们 常 和自己同在, 也要差他们去
chuán dào
传 道,

43 tā jiù shè lì shí èr ge rén
他就设立十二个人,

이에 열둘을 세우셨으니

> shè lì
> * 设 立 : 세우다, 설립하다

44 <ruby>他<rt>tā</rt></ruby><ruby>就<rt>jiù</rt></ruby><ruby>设<rt>shè</rt></ruby><ruby>立<rt>lì</rt></ruby><ruby>十<rt>shí</rt></ruby><ruby>二<rt>èr</rt></ruby><ruby>个<rt>ge</rt></ruby><ruby>人<rt>rén</rt></ruby>，<ruby>要<rt>yào</rt></ruby><ruby>他<rt>tā</rt></ruby><ruby>们<rt>men</rt></ruby> <ruby>常<rt>cháng</rt></ruby> <ruby>和<rt>hé</rt></ruby> <ruby>自<rt>zì</rt></ruby> <ruby>己<rt>jǐ</rt></ruby> <ruby>同<rt>tóng</rt></ruby> <ruby>在<rt>zài</rt></ruby>,

이에 열둘을 세우셨으니 **이는 자기와 함께 있게 하시고**

* 常 cháng : 자주, 늘
* 和~ 同在 hé~tóngzài : ~와 함께 있다

45 <ruby>他<rt>tā</rt></ruby><ruby>就<rt>jiù</rt></ruby><ruby>设<rt>shè</rt></ruby><ruby>立<rt>lì</rt></ruby><ruby>十<rt>shí</rt></ruby><ruby>二<rt>èr</rt></ruby><ruby>个<rt>ge</rt></ruby><ruby>人<rt>rén</rt></ruby>，<ruby>要<rt>yào</rt></ruby><ruby>他<rt>tā</rt></ruby><ruby>们<rt>men</rt></ruby> <ruby>常<rt>cháng</rt></ruby> <ruby>和<rt>hé</rt></ruby> <ruby>自<rt>zì</rt></ruby> <ruby>己<rt>jǐ</rt></ruby> <ruby>同<rt>tóng</rt></ruby> <ruby>在<rt>zài</rt></ruby>, <ruby>也<rt>yě</rt></ruby><ruby>要<rt>yào</rt></ruby><ruby>差<rt>chāi</rt></ruby><ruby>他<rt>tā</rt></ruby><ruby>们<rt>men</rt></ruby><ruby>去<rt>qù</rt></ruby> <ruby>传<rt>chuán</rt></ruby> <ruby>道<rt>dào</rt></ruby>,

이에 열둘을 세우셨으니 이는 자기와 함께 있게 하시고 **또 보내사 전도도 하며**

3:15

<ruby>并<rt>bìng</rt></ruby> <ruby>给<rt>gěi</rt></ruby><ruby>他<rt>tā</rt></ruby><ruby>们<rt>men</rt></ruby><ruby>权<rt>quán</rt></ruby> <ruby>柄<rt>bǐng</rt></ruby><ruby>赶<rt>gǎn</rt></ruby><ruby>鬼<rt>guǐ</rt></ruby>。

46 <ruby>并<rt>bìng</rt></ruby> <ruby>给<rt>gěi</rt></ruby><ruby>他<rt>tā</rt></ruby><ruby>们<rt>men</rt></ruby><ruby>权<rt>quán</rt></ruby> <ruby>柄<rt>bǐng</rt></ruby><ruby>赶<rt>gǎn</rt></ruby><ruby>鬼<rt>guǐ</rt></ruby>。

귀신을 내쫓는 권능도 가지게 하려 하심이러라

* 给 gěi : (~에게 ~을) 주다
* 赶鬼 gǎnguǐ : 귀신을 쫓아내다

3장

3:16

^{zhè shí èr ge rén yǒu xī mén　yē sū yòu gěi tā　qǐ míng jiào bǐ dé}
这 十二个 人 有 西门， 耶稣 又 给 他 起 名 叫 彼得；

47 ^{zhè shí èr ge rén yǒu xī mén}
这 十二个 人 有 西门，

이 열두 사람에는 시몬이 있는데

48 ^{zhè shí èr ge rén yǒu xī mén　　yē sū yòu gěi tā　qǐ míng jiào bǐ dé}
这 十二个 人 有 西门， 耶稣 又 给 他 起 名 叫 彼得；

(이 열두 사람에는 시몬이 있는데 예수께서 또한 그에게 베드로란 이름을 지어

주셨고) → 이 열둘을 세우셨으니 시몬에게는 베드로란 이름을 더하셨고

* ^{qǐ míng}　　　　　^{qǐ míng jiào}
  起 名 : 이름을 짓다 (起 名 叫~ : 이름을 지어 ~라고 부르다 ▶ ~라고 이름을 짓다)
* ^{bǐ dé}
  彼得 : 베드로

3:17

^{hái yǒu xī bì tài de ér zi yǎ gè hé yǎ gè de xiōng dì yuē hàn　yòu gěi zhè liǎng ge rén qǐ}
还有 西庇太的 儿子 雅各和 雅各的 兄 弟 约翰， 又给 这 两 个人 起
^{míng jiào bàn ní qí　　jiù shì léi zǐ de yì si}
名 叫半尼其， 就是雷子的意思；

49 ^{hái yǒu xī bì tài de ér zi yǎ gè hé yǎ gè de xiōng dì yuē hàn}
还有 西庇太的 儿子 雅各和 雅各的 兄 弟 约翰，

또 세베대의 아들 야고보와 야고보의 형제 요한이니

50 _{háiyǒu xī bì tài de ér zi yǎ gè hé yǎ gè de xiōng dì yuēhàn   yòugěizhèliǎnggerén qǐ míng}
还有西庇太的儿子雅各和雅各的 兄 弟约翰, 又给这 两 个人起 名
_{jiàobàn ní qí}
叫 半尼其,

또 세베대의 아들 야고보와 야고보의 형제 요한이니 이 둘에게는 보아너게란

이름을 더하셨으며

* _{bàn ní qí}
  半尼其 : 보아너게

51 _{háiyǒu xī bì tài de ér zi yǎ gè hé yǎ gè de xiōng dì yuēhàn   yòugěizhèliǎnggerén qǐ míng}
还有西庇太的儿子雅各和雅各的 兄 弟约翰, 又给这 两 个人起 名
_{jiàobàn ní qí   jiù shì léi zǐ de yì si}
叫 半尼其, 就是雷子的意思;

또 세베대의 아들 야고보와 야고보의 형제 요한이니 이 둘에게는 보아너게 곧

우레의 아들이란 이름을 더하셨으며

* _{léi}
  雷 : 천둥, 우뢰

3:18

_{yòuyǒu ān dé liè   fēi lì   bā duōluómǎi   mǎ tài   duōmǎ   yà lè fēi de ér zi yǎ gè hé}
又 有安得烈、腓力、巴多罗买、马太、多马、亚勒腓的儿子雅各和
_{dá tài   bìngfènruìdǎngde xī mén}
达太, 并奋锐 党 的西门;

52 _{yòuyǒu ān dé liè   fēi lì}
又 有安得烈、腓力、

또 안드레와 빌립과

* _{fēi lì}
  腓力 : 빌립

53 又 有安得烈、腓力、巴多罗买、马太、多马、
yòu yǒu ān dé liè　　fēi lì　　bā duō luó mǎi　mǎ tài　duō mǎ

또 안드레와 빌립과 바돌로매와 마태와 도마와

* 巴多罗买 : 바돌로매
  bā duō luó mǎi
* 马太 : 마태
  mǎ tài
* 多马 : 도마
  duō mǎ

54 又 有安得烈、腓力、巴多罗买、马太、多马、亚勒腓的儿子雅各和
达太，
yòu yǒu ān dé liè　　fēi lì　　bā duō luó mǎi　mǎ tài　duō mǎ　yà lè fēi de ér zi yǎ gè hé
dá tài

또 안드레와 빌립과 바돌로매와 마태와 도마와 알패오의 아들 야고보와 및 다

대오와

* 亚勒腓 : 알패오
  yà lè fēi
* 达太 : 다대오
  dá tài

55 又 有安得烈、腓力、巴多罗买、马太、多马、亚勒腓的儿子雅各和
达太，并奋锐党的西门；
yòu yǒu ān dé liè　　fēi lì　　bā duō luó mǎi　mǎ tài　duō mǎ　yà lè fēi de ér zi yǎ gè hé
dá tài　bìng fèn ruì dǎng de xī mén

또 안드레와 빌립과 바돌로매와 마태와 도마와 알패오의 아들 야고보와 및 다

대오와 가나나인 시몬이며

* 奋锐党 : 열심당(열심당원 시몬 = 가나나인 시몬)
  fèn ruì dǎng

3:19

háiyǒu mài yē sū de jiā lüè rén yóu dà
还有 卖耶稣的加略人犹大。

56 háiyǒu mài yē sū de jiā lüè rén yóu dà
还有 卖耶稣的加略人犹大。

또 가룟 유다니 이는 예수를 판 자더라

* mài
  卖 : 팔다
* jiālüè
  加略 : 가룟
* yóudà
  犹大 : 유다

3:20

yē sū jìn le yí ge wū zi   zhòngrén yòu jù jí   shènzhì tā lián fàn yě gù bu dé chī
耶稣进了一个屋子，众人又聚集，甚至他连饭也顾不得吃。

57 yē sū jìn le yí ge wū zi
耶稣进了一个屋子，

집에 들어가시니

* wū zi
  屋子 : 집, 방

58 yē sū jìn le yí ge wū zi zhòngrén yòu jù jí
耶稣进了一个屋子，众人又聚集，

집에 들어가시니 무리가 다시 모이므로

* jù jí
  聚集 : 모이다, 모으다

59
yē sū jìn le yí ge wū zi   zhòng rén yòu jù jí   shènzhì tā lián fàn yě gù bu dé chī
耶稣进了一个屋子， 众人又聚集， 甚至他连饭也顾不得吃。

집에 들어가시니 무리가 다시 모이므로 식사할 겨를도 없는지라

    shènzhì
* 甚 至 : 심지어
    gùbudé
* 顾不得 : 돌볼 틈이 없다, ~할 겨를이 없다

3:21

yē sū de qīnshǔ tīngjiàn   jiù chū lái yào lā zhù tā   yīnwèi tā men shuō tā diān kuáng le
耶稣的亲属听见， 就出来要拉住他， 因为他们说他癫 狂 了。

60
yē sū de qīnshǔ tīngjiàn
耶稣的亲属听见，

예수의 친족들이 듣고

    qīnshǔ
* 亲 属 : 친족, 친척

61
yē sū de qīnshǔ tīngjiàn   jiù chū lái yào lā zhù tā
耶稣的亲属听见， 就出来要拉住他，

예수의 친족들이 듣고 그를 붙들러 나오니

    lā zhù
* 拉 住 : 끌어당겨서 붙잡다, 단단히 잡아서 매다

62
yē sū de qīnshǔ tīngjiàn   jiù chū lái yào lā zhù tā   yīnwèi tā men shuō tā diān kuáng le
耶稣的亲属听见， 就出来要拉住他， 因为他们说他癫 狂 了。

예수의 친족들이 듣고 그를 붙들러 나오니 이는 그가 미쳤다 함일러라

    diānkuáng
* 癫 狂 : 미치다

3:22

从 耶路撒冷下来的文士说："他是被别西卜附着。"又说："他是靠着鬼王赶鬼。"

63 从 耶路撒冷下来的文士说：

예루살렘에서 내려온 서기관들은 "~" 하며

64 从 耶路撒冷下来的文士说："他是被别西卜附着。"

예루살렘에서 내려온 서기관들은 "그가 바알세불이 지폈다" 하며

* 被 : ~당하다, ~에게 ~당하다
* 别西卜 : 바알세불
* 被别西卜附着 : 바알세불에게 붙들리다

65 从 耶路撒冷下来的文士说："他是被别西卜附着。"又说："他是靠着鬼王赶鬼。"

예루살렘에서 내려온 서기관들은 "그가 바알세불이 지폈다" 하며 또 "귀신의 왕을 힘입어 귀신을 쫓아낸다" 하니

* 靠着 : ~에 기대어, ~에 의지해서
* 鬼王 : 귀신의 왕

3:23

yē sū jiào tā men lái yòng bǐ yù duì tā men shuō   sā dàn zěn néng gǎn chū sā dàn ne
耶稣叫他们来，用比喻对他们说："撒但怎能赶出撒但呢？

66 yē sū jiào tā men lái
耶稣叫他们来，

예수께서 그들을 불러다가

67 yē sū jiào tā men lái yòng bǐ yù duì tā men shuō
耶稣叫他们来，用比喻对他们说：

예수께서 그들을 불러다가 비유로 말씀하시되

  bǐ yù
* 比喻 : 비유, 비유하다

68 yē sū jiào tā men lái yòng bǐ yù duì tā men shuō   sā dàn zěn néng gǎn chū sā dàn ne
耶稣叫他们来，用比喻对他们说："撒但怎能赶出撒但呢？

예수께서 그들을 불러다가 비유로 말씀하시되 "사탄이 어찌 사탄을 쫓아낼 수 있느냐

  zěn néng
* 怎 能 : 어떻게 ~할 수 있겠는가
  gǎn chū
* 赶 出 : 내쫓다

3:24

ruò yì guó zì xiāng fēn zhēng nà guó jiù zhàn lì bu zhù
若一国自相纷争，那国就站立不住；

69 ruò yì guó zì xiāng fēn zhēng
若一国自相纷争，

또 만일 나라가 스스로 분쟁하면

* ruò
  若 : 만약, 만일 ~이라면
* zì xiāng
  自 相 : 자기들끼리, 자기편끼리 서로
* fēnzhēng
  纷 争 : 분규하다, 분쟁하다, 서로 다투다, 서로 싸우다

70   ruò yì guó zì xiāngfēnzhēng   nà guó jiù zhàn lì buzhù
     若一国自 相 纷 争， 那国就 站 立不住:

또 만일 나라가 스스로 분쟁하면 그 나라가 설 수 없고

* zhàn lì
  站 立 : 서다, 일어서다
* zhàn lì buzhù
  站 立 + 不住(동사 뒤에 붙어서 '~하지 못하다'의 뜻을 나타냄) : 서지 못하다

3:25

ruò yì jiā zì xiāngfēnzhēng   nà jiā jiù zhàn lì buzhù
若一家自 相 纷 争， 那家就 站 立不住。

71   ruò yì jiā zì xiāngfēnzhēng
     若一家自 相 纷 争，

만일 집이 스스로 분쟁하면

72   ruò yì jiā zì xiāngfēnzhēng   nà jiā jiù zhàn lì buzhù
     若一家自 相 纷 争， 那家就 站 立不住。

만일 집이 스스로 분쟁하면 그 집이 설 수 없고

3:26

ruò sā dàn zì xiāng gōng dǎ fēn zhēng, tā jiù zhàn lì bu zhù, bì yào miè wáng
若撒但自相 攻打纷争，他就 站立不住，必要灭亡。

73 ruò sā dàn zì xiāng gōng dǎ fēn zhēng,
若撒但自 相 攻打纷争，

만일 사탄이 자기를 거슬러 일어나 분쟁하면

* gōngdǎ
  攻 打 : 공격하다

74 ruò sā dàn zì xiāng gōng dǎ fēn zhēng, tā jiù zhàn lì bu zhù, bì yào miè wáng
若撒但自 相 攻打纷争，他就 站立不住，必要灭亡。

만일 사탄이 자기를 거슬러 일어나 분쟁하면 설 수 없고 망하느니라

* bì
  必 : 반드시, 꼭, 틀림없이
* mièwáng
  灭 亡 : 멸망하다, 멸망시키다

3:27

méi yǒu rén néng jìn zhuàng shì jiā li qiǎng duó tā de jiā jù, bì xiān kǔn zhù nà zhuàng shì, cái kě yǐ qiǎng duó tā de jiā.
没 有人能 进 壮 士家里 抢 夺他的家具，必先捆住那 壮 士，才可以 抢 夺他的家。

75 méi yǒu rén néng jìn zhuàng shì jiā li
没 有 人 能 进 壮 士家里

사람이 강한 자의 집에 들어가지 못하리니

* zhuàngshì
  壮 士 : 장사, 용사, 강한 사람

76 méiyǒu rén néng jìn zhuàngshì jiā li qiǎngduó tā de jiā jù
没 有 人 能 进 壮 士家里 抢 夺他的家具,

사람이 강한 자의 집에 들어가 세간을 강탈하지 못하리니

* qiǎngduó
  抢 夺 : 빼앗다, 강탈하다
* jiā jù
  家具 : 가구, 세간

77 méiyǒu rén néng jìn zhuàngshì jiā li qiǎngduó tā de jiā jù bì xiān kǔn zhù nà zhuàng shì
没 有 人 能 进 壮 士家里 抢 夺他的家具, 必先 捆住那 壮 士,

사람이 [먼저 강한 자를 결박하지 않고는] 그 강한 자의 집에 들어가 세간을 강탈하지 못하리니 (반드시 먼저 그 강한 자를) 결박한 후에야

* kǔnzhù
  捆 住 : 묶다

78 méiyǒu rén néng jìn zhuàngshì jiā li qiǎngduó tā de jiā jù bì xiān kǔn zhù nà zhuàng shì cái kě yǐ qiǎngduó tā de jiā
没 有 人 能 进 壮 士家里 抢 夺他的家具, 必先 捆住那 壮 士, 才可以 抢 夺他的家。

사람이 먼저 강한 자를 결박하지 않고는 그 강한 자의 집에 들어가 세간을 강탈하지 못하리니 결박한 후에야 그 집을 강탈하리라

* cái
  才 : 비로소
* kě yǐ
  可以 : ~할 수 있다

3:28

wǒ shízài gàosu nǐmen　shìrén yíqiè de zuì hé yíqiè xièdú de huà dōu kě dé shèmiǎn
我实在告诉你们：世人一切的罪和一切亵渎的话 都可得赦免；

79 wǒ shízài gàosu nǐmen
我实在告诉你们：

내가 진실로 너희에게 이르노니

* 实在 shízài : 진실하다, 참되다, 정말로, 참으로, 확실히
* 告诉 gàosu : 알리다, 말하다

80 wǒ shízài gàosu nǐmen　shìrén yíqiè de zuì hé yíqiè xièdú de huà
我实在告诉你们：世人一切的罪和一切亵渎的 话

내가 진실로 너희에게 이르노니 **사람의 모든 죄와 모든 모독하는 일은**

* 世人 shìrén : 세상 사람
* 亵渎 xièdú : 모욕하다, 모독하다, 더럽히다, 얕보다

81 wǒ shízài gàosu nǐmen　shìrén yíqiè de zuì hé yíqiè xièdú de huà dōu kě dé shèmiǎn
我实在告诉你们：世人一切的罪和一切亵渎的话 都可得赦免；

내가 진실로 너희에게 이르노니 사람의 모든 죄와 모든 모독하는 일은 **사하심**

을 얻되

* 赦免 shèmiǎn : 사면하다

3:29

fánxiè dú shèng líng de　què yǒng bù dé shè miǎn　nǎi yào dān dāng yǒng yuǎn de zuì
凡褻瀆 聖 靈的，　却 永 不得赦免，　乃要担 当 永 远 的罪。"

82 fánxiè dú shèng líng de
凡褻瀆 聖 靈的，

누구든지 성령을 모독하는 자는

* fán
  凡 : 무릇, 대저, 모두, 전부

83 fánxiè dú shèng líng de　què yǒng bù dé shè miǎn
凡褻瀆 聖 靈的，　却 永 不得赦免，

누구든지 성령을 모독하는 자는 **영원히 사하심을 얻지 못하고**

* què
  却 : 오히려, 도리어, 바로, 결국
* yǒng bù dé
  永 不得 : 영원히 ~을 얻지 못하다

84 fánxiè dú shèng líng de　què yǒng bù dé shè miǎn　nǎi yào dān dāng yǒng yuǎn de zuì
凡褻瀆 聖 靈的，　却 永 不得赦免，　乃要担 当 永 远 的罪。"

누구든지 성령을 모독하는 자는 영원히 사하심을 얻지 못하고 **영원한 죄가 되느니라**" 하시니

* nǎi
  乃 : 바로 ~이다, 이에, 그리하여
* dān dāng
  担 当 : 담당하다, 맡다, 짊어지다
* yǒng yuǎn
  永 远 : 영원하다
* 하시니 : 23절 说(shuō) 에 해당된다

3장　**151**

3:30

zhè huà shì yīn wèi tā men shuō   tā shì bèi wū guǐ fù zhuó de
这 话 是 因 为 他 们 说：   "他 是 被 污 鬼 附 着 的。"

85 zhè huà shì yīn wèi tā men shuō
这 话 是 因 为 他 们 说：

이는 그들이 말하기를 "~" 함이러라

86 zhè huà shì yīn wèi tā men shuō   tā shì bèi wū guǐ fù zhuó de
这 话 是 因 为 他 们 说：   "他 是 被 污 鬼 附 着 的。"

이는 그들이 말하기를 "(그가) 더러운 귀신이 들렸다" 함이러라

3:31

dāngxià   yē sū de mǔqīn hé dì xiong lái zhàn zài wàibian   dǎ fa rén qù jiào tā
当 下，耶稣的母亲和弟 兄 来 站 在外边，打发人去叫他。

87 dāngxià   yē sū de mǔqīn hé dì xiong
当 下，耶稣的母亲和弟 兄

그 때에 예수의 어머니와 동생들이

* **dāngxià**
  当 下 : 바로, 그때, 그 당시
* **dìxiong   xiōngdì**
  弟 兄 (= 兄弟) : 형제

88 dāngxià   yē sū de mǔqīn hé dì xiong lái zhàn zài wàibian
当 下，耶稣的母亲和弟 兄 来 站 在外边，

그 때에 예수의 어머니와 동생들이 와서 밖에 서서

* **wàibian**
  外 边 : 밖, 바깥쪽

89　dāngxià　yē sū de mǔqīn hé dì xiong lái zhàn zài wàibian　dǎ fa rén qù jiào tā
当下，耶稣的母亲和弟兄来站在外边，**打发人去叫他。**

그 때에 예수의 어머니와 동생들이 와서 밖에 서서 **사람을 보내어 예수를 부르니**

* dǎfa
  打发 : 파견하다, 보내다

3:32

yǒu xǔ duō rén zài yē sū zhōuwéi zuòzhe　tā men jiù gào su tā shuō　kàn na　nǐ mǔqīn
有许多人在耶稣周围坐着，他们就告诉他说："看哪，你母亲
hé nǐ dì xiong zài wàibian zhǎo nǐ
和你弟兄在外边找你。"

90　yǒu xǔ duō rén zài yē sū zhōuwéi zuòzhe
有许多人在耶稣周围坐着，

무리가 예수를 둘러 앉았다가

* zhōuwéi
  周围 : 주위, 둘레

91　yǒu xǔ duō rén zài yē sū zhōuwéi zuòzhe　tā men jiù gào su tā shuō
有许多人在耶稣周围坐着，**他们就告诉他说：**

무리가 예수를 둘러 앉았다가 **여짜오되**(그들이 그에게 알려 말하기를)

92　yǒu xǔ duō rén zài yē sū zhōuwéi zuòzhe　tā men jiù gào su tā shuō　kàn na　nǐ mǔqīn
有许多人在耶稣周围坐着，他们就告诉他说："看哪，你母亲
hé nǐ dì xiong zài wàibian zhǎo nǐ
和你弟兄在外边找你。"

무리가 예수를 둘러 앉았다가 여짜오되 "보소서 당신의 어머니와 동생들과 누이들이 밖에서 찾나이다"

* zhǎo
  找 : 찾다

3:33

yē sū huí dá shuō　　shéi shì wǒ de mǔqīn　shéi shì wǒ de dì xiong
耶稣回答说： "谁是我的母亲？谁是我的弟兄？"

93　yē sū huí dá shuō
　　耶稣回答说：

대답하시되 "~" 하시고

　　　huí dá
　* 回 答 : 대답하다, 회답하다

94　yē sū huí dá shuō　　shéi shì wǒ de mǔqīn　shéi shì wǒ de dì xiong
　　耶稣回答说： "谁是我的母亲？谁是我的弟兄？"

대답하시되 "누가 내 어머니이며 동생들이냐" 하시고

3:34

jiù sì miàn guān kàn nà zhōu wéi zuò zhe de rén　shuō　　　kàn na　wǒ de mǔqīn　wǒ de
就四面观看那周围坐着的人，说： "看哪，我的母亲，我的
dì xiong
弟兄。

95　jiù sì miàn guān kàn nà zhōu wéi zuò zhe de rén　shuō
　　就四面观看那周围坐着的人，说：

둘러 앉은 자들을 보시며 이르시되

　　　sì miàn
　* 四 面 : 사면, 주위, 주변
　　　guān kàn
　* 观 看 : 보다, 관람하다, 관찰하다

96
jiù sì miàn guān kàn nà zhōu wéi zuò zhe de rén shuō kàn na wǒ de mǔqīn wǒ de dì xiong
就四面 观 看那周 围坐着的人，说："看哪， 我的母亲， 我的弟兄。

둘러 앉은 자들을 보시며 이르시되 "내 어머니와 내 동생들을 보라

3:35
fán zūn xíng shén zhǐ yì de rén jiù shì wǒ de dì xiong jiě mèi hé mǔqīn le
凡遵行 神 旨意的人， 就是我的弟 兄 姐妹和母亲了。"

97
fán zūn xíng shén zhǐ yì de rén
凡遵行 神 旨意的人，

누구든지 하나님의 뜻대로 행하는 자가

* zūnxíng
  遵 行 : 좇아서 행하다, 그대로 실행하다, 준수하다
* zhǐyì
  旨意 : 뜻, 취지

98
fán zūn xíng shén zhǐ yì de rén jiù shì wǒ de dì xiong jiě mèi hé mǔqīn le
凡遵行 神 旨意的人， 就是我的弟 兄 姐妹和母亲了。"

누구든지 하나님의 뜻대로 행하는 자가 **내 형제요 자매요 어머니이니라**"

* jiěmèi
  姐妹 : 자매

암송! 중국어 마가복음

4장

1 耶稣又在海边教训人。有许多人到他那里聚集,他只得上船坐下。船在海里,众人都靠近海站在岸上。

2 耶稣就用比喻教训他们许多道理。在教训之间,对他们说:

3 "你们听啊,有一个撒种的出去撒种。

4 撒的时候,有落在路旁的,飞鸟来吃尽了;

5 有落在土浅石头地上的,土既不深,发苗最快,

6 日头出来一晒,因为没有根,就枯干了;

7 有落在荆棘里的,荆棘长起来,把它挤住了,就不结实;

8 又有落在好土里的,就发生长大,结实有三十倍的,有六十倍的,有一百倍的。"

9 又说:"有耳可听的,就应当听。"

10 无人的时候,跟随耶稣的人和十二个门徒问他这比喻的意思。

11 耶稣对他们说:"神国的奥秘只叫你们知道;若是对外人讲,凡事就用比喻,

12 叫他们看是看见,却不晓得;听是听见,却不明白。恐怕他们回转过来,就得赦免。"

13 又对他们说:"你们不明白这比喻吗?这样怎能明白一切的比喻呢?

14 撒种之人所撒的,就是道。

15 那撒在路旁的,就是人听了道,撒但立刻来,把撒在他心里的道夺了去;

16 那撒在石头地上的,就是人听了道,立刻欢喜领受,

17 但他心里没有根,不过是暂时的,及至为道遭了患难,或是受了逼迫,立刻就跌倒了;

18 还有那撒在荆棘里的,就是人听了道,

19 后来有世上的思虑、钱财的迷惑和别样的私欲,进来把道挤住了,就不能结实;

20 那撒在好地上的,就是人听道,又领受,并且结实,有三十倍的,有六十倍的,有一百倍的。"

4장   159

21 耶稣又对他们说："人拿灯来,岂是要放在斗底下、床底下,不放在灯台上吗?

22 因为掩藏的事,没有不显出来的;隐瞒的事,没有不露出来的。

23 有耳可听的,就应当听。"

24 又说:"你们所听的要留心。你们用什么量器量给人,也必用什么量器量给你们,并且要多给你们。

25 因为有的,还要给他;没有的,连他所有的也要夺去。"

26 又说:"神的国,如同人把种撒在地上。

27 黑夜睡觉,白日起来,这种就发芽渐长,那人却不晓得如何这样。

28 地生五谷是出于自然的;先发苗,后长穗,再后穗上结成饱满的子粒。

29 谷既熟了,就用镰刀去割,因为收成的时候到了。"

30 又说:"神的国,我们可用什么比较呢?可用什么比喻表明呢?

31 好像一粒芥菜种，种在地里的时候，虽比地上的百种都小，

32 但种上以后，就长起来，比各样的菜都大，又长出大枝来，甚至天上的飞鸟可以宿在它的荫下。"

33 耶稣用许多这样的比喻，照他们所能听的，对他们讲道。

34 若不用比喻，就不对他们讲，没有人的时候，就把一切的道讲给门徒听。

35 当那天晚上，耶稣对门徒说："我们渡到那边去吧！"

36 门徒离开众人，耶稣仍在船上，他们就把他一同带去，也有别的船和他同行。

37 忽然起了暴风，波浪打入船内，甚至船要满了水。

38 耶稣在船尾上，枕着枕头睡觉。门徒叫醒了他，说："夫子，我们丧命，你不顾吗？"

39 耶稣醒了，斥责风，向海说："住了吧！静了吧！"风就止住，大大地平静了。

40 耶稣对他们说："为什么胆怯？你们还没有信心吗？"

41 　tā men jiù dà dà de jù pà　bǐ cǐ shuō　zhèdào dǐ shìshéi liánfēng hé hǎi yě tīngcóng
他们就大大地惧怕，彼此说："这到底是谁，连风和海也听从
tā le
他了。"

4:1

yē sū yòu zài hǎi biān jiāo xun rén　yǒu xǔ duō rén dào tā nà li jù jí　tā zhǐ dé shàng chuán
耶稣又在海边 教训人。有许多人到他那里聚集，他只得 上　船
zuòxia　　chuán zài hǎi li　zhòng rén dōu kào jìn hǎi zhàn zài àn shang
坐下。　船 在海里，众人都 靠近海 站 在岸上。

1　yē sū yòu zài hǎi biān jiāo xun rén
　耶稣又在海边 教训人。

　예수께서 다시 바닷가에서 가르치시니

2　yē sū yòu zài hǎi biān jiāo xun rén　yǒu xǔ duō rén dào tā nà li jù jí
　耶稣又在海边 教训人。有许多人到他那里聚集，

　예수께서 다시 바닷가에서 가르치시니 **큰 무리가 (그에게) 모여들거늘**

　　tā nà li
　• 他那里 : 그가 있는 (그)곳

3　yē sū yòu zài hǎi biān jiāo xun rén　yǒu xǔ duō rén dào tā nà li jù jí　tā zhǐ dé shàng chuán
　耶稣又在海边 教训人。有许多人到他那里聚集，他只得 上　船
　zuòxia
　坐下。

　예수께서 다시 바닷가에서 가르치시니 큰 무리가 모여들거늘 **예수께서 배에 올**

　라 앉으시고

　　zhǐ dé
　• 只得 : 부득이, 할 수 없이

4　耶穌又在海邊教訓人。有許多人到他那裏聚集，他只得上船坐下。船在海裏，

예수께서 다시 바닷가에서 가르치시니 큰 무리가 모여들거늘 예수께서 **바다에 떠 있는 배에 올라 앉으시고**

5　耶穌又在海邊教訓人。有許多人到他那裏聚集，他只得上船坐下。船在海裏，众人都靠近海站在岸上。

예수께서 다시 바닷가에서 가르치시니 큰 무리가 모여들거늘 예수께서 바다에 떠 있는 배에 올라 앉으시고 **온 무리는 바닷가 육지에 있더라**

- 靠近 : 가까이 다가가다, 접근하다/가깝다
- 站 : 서다
- 岸 : 물가, 해안
- 站在岸上 : 물가, 바닷가에 서 있다

4:2

耶穌就用比喻教訓他們許多道理。在教訓之間，對他們說：

6　耶穌就用比喻

이에 예수께서 비유로

- 比喻 : 비유

7
yē sū jiù yòng bǐ yù jiàoxun tā men xǔ duō dào lǐ
耶稣就 用 比喻**教训他们**许多 道理。

이에 예수께서 **여러 가지 (이치, 도리)**를 비유로 가르치시니

8
yē sū jiù yòng bǐ yù jiàoxun tā men xǔ duō dào lǐ   zài jiàoxun zhī jiān   duì tā men shuō
耶稣就 用 比喻**教训他们**许多 道理。在**教训之间**, 对他们说:

이에 예수께서 여러 가지를 비유로 가르치시니 그 가르치시는 중에 그들에게 이르시되

* zhījiān
  之间 : 사이/~동안

4:3
nǐ men tīng a   yǒu yí ge sǎ zhǒng de chū qù sǎ zhǒng
"你们 听啊, 有一个撒 种 的出去撒种。

9
nǐ men tīng a
"你们 听啊,

"(너희는) 들으라

10
nǐ men tīng a   yǒu yí ge sǎ zhǒng de chū qù sǎ zhǒng
"你们 听啊, 有一个撒 种 的出去撒种。

"들으라 씨를 뿌리는 자가 뿌리러 나가서

* sǎzhǒng
  撒 种 : 파종하다, 씨를 뿌리다
* sǎzhǒngde   de
  撒 种 的 : 씨 뿌리는 사람, '的'가 사람이나 사물을 나타내기도 하는데 여기서는 사람을 나타낸다

4장

4:4

sǎ de shíhou yǒu luò zài lù páng de fēi niǎo lái chī jìn le
撒的时候，有落在路旁的，飞鸟来吃尽了；

11 sǎ de shíhou yǒu luò zài lù páng de
    撒的时候，有落在路旁的，
    뿌릴새 더러는 길 가에 떨어지매

- luò
  落 : 떨어지다
- lù páng
  路旁 : 길가
- luò zài lù páng de   de
  落在路旁的 : 길가에 떨어지는 것(씨), 여기서 '的'는 사물을 나타낸다

12 sǎ de shíhou yǒu luò zài lù páng de fēi niǎo lái chī jìn le
    撒的时候，有落在路旁的，飞鸟来吃尽了；
    뿌릴새 더러는 길 가에 떨어지매 새들이 와서 먹어 버렸고

- fēi niǎo
  飞鸟 : 새, 날짐승
- jìn
  尽 : 다 없어지다, 다하다
- chī jìn
  吃尽 : 다 먹어버리다

4:5

yǒu luò zài tǔ qiǎn shítou dì shang de   tǔ jì bù shēn fā miáo zuì kuài
有落在土浅石头地上的，土既不深，发苗最快，

13 yǒu luò zài tǔ qiǎn shítou dì shang de
    有落在土浅石头地上的，
    더러는 흙이 얕은 돌밭에 떨어지매

tǔqiǎn
* 土 浅 : 흙이 얕다
shítou
* 石 头 : 돌

14 yǒuluòzài tǔ qiǎnshítou dì shang de   tǔ jì bù shēn   fā miáozuìkuài
    有 落在土 浅 石头 地 上 的，土既不深， 发 苗 最快，

더러는 흙이 얕은 돌밭에 떨어지매 **흙이 깊지 아니하므로 곧 싹이 나오나**

jì
* 既 : (기왕, 이왕) ~바에야, ~하였다면, ~하였으니
fāmiáo
* 发 苗 : 발아하다, 싹이 나오다
zuìkuài
* 最 快 : 가장 빠르다

4:6

rì touchū lái yí shài   yīnwèiméiyǒugēn   jiù kū gān le
日头 出来一晒，因为没有根，就枯干了；

15 rì touchū lái yí shài
    日头 出来一晒，

해가 돋은 후에 타서

rì tou
* 日 头 : 해, 태양/한낮
shài
* 晒 : 햇볕이 내리쬐다/햇볕을 쬐다, 햇볕에 말리다

16 rì touchū lái yí shài   yīnwèiméiyǒugēn
    日头 出来一晒， 因为没有根，

해가 돋은 후에 타서 **뿌리가 없으므로**

gēn
* 根 : 뿌리

17 rì touchū lái yí shài, yīnwèiméiyǒugēn jiù kūgān le
日头出来一晒，因为没有根，就枯干了;

해가 돋은 후에 타서 뿌리가 없으므로 말랐고

* kūgān
  枯干 : 시들다, 메마르다

4:7
yǒuluòzàijīng jí li de jīng jí zhǎng qǐ lái bǎ tā jǐ zhù le jiù bù jiē shí
有落在荆棘里的，荆棘长起来，把它挤住了，就不结实;

18 yǒuluòzàijīng jí li de
有落在荆棘里的,

더러는 가시떨기에 떨어지매

* jīng jí
  荆棘 : 가시나무

19 yǒuluòzàijīng jí li de jīng jí zhǎng qǐ lái
有落在荆棘里的，荆棘长起来,

더러는 가시떨기에 떨어지매 가시가 자라

20 yǒuluòzàijīng jí li de jīng jí zhǎng qǐ lái bǎ tā jǐ zhù le
有落在荆棘里的，荆棘长起来，把它挤住了,

더러는 가시떨기에 떨어지매 가시가 자라 기운을 막으므로

* jǐ zhù
  挤住 : 꽉 들어차다, 붐비어 꼼짝 못하다, 빽빽이 죄다
  bǎ tā jǐ zhù le
  把它挤住了 : 그것(씨)을 (자라지 못하도록) 죄었다

21
yǒuluòzàijīng jí li de　jīng jí zhǎng qǐ lái　bǎ tā jǐ zhù le　jiù bù jiē shí
有 落在荆棘里的，荆棘 长 起来，把它挤住了，**就不结实**；

더러는 가시떨기에 떨어지매 가시가 자라 기운을 막으므로 **결실하지 못하였고**

* jiēshí
  结实 : 열매를 맺다

4:8

yòuyǒuluòzàihǎo tǔ li de　　jiù fā shēngzhǎng dà　　jiē shíyǒusānshíbèi de　yǒu liù shí
又 有落在好土里的，就发 生 长 大，结实有三十倍的，有六十
bèi de　yǒu yì bǎibèi de
倍的，有一百倍的。"

22
yòuyǒuluòzàihǎo tǔ li de
又 有落在好土里的，

더러는 좋은 땅에 떨어지매

23
yòuyǒuluòzàihǎo tǔ li de　　jiù fā shēngzhǎng dà
又 有落在好土里的，就发 生 长 大，

더러는 좋은 땅에 떨어지매 **자라 무성하여**

* fāshēng
  发 生 : 발생하다, 생기다/왕성하게 되다
* zhǎngdà
  长 大 : 자라다, 성장하다

24
yòuyǒuluòzàihǎo tǔ li de　　jiù fā shēngzhǎng dà　　jiē shíyǒusānshíbèi de
又 有落在好土里的，就发 生 长 大，结实有三十倍的，

더러는 좋은 땅에 떨어지매 자라 무성하여 **결실하였으니 삼십 배나**

* sānshíbèi
  三 十 倍 : 삼십배

25 又 有落在好土里的， 就发 生 长 大， 结实有三十倍的， 有六十
倍的， 有一百倍的。"

더러는 좋은 땅에 떨어지매 자라 무성하여 결실하였으니 삼십 배나 육십 배나

백 배가 되었느니라" 하시고

* 하시고 : 2절 说(shuō)에 해당된다

4:9
又说："有耳可听的， 就应 当 听。"

26 又说："有耳可听的， 就应 当 听。"

또 이르시되 "들을 귀 있는 자는 들으라" 하시니라

* 耳(=耳朵 ěr/ěrduo) : 귀
* 可听(kětīng) : 들을 만하다
* 应当(yīngdāng) : 마땅히 ~해야 한다, ~하는 것이 마땅하다

4:10
无人的时候， 跟随耶稣的人和十二个门徒问他这比喻的意思。

27 无人的时候，

예수께서 홀로 계실 때에

wúrén
* 无 人 : 사람이 없다, 아무도 없다

wúréndeshíhou
* 无 人 的 时 候 : 아무도 없을 때 ▶ 예수께서 홀로 계실 때에

28　wúréndeshíhou, gēnsuí yē sū de rén
　　无人的时候, 跟随耶稣的人

예수께서 홀로 계실 때에 (예수와) 함께 한 사람들이

gēnsuí
* 跟 随 : 뒤따르다, 동행하다, 따라가다

29　wúréndeshíhou, gēnsuí yē sū de rén hé shí èr ge méntú
　　无人的时候, 跟随耶稣的人和十二个门徒

예수께서 홀로 계실 때에 함께 한 사람들이 열두 제자와 더불어

méntú
* 门 徒 : 제자

30　wúréndeshíhou, gēnsuí yē sū de rén hé shí èr ge méntú wèn tā zhè bǐ yù de yì si
　　无人的时候, 跟随耶稣的人和十二个门徒问他这比喻的意思。

예수께서 홀로 계실 때에 함께 한 사람들이 열두 제자와 더불어 그 비유들에 대하여 물으니

4:11

yē sū duì tā men shuō　shénguó de ào mì zhǐ jiào nǐ men zhīdao　ruòshì duì wài rén jiǎng
耶稣对他们说："神国的奥秘只叫你们知道；若是对外人讲，
fánshì jiù yòng bǐ yù
凡事就用比喻,

31 yē sū duì tā men shuō　shénguó de ào mì
耶稣对他们说："神国的奥秘

이르시되 "하나님 나라의 비밀을

àomì
* 奥秘 : 비밀, 매우 깊은 뜻

32 yē sū duì tā men shuō　shénguó de ào mì zhǐ jiào nǐ men zhīdao
耶稣对他们说："神国的奥秘只叫你们知道；

이르시되 "하나님 나라의 비밀을 **너희에게는 주었으나**

zhǐ jiào nǐ men zhīdao
* 只叫你们知道 : 오직 너희만 알게 하였다 ▸ 너희에게는 주었으나

33 yē sū duì tā men shuō　shénguó de ào mì zhǐ jiào nǐ men zhīdao　ruòshì duì wài rén jiǎng
耶稣对他们说："神国的奥秘只叫你们知道；**若是对外人讲,**

이르시되 "하나님 나라의 비밀을 너희에게는 주었으나 **외인에게는**

ruòshì
* 若是 : 만약 ~한다면(라면)
ruòshì duì wài rén jiǎng
* 若是对外人讲 : 만약 외인에게 말한다면(설명한다면)

34 耶穌對他們說:"神國的奧秘只叫你們知道;若是對外人講,凡事就用比喻,

이르시되 "하나님 나라의 비밀을 너희에게는 주었으나 외인에게는 모든 것을 비유로 하나니

- fánshì
  凡 事 : 만사, 모든 일, 무슨 일이든

4:12

叫他們看是看見,卻不曉得;聽是聽見,卻不明白。恐怕他們回轉過來,就得赦免。"

35 叫他們看是看見,卻不曉得;

[이는] 그들로 보기는 보아도 알지 못하며

- què
  卻 : 오히려, 도리어, 반대로
- xiǎode
  曉 得 : 알다

36 叫他們看是看見,卻不曉得;聽是聽見,卻不明白。

이는 그들로 보기는 보아도 알지 못하며 듣기는 들어도 깨닫지 못하게 하여

- míngbai
  明 白 : 이해하다, 알다

37 叫他们看是看见，却不晓得；听是听见，却不明白。恐怕他们回转过来，就得赦免。"

이는 그들로 보기는 보아도 알지 못하며 듣기는 들어도 깨닫지 못하게 하여 돌이켜 죄 사함을 얻지 못하게 하려 함이라" 하시고

- 恐怕 kǒngpà : 두려워하다, 염려하다
- 回转 huízhuǎn : 돌아오다, 돌리다, 마음을 돌리다
- 回转过来 huízhuǎnguòlái : 돌이키다
- 赦免 shèmiǎn : 사면하다, 방면하다
- 하시고 : 11절 说 shuō 에 해당된다

4:13

又对他们说："你们不明白这比喻吗？这样怎能明白一切的比喻呢？

38 又对他们说："你们不明白这比喻吗？

또 이르시되 "너희가 이 비유를 알지 못할진대

39 又对他们说："你们不明白这比喻吗？这样怎能明白一切的比喻呢？

또 이르시되 "너희가 이 비유를 알지 못할진대 어떻게 모든 비유를 알겠느냐

- 这样 (zhèyàng) : 이렇다, 이와 같다, 이렇게, 이래서
- 怎能 (zěnnéng) : 어떻게 ~ 할 수 있겠는가
- 一切 (yíqiè) : 일체의, 모든

4:14

撒种之人所撒的，就是道。
(sǎ zhǒng zhī rén suǒ sǎ de, jiù shì dào)

40 撒种之人所撒的，就是道。
(sǎ zhǒng zhī rén suǒ sǎ de, jiù shì dào)

뿌리는 자는 말씀을 뿌리는 것이라

(씨 뿌리는 자가 뿌리는 것은 곧 말씀이라)

4:15

那撒在路旁的，就是人听了道，撒但立刻来，把撒在他心里的道夺了去；
(nà sǎ zài lù páng de, jiù shì rén tīng le dào, sā dàn lì kè lái, bǎ sǎ zài tā xīn li de dào duó le qù)

41 那撒在路旁的，
(nà sǎ zài lù páng de)

[말씀이] 길 가에 뿌려졌다는 것은

42 那撒在路旁的，就是人听了道，
(nà sǎ zài lù páng de, jiù shì rén tīng le dào)

말씀이 길 가에 뿌려졌다는 것은 이들을 가리킴이니 곧 말씀을 들었을 때에

43 那撒在路旁的，就是人听了道，**撒但立刻来,**

말씀이 길 가에 뿌려졌다는 것은 이들을 가리킴이니 곧 말씀을 들었을 때에 사

탄이 즉시 와서

44 那撒在路旁的，就是人听了道，撒但立刻来，**把撒在他心里的道夺了去;**

말씀이 길 가에 뿌려졌다는 것은 이들을 가리킴이니 곧 말씀을 들었을 때에 사

탄이 즉시 와서 **그들에게 뿌려진 말씀을 빼앗는 것이요**

- 夺去 : 빼앗아가다

4:16

那撒在石头地上的，就是人听了道，立刻欢喜领受,

45 那撒在石头地上的,

또 이와 같이 돌밭에 뿌려졌다는 것은

46 那撒在石头地上的，**就是人听了道，立刻欢喜领受,**

또 이와 같이 돌밭에 뿌려졌다는 것은 **이들을 가리킴이니 곧 말씀을 들을 때에**

즉시 기쁨으로 받으나

- 欢喜 : 기쁘다, 즐겁다, 좋아하다
- 领受 : 받아들이다, 받다

4:17

dàn tā xīn li méiyǒugēn　bú guòshìzànshí de　　jí zhìwèidàozāo le huànnàn　huòshì
但 他 心里 没 有根，不过是暂时的， 及至为 道遭 了 患 难， 或是
shòu le bī pò　　lì kè jiù diēdǎo le
受 了逼迫，立刻就跌倒了；

　　dàn tā xīn li méiyǒugēn　bú guòshìzànshí de
47 但 他 心里 没 有根，不过是暂时的，

그 속에 뿌리가 없어 잠깐 견디다가

　　gēn
* 根 ：뿌리
　　búguò
* 不 过 ：~에 지나지 않다, ~에 불과하다/하지만, 그렇지만
　　zànshí
* 暂 时 ：잠시, 잠깐, 일시

　　dàn tā xīn li méiyǒugēn　bú guòshìzànshí de　　jí zhìwèidàozāo le huànnàn
48 但 他 心里 没 有根，不过是暂时的， 及至为 道遭 了 患 难，

그 속에 뿌리가 없어 잠깐 견디다가 **말씀으로 인하여 환난을 (당하거나)**

　　jí zhì
* 及 至 ：~에 이르러, ~의 때가 되어
　　zāo
* 遭 ：(불행이나 불리한 일을) 당하다, 만나다
　　huànnàn
* 患　难 ：환난, 고난

　　dàn tā xīn li méiyǒugēn　bú guòshìzànshí de　　jí zhìwèidàozāo le huànnàn　huòshìshòu
49 但 他 心里 没 有根，不过是暂时的， 及至为 道遭 了 患 难， 或是 受
le bī pò
了逼迫，

그 속에 뿌리가 없어 잠깐 견디다가 말씀으로 인하여 환난이나 **박해가 일어나**

는 때에는

　　bīpò
* 逼迫 ：핍박, 박해

4장　**177**

50 ^{dàn tā xīn li méiyǒugēn búguòshìzànshíde}   ^{jí zhìwèidàozāo le huànnàn huòshìshòu}
但 他心里没 有 根, 不过是暂时的, 及至为 道 遭 了 患 难, 或是 受
^{le bī pò   lì kè jiù diēdǎo le}
了逼迫, 立刻就跌 倒 了;

그 속에 뿌리가 없어 잠깐 견디다가 말씀으로 인하여 환난이나 박해가 일어나는 때에는 곧 넘어지는 자요

- ^{diēdǎo}
  跌 倒 : 넘어지다, 쓰러지다

4:18

^{háiyǒu nà sǎ zàijīng jí li de   jiù shìréntīng le dào}
还 有 那 撒 在 荆 棘 里 的, 就 是 人 听 了 道,

51 ^{háiyǒu nà sǎ zàijīng jí li de   jiù shìréntīng le dào}
还 有 那 撒 在 荆 棘 里 的, 就 是 人 听 了 道,

또 어떤 이는 가시떨기에 뿌려진 자니 이들은 말씀을 듣기는 하되

- ^{háiyǒu}
  还 有 : 그리고, 또한

4:19

^{hòu lái yǒushìshàng de sī lǜ   qiáncái de mí huò hé biéyàng de sī yù   jìn lái bǎ dào jǐ}
后 来 有 世 上 的思虑、钱 财的迷 惑和别 样 的私欲, 进 来把道 挤
^{zhù le   jiù bùnéng jiē shí}
住 了, 就不 能 结实;

52 ^{hòu lái yǒushìshàngde sī lǜ}
后 来 有 世 上 的思虑、

(이후에) 세상의 염려와

hòulái
* 后来 : 이후, 그 다음, 그 뒤

shìshàng
* 世上 : 세상

sī lǜ
* 思虑 : 숙고, 염려

53 hòu lái yǒu shì shàng de sī lǜ qiáncái de míhuò hé biéyàng de sī yù
后来有世上的思虑、钱财的迷惑和别样的私欲,

세상의 염려와 재물의 유혹과 기타 욕심이

qiáncái
* 钱财 : 금전, 재물

míhuò
* 迷惑 : 미혹, 현혹

biéyàng
* 别样 : 다른 것, 다른 방식, 다른 종류

sī yù
* 私欲 : 사욕, 개인적인 욕망

54 hòu lái yǒu shì shàng de sī lǜ qiáncái de míhuò hé biéyàng de sī yù jìn lái bǎ dào jǐ zhù
后来有世上的思虑、钱财的迷惑和别样的私欲, 进来把道挤住
le jiù bù néng jiē shí
了, 就不能结实;

세상의 염려와 재물의 유혹과 기타 욕심이 들어와 말씀을 막아 결실하지 못하

게 되는 자요

4:20

nà sǎ zài hǎo dì shang de jiù shì rén tīng dào yòu lǐngshòu bìngqiě jiē shí yǒu sānshí
那撒在好地上的, 就是人听道, 又领受, 并且结实, 有三十
bèi de yǒu liù shí bèi de yǒu yì bǎi bèi de
倍的, 有六十倍的, 有一百倍的。"

55 nà sǎ zài hǎo dì shang de jiù shì rén tīng dào
那撒在好地上的, 就是人听道,

좋은 땅에 뿌려졌다는 것은 곧 말씀을 듣고

56 **nà sǎ zài hǎo dì shang de   jiù shì rén tīng dào   yòu lǐng shòu   bìng qiě jiē shí**
那撒在好地 上 的， 就是人听道， 又 领 受， 并且结实，

좋은 땅에 뿌려졌다는 것은 곧 말씀을 듣고 **받아 결실을 하는 자니라**"

  bìng qiě
* 并 且 : 또한, 그리고/더욱이, 그 위에

57 **nà sǎ zài hǎo dì shang de   jiù shì rén tīng dào   yòu lǐng shòu   bìng qiě jiē shí   yǒu sān shí bèi**
那撒在好地 上 的， 就是人听道， 又 领 受， 并且结实， 有三十倍
de   yǒu liù shí bèi de   yǒu yì bǎi bèi de
的， 有六十倍的， 有一百倍的。"

좋은 땅에 뿌려졌다는 것은 곧 말씀을 듣고 받아 **삼십 배나 육십 배나 백 배**의

결실을 하는 자니라"

  bèi
* 倍 : 배

4:21

yē sū yòu duì tā men shuō   rén ná dēng lái   qǐ shì yào fàng zài dǒu dǐ xia chuáng dǐ
耶稣又对他们说：" 人拿 灯 来， 岂是要 放 在斗底下、 床 底
xia   bú fàng zài dēng tái shang ma
下， 不放在灯台 上 吗?

58 **yē sū yòu duì tā men shuō   rén ná dēng lái**
耶稣又对他们说：" 人拿 灯 来，

또 그들에게 이르시되"사람이 등불을 가져오는 것은

59 **yē sū yòu duì tā men shuō   rén ná dēng lái   qǐ shì yào fàng zài dǒu dǐ xia chuáng dǐ**
耶稣又对他们说：" 人拿 灯 来， 岂是要 放 在斗底下、 床 底
xia
下,

또 그들에게 이르시되"사람이 등불을 가져오는 것은 **말 아래에나 평상 아래에**

두려 함이냐

- qǐshì
  * 岂是 : 그래 ~란 말인가/어찌 ~하겠는가(반문의 어기로 쓰임)
- dǒu
  * 斗 : 말, 두(곡식이나 액체의 분량을 되는 단위)
- dǐxia
  * 底下 : 밑, 아래
- chuáng
  * 床 : 침대, 침상, 평상

60 耶稣又对他们说："人拿灯来，岂是要放在斗底下、床底下，不放在灯台上吗?

또 그들에게 이르시되 "사람이 등불을 가져오는 것은 말 아래에나 평상 아래에 두려 함이냐 등경 위에 두려 함이 아니냐

- dēngtái
  * 灯台 : 등잔 받침대, 촛대

4:22

因为掩藏的事，没有不显出来的；隐瞒的事，没有不露出来的。

61 因为掩藏的事，没有不显出来的；

드러내려 하지 않고는 숨긴 것이 없고

- yǎncáng
  * 掩藏 : 숨기다, 감추다
- xiǎnchūlái
  * 显出来 : 보이다, 나타내다, 드러내다

62 yīnwèi yǎncáng de shì   méiyǒu bù xiǎn chū lái de   yǐnmán de shì   méiyǒu bú lòuchū lái de
因为 掩 藏 的事, 没有不 显 出来的; 隐 瞒 的事, 没有不 露出来 的。

드러내려 하지 않고는 숨긴 것이 없고 나타내려 하지 않고는 감추인 것이 없느니라

- yǐnmán
  隐 瞒 : 숨기다, 속이다, 감추다
- lòuchūlái
  露 出 来 : 드러내다, 나타내다, 노출시키다

4:23

yǒu ěr kě tīng de   jiù yīngdāng tīng
有耳可听的, 就 应 当 听。"

63 yǒu ěr kě tīng de   jiù yīngdāng tīng
有耳可听的, 就 应 当 听。"

들을 귀 있는 자는 들으라"

- yīngdāng
  应 当 : 마땅히 ~해야 한다, ~하는 것이 마땅하다

4:24

yòu shuō   nǐ men suǒ tīng de yào liú xīn   nǐ men yòng shénme liáng qì liáng gěi rén   yě
又 说: "你们 所听的要留心。你们 用 什么 量 器 量 给人, 也
bì yòng shénme liáng qì liáng gěi nǐ men   bìngqiě yào duō gěi nǐ men
必 用 什么 量 器 量 给你们, 并且要多给你们。

64 yòu shuō   nǐ men suǒ tīng de yào liú xīn
又 说: "你们 所听的要留心。

또 이르시되 "너희가 무엇을 듣는가 스스로 삼가라

liúxīn
* 留心 : 주의하다, 유의하다, 조심하다

65 　yòushuō　　nǐ mensuǒtīng de yào liú xīn　　nǐ menyòngshénmeliáng qì liánggěirén
又 说: "你们所听的要留心。你们 用 什 么 量 器 量 给人,

또 이르시되 "너희가 무엇을 듣는가 스스로 삼가라 너희의 헤아리는 그 헤아림

으로

liángqì　liángjù
* 量 器 (= 量 具) : 측정기, 측량 기계
liáng
* 量 : 재다, 달다, 측량하다
nǐ menyòngshénmeliáng qì liánggěirén
* 你 们 用 什 么 量 器 量 给 人
: 너희가 어떤 측량기를 사용해서 사람들에게 측량해주면 ▸ 너희가 사용해서 측량해준 그 측량기로
▸ 너희의 헤아리는 그 헤아림으로

66 　yòushuō　　nǐ mensuǒtīng de yào liú xīn　　nǐ menyòngshénmeliáng qì liánggěirén　yě
又 说: "你们所听的要留心。你们 用 什 么 量 器 量 给人, 也
bì yòngshénmeliáng qì liánggěi nǐ men
必 用 什 么 量 器 量 给你们,

또 이르시되 "너희가 무엇을 듣는가 스스로 삼가라 너희의 헤아리는 그 헤아림

으로 너희가 헤아림을 받을 것이며

yě bì yòngshénmeliáng qì liánggěi nǐ men
* 也必 用 什 么 量 器 量 给你们
: 반드시 그 (어떤) 측량기를 사용하여 너희에게 측량해줄 것이며 ▸ (그 헤아림으로) 너희가 헤아림을
받을 것이며

67 　yòushuō　　nǐ mensuǒtīng de yào liú xīn　　nǐ menyòngshénmeliáng qì liánggěirén　yě
又 说: "你们所听的要留心。你们 用 什 么 量 器 量 给人, 也
bì yòngshénmeliáng qì liánggěi nǐ men　bìngqiěyàoduōgěi nǐ men
必 用 什 么 量 器 量 给你们, 并且要多给你们。

또 이르시되 "너희가 무엇을 듣는가 스스로 삼가라 너희의 헤아리는 그 헤아림

으로 너희가 헤아림을 받을 것이며 더 받으리니

4장　183

4:25

yīnwèi yǒu de　　háiyào gěi tā　méiyǒu de　lián tā suǒyǒu de yě yào duó qù
因为有的，还要给他；没有的，连他所有的也要夺去。"

68　yīnwèi yǒu de　　háiyào gěi tā
　　因为有的，还要给他；

　　있는 자는 (더) 받을 것이요

69　yīnwèi yǒu de　　háiyào gěi tā　méiyǒu de　lián tā suǒyǒu de yě yào duó qù
　　因为有的，还要给他；没有的，连他所有的也要夺去。"

　　있는 자는 받을 것이요 없는 자는 그 있는 것까지도 빼앗기리라"

4:26

yòu shuō　shén de guó　rú tóng rén bǎ zhǒng sǎ zài dì shang
又 说："神的国，如同人把 种 撒在地上。

70　yòu shuō　shén de guó　rú tóng rén bǎ zhǒng sǎ zài dì shang
　　又 说："神的国，如同人把 种 撒在地上。

　　또 이르시되 "하나님의 나라는 사람이 씨를 땅에 뿌림과 같으니

　　　rú tóng
　* 如 同 : 마치 ~와 같다

4:27

hēi yè shuì jiào　bái rì qǐ lái　zhè zhǒng jiù fā yá jiàn zhǎng　nà rén què bù xiǎo de rú hé
黑夜睡觉，白日起来，这 种 就发芽渐长，那人却不晓得如何
zhèyàng
这样。

71 hēi yè shuì jiào　bái rì qǐ lái
黑夜睡觉，白日起来，

그가 밤낮 자고 깨고 하는 중에

　hēiyè
* 黑夜 : (캄캄한) 밤
　shuìjiào
* 睡 觉 : 자다
　bái rì
* 白日 : 백주, 대낮

72 hēi yè shuì jiào　bái rì qǐ lái　zhè zhǒng jiù fā yá jiàn zhǎng
黑夜睡觉，白日起来，这 种 就发芽渐长，

그가 밤낮 자고 깨고 하는 중에 씨가 나서 자라되

　fā yá
* 发芽 : 발아하다, 싹이 트다
　jiànzhǎng
* 渐 长 : 점점 자라다

73 hēi yè shuì jiào　bái rì qǐ lái　zhè zhǒng jiù fā yá jiàn zhǎng　nà rén què bù xiǎo de rú hé zhè
黑夜睡觉，白日起来，这 种 就发芽渐长，那人却不晓得如何这
yàng
样。

그가 밤낮 자고 깨고 하는 중에 씨가 나서 자라되 어떻게 그리 되는지를 알지

못하느니라

　xiǎode
* 晓 得 : 알다
　rúhé
* 如何 : 어떻게, 어찌하여

> 4:28
> dì shēng wǔ gǔ shì chū yú zì rán de　xiān fā miáo　hòu zhǎng suì　zài hòu suì shang jiē
> 地 生 五谷是出于自然的； 先发苗， 后 长 穗，再后穗 上 结
> chéng bǎo mǎn de zǐ lì
> 成 饱 满 的子粒。

74 dì shēng wǔ gǔ shì chū yú zì rán de
地 生 五谷是出于自然的；

땅이 스스로 열매를 맺되

- wǔgǔ
  五谷 : 오곡, 온갖 곡식, 양식
- chūyú
  出于 : ~에서 나오다
- zìrán
  自然 : 자연/저절로, 자연히

75 dì shēng wǔ gǔ shì chū yú zì rán de　xiān fā miáo　hòu zhǎng suì
地 生 五谷是出于自然的； 先发苗， 后 长 穗，

땅이 스스로 열매를 맺되 처음에는 싹이요 다음에는 이삭이요

- fāmiáo
  发 苗 : 발아하다, 싹이 나다
- suì
  穗 : 이삭
- zhǎngsuì
  长 穗 : 이삭이 나다, 자라다

76 dì shēng wǔ gǔ shì chū yú zì rán de　xiān fā miáo　hòu zhǎng suì　zài hòu suì shang jiē
地 生 五谷是出于自然的； 先发苗， 后 长 穗，再后穗 上 结
chéng bǎo mǎn de zǐ lì
成 饱 满 的子粒。

땅이 스스로 열매를 맺되 처음에는 싹이요 다음에는 이삭이요 그 다음에는 이

삭에 충실한 곡식이라

jiē
* 结 : 열매를 맺다, 열리다

bǎomǎn
* 饱满 : 알차다, 옹골차다, 통통하다, 가득 차다

zǐ lì   zǐ shí
* 子粒 (=子实) : (이삭에 달려 있는) 곡식의 낱알

4:29

gǔ jì shú le   jiù yòng liándāo qù gē   yīnwèi shōuchéng de shíhou dào le
谷既熟了，就用镰刀去割，因为收成的时候到了。"

gǔ jì shú le   jiù yòng liándāo qù gē
77 谷既熟了，就用镰刀去割，

열매가 익으면 곧 낫을 대나니

shú
* 熟 : 익다, 여물다

liándāo
* 镰刀 : 낫

gē
* 割 : 베다, 자르다

gǔ jì shú le   jiù yòng liándāo qù gē   yīnwèi shōuchéng de shíhou dào le
78 谷既熟了，就用镰刀去割，因为收成的时候到了。"

열매가 익으면 곧 낫을 대나니 이는 추수 때가 이르렀음이라"

shōuchéng
* 收成 : 수확, 작황

4:30

yòu shuō　shén de guó　wǒmen kě yòng shénme bǐ jiào ne　kě yòng shénme bǐ yù biǎo
又 说：" 神的国，我们可用 什么比较呢? 可用 什么比喻 表
míng ne
明 呢?

79
yòu shuō　shén de guó　wǒmen kě yòng shénme bǐ jiào ne
又 说："神的国，我们可用 什么比较呢?

또 이르시되 "우리가 하나님의 나라를 어떻게 비교하며

80
yòu shuō　shén de guó　wǒmen kě yòng shénme bǐ jiào ne　kě yòng shénme bǐ yù biǎo
又 说："神的国，我们可用 什么比较呢? 可用 什么比喻 表
míng ne
明 呢?

또 이르시되 "우리가 하나님의 나라를 어떻게 비교하며 **또 무슨 비유로 나타낼**

까

　　　biǎomíng
* 表　明 : 표명하다, 분명하게 보이다, 나타내다

4:31

hǎoxiàng yí lì jiè càizhǒng　zhòng zài dì li de shíhou　suī bǐ dì shang de bǎi zhǒng dōu
好 像 一粒芥菜种，　 种 在地里的时候，虽比地 上 的百 种 都
xiǎo
小,

81
hǎoxiàng yí lì jiè càizhǒng　zhòng zài dì li de shíhou
好 像 一粒芥菜种，　 种 在地里的时候，

겨자씨 한 알과 같으니 땅에 심길 때에는

lì
* 粒 : (양사)알, 톨, 발

jiècài
* 芥菜 : 겨자, 갓

zhǒng
* 种 : 씨, 씨앗

zhòng
* 种 : (씨를) 뿌리다, 심다

82 好像一粒芥菜种， 种在地里的时候，虽比地上的百种都小，
hǎoxiàng yí lì jiè cài zhǒng   zhòng zài dì li de shíhou   suī bǐ dì shang de bǎi zhǒng dōu xiǎo

겨자씨 한 알과 같으니 땅에 심길 때에는 **땅 위의 모든 씨보다 작은 것이로되**

suī suīrán
* 虽 (=虽然) : 비록 ~하지만

4:32

但种上以后，就长起来，比各样的菜都大，又长出大枝来，甚至天上的飞鸟可以宿在它的荫下。"
dàn zhòng shang yǐ hòu   jiù zhǎng qǐ lái   bǐ gè yàng de cài dōu dà   yòu zhǎng chū dà zhī lái   shèn zhì tiān shàng de fēi niǎo kě yǐ sù zài tā de yīn xia

83 但种上以后，就长起来，
dàn zhòng shang yǐ hòu   jiù zhǎng qǐ lái

심긴 후에는 자라서

84 但种上以后，就长起来，比各样的菜都大，
dàn zhòng shang yǐ hòu   jiù zhǎng qǐ lái   bǐ gè yàng de cài dōu dà

심긴 후에는 자라서 **모든 풀보다 커지며**

85 但种上以后，就长起来，比各样的菜都大，又长出大枝来，
_{dàn zhòng shang yǐ hòu jiù zhǎng qǐ lái   bǐ gè yàng de cài dōu dà   yòu zhǎng chū dà zhī lái}

심긴 후에는 자라서 모든 풀보다 커지며 **큰 가지를 내나니**

* 大枝 : 큰 가지 (dàzhī)

86 但种上以后，就长起来，比各样的菜都大，又长出大枝来，甚至天上的飞鸟可以宿在它的荫下。"
_{dàn zhòng shang yǐ hòu jiù zhǎng qǐ lái   bǐ gè yàng de cài dōu dà   yòu zhǎng chū dà zhī lái shèn zhì tiān shàng de fēi niǎo kě yǐ sù zài tā de yīn xia}

심긴 후에는 자라서 모든 풀보다 커지며 큰 가지를 내나니 **공중의 새들이 그 그늘에 깃들일 만큼 되느니라**"

* 宿 : 숙박하다, 묵다 (sù)
* 荫 : 음지, 그늘, 응달 (yīn)

4:33

耶稣用许多这样的比喻，照他们所能听的，对他们讲道。
_{yē sū yòng xǔ duō zhè yàng de bǐ yù zhào tā men suǒ néng tīng de   duì tā men jiǎng dào}

87 耶稣用许多这样的比喻，
_{yē sū yòng xǔ duō zhè yàng de bǐ yù}

예수께서 이러한 많은 비유로

88
yē sū yòng xǔ duō zhè yàng de bǐ yù　zhào tā men suǒ néng tīng de　duì tā men jiǎng dào
耶稣用 许 多 这 样 的 比喻，照他 们 所 能 听 的，对 他 们 讲 道。

예수께서 이러한 많은 비유로 그들이 알아 들을 수 있는 대로 말씀을 가르치시되

　　zhào
* 照 : ~대로, ~에 따라

4:34
ruò bú yòng bǐ yù　 jiù bú duì tā men jiǎng méi yǒu rén de shí hou　 jiù bǎ yí qiè de dào jiǎng
若不 用 比喻，就不对他 们 讲，没有人的时候，就把一切的道　讲
gěi mén tú tīng
给 门 徒听。

89
ruò bú yòng bǐ yù　 jiù bú duì tā men jiǎng
若不 用 比喻，就不对他 们 讲，

비유가 아니면 말씀하지 아니하시고

90
ruò bú yòng bǐ yù　 jiù bú duì tā men jiǎng méi yǒu rén de shí hou
若不 用 比喻，就不对他 们 讲，没有人的时候，

비유가 아니면 말씀하지 아니하시고 다만 혼자 계실 때에

91
ruò bú yòng bǐ yù　 jiù bú duì tā men jiǎng méi yǒu rén de shí hou　 jiù bǎ yí qiè de dào jiǎng
若不 用 比喻，就不对他 们 讲，没有人的时候，就把一切的道　讲
gěi mén tú tīng
给 门 徒听。

비유가 아니면 말씀하지 아니하시고 다만 혼자 계실 때에 그 제자들에게 모든 것을 해석하시더라

4:35

dāng nà tiān wǎnshang　yē sū duì mén tú shuō　　wǒmen dù dào nà biān qù ba
当 那天 晚上，耶稣对 门 徒说："我 们 渡 到那边 去吧！"

92
dāng nà tiān wǎnshang　yē sū duì mén tú shuō
当 那天 晚 上，耶稣对 门 徒说：

그 날 저물 때에 제자들에게 이르시되 "～" 하시니

93
dāng nà tiān wǎnshang　yē sū duì mén tú shuō　　wǒmen dù dào nà biān qù ba
当 那天 晚 上，耶稣对 门 徒说："我们 渡 到那 边 去吧！"

그 날 저물 때에 제자들에게 이르시되 "우리가 저편으로 건너가자" 하시니

dù
• 渡 : (물을) 건너다

4:36

mén tú lí kāi zhòngrén　yē sū réng zài chuán shang tā men jiù bǎ tā yì tóng dài qù　yě
门 徒离开 众 人，耶稣仍在 船 上，他 们 就把他一 同 带 去，也
yǒu bié de chuán hé tā tóngxíng
有 别的 船 和他同 行。

94
mén tú lí kāi zhòngrén　yē sū réng zài chuán shang
门 徒离开 众 人，耶稣仍在 船 上，

그들(제자들)이 무리를 떠나 예수를 배에 계신 그대로

réng
• 仍 : 아직도, 여전히

yē sū réng zài chuán shang
• 耶稣 仍 在 船 上 : 예수는 여전히(그대로) 배에 계신지라 ▶ 예수를 배에 계신 그대로

95　mén tú lí kāi zhòngrén　yē sū réng zài chuán shang　tā men jiù bǎ tā yì tóng dài qù
門徒離開眾人，耶穌仍在船上，他們就把他一同帶去，

그들이 무리를 떠나 예수를 배에 계신 그대로 (그들이 그를 함께) 모시고 가매

　　yì tóng
* 一同 : 같이, 함께

96　mén tú lí kāi zhòngrén　yē sū réng zài chuán shang　tā men jiù bǎ tā yì tóng dài qù　yě
門徒離開眾人，耶穌仍在船上，他們就把他一同帶去，也
yǒu bié de chuán hé tā tóng xíng
有別的船和他同行。

그들이 무리를 떠나 예수를 배에 계신 그대로 모시고 가매 다른 배들도 함께 하더니

　　tóngxíng
* 同行 : 함께 가다, 동행하다

4:37
hūrán qǐ le bàofēng　bō làng dǎ rù chuán nèi　shènzhì chuán yào mǎn le shuǐ
忽然起了暴風，波浪打入船內，甚至船要滿了水。

97　hūrán qǐ le bàofēng
忽然起了暴風，

(갑자기) 큰 광풍이 일어나며

　　hūrán
* 忽然 : 갑자기, 별안간
　　bàofēng
* 暴風 : 폭풍
　　qǐ bàofēng
* 起暴風 : 폭풍이 일다, 폭풍이 불다

98 hū rán qǐ le bàofēng　bō làng dǎ rù chuánnèi
忽然起了暴风, 波浪打入 船 内,

큰 광풍이 일어나며 물결이 배에 부딪쳐 들어와

- bōlàng
  波浪 : 물결, 파도
- dǎrù
  打入 : (쳐서) 들어오다
- dǎrùchuánnèi
  打入 船 内 : 부딪쳐 배에 들어오다

99 hū rán qǐ le bàofēng　bōlàngdǎ rù chuánnèi shènzhìchuányàomǎn le shuǐ
忽然起了暴风, 波浪打入 船 内, 甚至 船 要 满 了水。

큰 광풍이 일어나며 물결이 배에 부딪쳐 들어와 배에 (물이) 가득하게 되었더라

4:38
yē sū zàichuánwěishang　zhěnzhezhěntoushuìjiào mén tú jiàoxǐng le tā　shuō　　fū
耶稣在 船 尾 上, 枕着枕头睡觉。门徒叫醒了他, 说："夫
zǐ　wǒmensàngmìng nǐ bú gù ma
子, 我们 丧命, 你不顾吗？"

100 yē sū zàichuánwěishang　zhěnzhezhěntoushuìjiào
耶稣在 船 尾 上, 枕着枕头睡觉。

예수께서는 고물에서 베개를 베고 주무시더니

- chuánwěi
  船 尾 : 선미, 고물
- zhěn
  枕 : 베다
- zhěntou
  枕 头 : 베개

101 yē sū zài chuánwěishang zhěnzhezhěntoushuìjiào mén tú jiàoxǐng le tā   shuō
耶稣在 船 尾上，   枕着枕头睡觉。门徒叫醒了他，说：

예수께서는 고물에서 베개를 베고 주무시더니 제자들이 깨우며 이르되 " ~ "

하니

jiàoxǐng
* 叫 醒 : 깨다, 깨우다

102 yē sū zài chuánwěishang zhěnzhezhěntoushuìjiào mén tú jiàoxǐng le tā   shuō   fū
耶稣在 船 尾上，   枕着枕头睡觉。门徒叫醒了他，说："夫
zǐ   wǒmensàngmìng nǐ bú gù ma
子，我们 丧 命，你不顾吗？"

예수께서는 고물에서 베개를 베고 주무시더니 제자들이 깨우며 이르되 "선생

님이여 우리가 죽게 된 것을 돌보지 아니하시나이까" 하니

fū zǐ
* 夫子 : 선생님
sàngmìng
* 丧 命 : 목숨을 잃다, 죽다
búgù
* 不顾 : 돌보지 않다, 상관하지 않다

4:39

yē sū xǐng le   chì zé fēng   xiànghǎishuō   zhù le ba   jìng le ba   fēng jiù zhǐzhù
耶稣醒了，斥责风， 向 海说："住了吧！静了吧！"风就止住，
dà dà depíngjìng le
大大地平 静了。

103 ye sū xǐng le   chì zé fēng
耶稣醒了，斥责风，

예수께서 깨어 바람을 꾸짖으시며

chìzé
* 斥责 : 질책하다, 탓하다, 꾸짖다

104 yē sū xǐng le   chì zé fēng   xiàng hǎi shuō   zhù le ba   jìng le ba
耶稣醒了，斥责风，向 海说："住了吧！静了吧！"

예수께서 깨어 바람을 꾸짖으시며 바다더러 이르시되 "잠잠하라 고요하라" 하시니

- 住 zhù : 살다/그치다, 정지하다
- 静 jìng : 조용하다, 고요하다, 잠잠하다

105 yē sū xǐng le   chì zé fēng   xiàng hǎi shuō   zhù le ba   jìng le ba   fēng jiù zhǐzhù
耶稣醒了，斥责风，向 海说："住了吧！静了吧！"风就止住，
dà dà de píngjìng le
大大地平静了。

예수께서 깨어 바람을 꾸짖으시며 바다더러 이르시되 "잠잠하라 고요하라" 하시니 바람이 그치고 아주 잔잔하여지더라

- 止住 zhǐzhù : 멈추다, 억제하다
- 大大地 dàdàde : 크게, 훨씬, 엄청
- 平静 píngjìng : 평온하다, 조용하다, 고요하다

4:40

yē sū duì tā men shuō   wèi shénme dǎnqiè   nǐ men hái méi yǒu xìnxīn ma
耶稣对他们说："为什么胆怯？你们还没有信心吗？"

106 yē sū duì tā men shuō   wèi shénme dǎnqiè
耶稣对他们说："为什么胆怯？

이에 제자들에게 이르시되 "어찌하여 이렇게 무서워하느냐" 하시니

- 胆怯 dǎnqiè : 겁내다, 무서워하다

yē sū duì tā men shuō　　wèi shén me dǎn qiè　　nǐ men hái méi yǒu xìn xīn ma

107 耶稣对他们说："为什么胆怯？你们还没有信心吗？"

이에 제자들에게 이르시되 "어찌하여 이렇게 무서워하느냐 **너희가 어찌 믿음이 없느냐**" 하시니

4:41

tā men jiù dà dà de jù pà　　bǐ cǐ shuō　　zhè dào dǐ shì shéi　lián fēng hé hǎi yě tīng cóng tā le

他们就大大地惧怕，彼此说："这到底是谁，连风和海也听从他了。"

tā men jiù dà dà de jù pà　　bǐ cǐ shuō

108 他们就大大地惧怕，彼此说：

그들이 심히 두려워하여 서로 말하되 " ~ " 하였더라

　　jù pà
* 惧怕 : 두려워하다

tā men jiù dà dà de jù pà　　bǐ cǐ shuō　　zhè dào dǐ shì shéi　lián fēng hé hǎi yě tīng cóng tā le

109 他们就大大地惧怕，彼此说："这到底是谁，连风和海也听从他了。"

그들이 심히 두려워하여 서로 말하되 "그가 누구이기에 바람과 바다도 순종하는가" 하였더라

　　dào dǐ
* 到底 : 도대체
　　tīng cóng
* 听从 : 듣다, 따르다, 복종하다, 순종하다

암송! 중국어 마가복음

5장

1 他们来到海那边格拉森人的地方。

2 耶稣一下船，就有一个被污鬼附着的人从坟茔里出来迎着他。

3 那人常住在坟茔里，没有人能捆住他，就是用铁链也不能。

4 因为人屡次用脚镣和铁链捆锁他，铁链竟被他挣断了，脚镣也被他弄碎了。总没有人能制伏他。

5 他昼夜常在坟茔里和山中喊叫，又用石头砍自己。

6 他远远地看见耶稣，就跑过去拜他，

7 大声呼叫说："至高神的儿子耶稣，我与你有什么相干？我指着神恳求你，不要叫我受苦！"

8 是因耶稣曾吩咐他说："污鬼啊，从这人身上出来吧！"

9 耶稣问他说："你名叫什么？"回答说："我名叫群，因为我们多的缘故。"

10 就再三地求耶稣，不要叫他们离开那地方。

11 在那里山坡上，有一大群猪吃食。

12 鬼就央求耶稣说："求你打发我们往猪群里附着猪去。"

13 耶稣准了他们，污鬼就出来，进入猪里去。于是那群猪闯下山崖，投在海里，淹死了。猪的数目约有二千。

14 放猪的就逃跑了，去告诉城里和乡下的人。众人就来要看是什么事。

15 他们来到耶稣那里，看见那被鬼附着的人，就是从前被群鬼所附的，坐着，穿上衣服，心里明白过来，他们就害怕。

16 看见这事的，便将鬼附之人所遇见的和那群猪的事，都告诉了众人，

17 众人就央求耶稣离开他们的境界。

18 耶稣上船的时侯，那从前被鬼附着的人恳求和耶稣同在。

19 耶稣不许，却对他说："你回家去，到你的亲属那里，将主为你所作的是何等大的事，是怎样怜悯你，都告诉他们。"

20 那人就走了，在低加波利传扬耶稣为他作了何等大的事，众人就都希奇。

21 耶稣坐船又渡到那边去,就有许多人到他那里聚集,他正在海边上。

22 有一个管会堂的人,名叫睚鲁,来见耶稣,就俯伏在他脚前,

23 再三地求他说:"我的小女儿快要死了,求你去按手在她身上,使她痊愈,得以活了。"

24 耶稣就和他同去,有许多人跟随、拥挤他。

25 有一个女人,患了十二年的血漏,

26 在好些医生手里受了许多的苦,又花尽了她所有的,一点也不见好,病势反倒更重了。

27 她听见耶稣的事,就从后头来,杂在众人中间,摸耶稣的衣裳,

28 意思说:"我只摸他的衣裳,就必痊愈。"

29 于是她血漏的源头立刻干了,她便觉得身上的灾病好了。

30 耶稣顿时心里觉得有能力从自己身上出去,就在众人中间转过来说:"谁摸我的衣裳?"

31 门徒对他说:"你看众人拥挤你,还说:'谁摸我'吗?"

32 耶稣周围观看,要见作这事的女人。

33 那女人知道在自己身上所成的事,就恐惧战兢,来俯伏在耶稣跟前,将实情全告诉他。

34 耶稣对她说:"女儿,你的信救了你,平平安安地回去吧!你的灾病痊愈了。"

35 还说话的时候,有人从管会堂的家里来,说:"你的女儿死了,何必还劳动先生呢?"

36 耶稣听见所说的话,就对管会堂的说:"不要怕,只要信!"

37 于是带着彼得、雅各和雅各的兄弟约翰同去,不许别人跟随他。

38 他们来到管会堂的家里,耶稣看见那里乱嚷,并有人大大地哭泣哀号,

39 进到里面,就对他们说:"为什么乱嚷哭泣呢?孩子不是死了,是睡着了。"

40　他们就嗤笑耶稣。耶稣把他们都撵出去，就带着孩子的父母和
跟随的人，进了孩子所在的地方，

41　就拉着孩子的手，对她说："大利大古米！"翻出来就是说："闺
女，我吩咐你起来！"

42　那闺女立时起来走，他们就大大地惊奇。闺女已经十二岁了。

43　耶稣切切地嘱咐他们，不要叫人知道这事，又吩咐给她东西吃。

5:1

tā men lái dào hǎi nà biān gé lā sēn rén de dì fang
他们来到海那边格拉森人的地方。

1 tā men lái dào hǎi nà biān
   他们来到海那边

   예수께서 바다 건너편에 이르러

2 tā men lái dào hǎi nà biān gé lā sēn rén de dì fang
   他们来到海那边格拉森人的地方。

   예수께서 바다 건너편 거라사인의 지방에 이르러

   ◆ gé lā sēn rén
     格拉森人 : 거라사인

5:2

yē sū yí xià chuán jiù yǒu yí ge bèi wū guǐ fù zhuó de rén cóng fén yíng li chū lái yíng zhe
耶稣一下船，就有一个被污鬼附着的人从坟茔里出来迎着
tā
他。

3 yē sū yí xià chuán
   耶稣一下船，

   배에서 나오시매

   ◆ xià chuán
     下船 : 배에서 내리다

5장 205

4 yē sū yí xià chuán, jiù yǒu yí ge bèi wū guǐ fù zhuó de rén
耶稣一下船，就有一个被污鬼附着的人

배에서 나오시매 곧 더러운 귀신 들린 사람이

5 yē sū yí xià chuán, jiù yǒu yí ge bèi wū guǐ fù zhuó de rén cóng fén yíng li chū lái yíng zhe tā
耶稣一下船，就有一个被污鬼附着的人从坟茔里出来迎着他。

배에서 나오시매 곧 더러운 귀신 들린 사람이 무덤 사이에서 나와 예수를 만나니라

* 坟茔 fényíng (=坟墓 fénmù) : 무덤, 묘지
* 迎着 yíngzhe : 영접하다, 맞이하다

5:3

nà rén cháng zhù zài fén yíng li, méi yǒu rén néng kǔn zhù tā, jiù shì yòng tiě liàn yě bù néng
那人常住在坟茔里，没有人能捆住他，就是用铁链也不能。

---

6 nà rén cháng zhù zài fén yíng li
那人常住在坟茔里，

그 사람은 무덤 사이에 거처하는데

* 常住 chángzhù : 항상 거주하다, 상주하다

7　那人 常 住在坟 茔里， 没有人 能 捆住他，

그 사람은 무덤 사이에 거처하는데 이제는 아무도 그를 맬 수 없게 되었으니

* 捆 住 : 묶다, 잡아매다

8　那人 常 住在坟 茔里， 没有人 能 捆住他， 就是 用 铁链也不能。

그 사람은 무덤 사이에 거처하는데 이제는 아무도 그를 **쇠사슬로도** 맬 수 없게 되었으니

* 铁 链 : 쇠사슬

5:4

因为人屡次 用 脚镣和铁链捆锁他， 铁链竟被他 挣 断了， 脚镣也被他 弄 碎了。总没有人 能 制伏他。

9　因为人屡次 用 脚镣和铁链捆锁他，

이는 여러 번 고랑과 쇠사슬에 매였어도

* 屡次 : 자주, 누차, 여러 번
* 脚 镣 : 족쇄, 차꼬, 고랑
* 捆 锁 : 묶다, 채우다

10 因为人屡次 用 脚镣和铁链捆锁他, 铁链竟被他 挣 断了,

이는 여러 번 고랑과 쇠사슬에 매였어도 **쇠사슬을 끊고**

* 竟 : 결국, 마침내/뜻밖에, 의외로
* 挣 断 : 애써서 끊어버리다, 필사적으로 끊다

11 因为人屡次 用 脚镣和铁链捆锁他, 铁链竟被他 挣 断了, **脚镣也被他 弄 碎了。**

이는 여러 번 고랑과 쇠사슬에 매였어도 쇠사슬을 끊고 **고랑을 깨뜨렸음이러라**

* 弄 碎 : 부스러뜨리다, 깨뜨리다

12 因为人屡次 用 脚镣和铁链捆锁他, 铁链竟被他 挣 断了, 脚镣也被他 弄 碎了。**总没有人 能 制伏他。**

이는 여러 번 고랑과 쇠사슬에 매였어도 쇠사슬을 끊고 고랑을 깨뜨렸음이러라

그리하여 아무도 그를 제어할 힘이 없는지라

* 总 : 결국, 어쨌든
* 制伏 : 제압하다, 굴복시키다, 정복하다

5:5

tā zhòuyè cháng zài fényíng li hé shānzhōng hǎnjiào　yòu yòng shítou kǎn zì jǐ
他 昼 夜 常 在 坟 茔 里 和 山 中 喊 叫, 又 用 石 头 砍 自 己。

13　tā zhòuyè cháng zài fényíng li hé shānzhōng hǎnjiào
　　他 昼 夜 常 在 坟 茔 里 和 山 中 喊 叫,

　　밤낮 무덤 사이에서나 산에서나 늘 소리 지르며

* zhòuyè
  昼 夜 : 주야, 밤낮
* cháng
  常　 : 자주, 늘, 언제나

14　tā zhòuyè cháng zài fényíng li hé shānzhōng hǎnjiào　yòu yòng shítou kǎn zì jǐ
　　他 昼 夜 常 在 坟 茔 里 和 山 中 喊 叫, 又 用 石 头 砍 自 己。

　　밤낮 무덤 사이에서나 산에서나 늘 소리 지르며 돌로 자기의 몸을 해치고 있었
　　더라

* kǎn
  砍 : 찍다, 패다, 파괴하다

5:6

tā yuǎnyuǎn de kànjiàn yē sū　jiù pǎoguòqù bài tā
他 远 远 地 看 见 耶 稣, 就 跑 过 去 拜 他,

15　tā yuǎnyuǎn de kànjiàn yē sū
　　他 远 远 地 看 见 耶 稣,

　　그가 멀리서 예수를 보고

* yuǎnyuǎnde
  远 远 地 : 멀리서

16 tā yuǎnyuǎn de kànjiàn yē sū　jiù pǎoguòqù bài tā
他 远 远 地 看见 耶稣, 就 跑 过去拜他,

그가 멀리서 예수를 보고 **달려와 절하며**

* pǎo
  跑 : 달리다, 뛰다/도망하다, 달아나다
* bài
  拜 : 절하다

5:7

dà shēng hū jiào shuō　　zhì gāo shén de ér zi yē sū　　wǒ yǔ nǐ yǒu shénme xiānggān
大 声 呼叫 说: "至高 神 的儿子耶稣, 我与你有 什么 相干?
wǒ zhǐzhe shén kěnqiú nǐ　　bú yào jiào wǒ shòu kǔ
我指着 神 恳求你, 不要叫我 受苦!"

---

17 dà shēng hū jiào shuō　　zhì gāo shén de ér zi yē sū
大 声 呼叫 说: "至高 神 的儿子耶稣,

큰 소리로 부르짖어 이르되 "지극히 높으신 하나님의 아들 예수여~" 하니

* zhìgāo
  至 高 : 지고, 지극히 높은, 가장 높은

---

18 dà shēng hū jiào shuō　　zhì gāo shén de ér zi yē sū　　wǒ yǔ nǐ yǒu shénme xiānggān
大 声 呼叫 说: "至高 神 的儿子耶稣, 我与你有 什么 相干?

큰 소리로 부르짖어 이르되 "지극히 높으신 하나님의 아들 예수여 **나와 당신이**

무슨 상관이 있나이까~" 하니

---

19 dà shēng hū jiào shuō　　zhì gāo shén de ér zi yē sū　　wǒ yǔ nǐ yǒu shénme xiānggān　wǒ
大 声 呼叫 说: "至高 神 的儿子耶稣, 我与你有 什么 相干? 我
zhǐzhe shén kěnqiú nǐ
指着 神 恳求你,

큰 소리로 부르짖어 이르되 "지극히 높으신 하나님의 아들 예수여 나와 당신이

무슨 상관이 있나이까 **원하건대 하나님 앞에 맹세하고~**" 하니

* 指着 zhǐzhe : 의지하다, 기대다
* 恳求 kěnqiú : 간청하다, 간구하다
* 我指着神恳求你 wǒ zhǐzhe shén kěnqiú nǐ : 내가 하나님을 의지하여 당신께 간구하나이다

20 大声呼叫说：“至高神的儿子耶稣，我与你有什么相干？我指着神恳求你，不要叫我受苦！”
dàshēng hūjiào shuō zhìgāo shén de érzi yēsū wǒ yǔ nǐ yǒu shénme xiānggān wǒ zhǐzhe shén kěnqiú nǐ búyào jiào wǒ shòukǔ

큰 소리로 부르짖어 이르되 "지극히 높으신 하나님의 아들 예수여 나와 당신이 무슨 상관이 있나이까 원하건대 하나님 앞에 맹세하고 나를 괴롭히지 마옵소서" 하니

* 受苦 shòukǔ : 고통을 받다, 괴로움을 당하다

5:8

是因耶稣曾吩咐他说：“污鬼啊，从这人身上出来吧！”
shì yīn yēsū céng fēnfù tā shuō wūguǐ a cóng zhè rén shēnshang chū lái ba

21 是因耶稣曾吩咐他说：
shì yīn yēsū céng fēnfù tā shuō

이는 예수께서 이미 그에게 이르시기를 "～" 하셨음이라

* 曾 céng : 일찍이, 이미

22 是因耶稣曾吩咐他说：“污鬼啊，从这人身上出来吧！”
shì yīn yēsū céng fēnfù tā shuō wūguǐ a cóng zhè rén shēnshang chū lái ba

이는 예수께서 이미 그에게 이르시기를 "더러운 귀신아 그 사람에게서 나오라" 하셨음이라

> 5:9
> yē sū wèn tā shuō　　nǐ míngjiàoshénme　　huí dá shuō　　wǒmíngjiàoqún　yīnwèi
> 耶稣问他说："你名叫什么？"回答说："我名叫群，因为
> wǒmenduōdeyuángù
> 我们多的缘故。"

23 yē sū wèn tā shuō　　nǐ míngjiàoshénme
耶稣问他说："你名叫什么？"

이에 물으시되 "네 이름이 무엇이냐"

24 yē sū wèn tā shuō　　nǐ míngjiàoshénme　　huí dá shuō　　wǒmíngjiàoqún
耶稣问他说："你名叫什么？"回答说："我名叫群，

이에 물으시되 "네 이름이 무엇이냐" (대답하여) 이르되 "내 이름은 군대니 ~"

하고

　　huídá
* 回答 : 대답하다
　　qún
* 群 : 무리, 떼, 군중

25 yē sū wèn tā shuō　　nǐ míngjiàoshénme　　huí dá shuō　　wǒmíngjiàoqún　yīnwèi
耶稣问他说："你名叫什么？"回答说："我名叫群，因为
wǒmenduōdeyuángù
我们多的缘故。"

이에 물으시되 "네 이름이 무엇이냐" 이르되 "내 이름은 군대니 우리가 많음이

니이다" 하고

　　yuángù
* 缘故 : 연고, 원인, 이유

5:10

jiù zàisānde qiú yē sū　　bú yào jiào tā men lí kāi nà dì fang
就再三地求耶稣，不要叫他们离开那地方。

26 jiù zàisānde qiú yē sū
就再三地求耶稣,

(거듭 예수께) 간구하더니

　zàisānde
* 再 三 地 : 재삼, 여러 번, 거듭

　qiú
* 求 : 청하다, 간청하다, 부탁하다

27 jiù zàisānde qiú yē sū　　bú yào jiào tā men lí kāi nà dì fang
就再三地求耶稣，不要叫他们离开那地方。

자기(그들)를 그 지방에서 내보내지 마시기를 간구하더니

　lí kāi
* 离开 : 떠나다, 벗어나다, 헤어지다

5:11

zài nà li shān pō shang yǒu yí dà qún zhū chī shí
在那里山坡上，有一大群猪吃食。

28 zài nà li shān pō shang
在那里山坡上,

[마침] 거기 산 곁에서

　shānpō
* 山 坡 : 산비탈

5장　213

29
zài nà li shān pō shang yǒu yí dà qún zhū chī shí
在那里 山 坡 上， 有一大群 猪吃食。

마침 거기 **돼지의 큰 떼가** 산 곁에서 먹고 있는지라

* 猪 : 돼지 (zhū)
* 吃 食 : 먹이(음식)를 먹다 (chīshí)

5:12

guǐ jiù yāng qiú yē sū shuō　qiú nǐ dǎ fa wǒmen wǎng zhū qún li fù zhuó zhū qù
鬼就 央 求耶稣说： "求你打发我 们 往 猪 群里附 着 猪去。"

30
guǐ jiù yāng qiú yē sū shuō
鬼就 央 求耶稣说：

이에 간구하여 이르되 " ~ " 하니

* 央 求 : (윗사람에게) 간청하다, 애원하다 (yāngqiú)

31
guǐ jiù yāng qiú yē sū shuō　qiú nǐ dǎ fa wǒmen wǎng zhū qún li fù zhuó zhū qù
鬼就 央 求耶稣说： "求你打发我 们 往 猪 群里附 着 猪去。"

이에 간구하여 이르되 "우리를 돼지에게로 보내어 들어가게 하소서" 하니

> 5:13
> yē sū zhǔn le tā men wū guǐ jiù chū lái   jìn rù zhū li qù   yú shì nà qún zhū chuǎng xia
> 耶稣准了他们，污鬼就出来，进入猪里去。于是那群猪 闯 下
> shān yá   tóu zài hǎi li   yān sǐ le   zhū de shù mù yuē yǒu èr qiān
> 山 崖，投在海里，淹死了。猪的数目约 有二千。

32 yē sū zhǔn le tā men
耶稣 准 了他们，

허락하신대

* zhǔn
  准 : 허가하다, 허락하다, 허용하다

33 yē sū zhǔn le tā men wū guǐ jiù chū lái   jìn rù zhū li qù
耶稣 准 了他们，污鬼就出来，进入猪里去。

허락하신대 더러운 귀신들이 나와서 돼지에게로 들어가매

* jìnrù
  进入 : 들어가다, 진입하다

34 yē sū zhǔn le tā men wū guǐ jiù chū lái   jìn rù zhū li qù   yú shì nà qún zhū chuǎng xia
耶稣 准 了他们，污鬼就出来，进入猪里去。于是那群猪 闯 下
shān yá
山 崖，

허락하신대 더러운 귀신들이 나와서 돼지에게로 들어가매 (이에 돼지들이) 비탈로 내리달아

* yúshì
  于是 : 이에, 그리하여, 그래서
* chuǎng
  闯 : 갑자기 뛰어들다, 돌진하다
* shānyá
  山崖 : 낭떠러지, 벼랑, 절벽

35　耶稣 准了他们，污鬼就出来，进入猪里去。于是那群猪 闯 下
　　山 崖，投在海里，淹死了。

허락하신대 더러운 귀신들이 나와서 돼지에게로 들어가매 **바다를 향하여** 비탈

로 내리달아 **바다에서 몰사하거늘**

* 投 : (죽으려고 물속에) 뛰어들다, 몸을 던지다, 뛰어내리다
* 淹 死 : 익사하다, 물에 빠져 죽다

36　耶稣 准了他们，污鬼就出来，进入猪里去。于是那群猪 闯 下
　　山 崖，投在海里，淹死了。猪的数目约有二千。

허락하신대 더러운 귀신들이 나와서 돼지에게로 들어가매 **거의 이천 마리 되는**

떼가 바다를 향하여 비탈로 내리달아 바다에서 몰사하거늘

* 数 目 : 수, 숫자, 수량
* 约 : 약, 대략, 대강

5:14

放 猪的就逃跑了， 去告诉 城 里和 乡下的人。众人就来要看
是 什 么事。

37　放 猪的就逃跑了，

　　(돼지를) 치던 자들이 도망하여

- fàngzhū
  放 猪 : 돼지를 놓아 기르다(먹이다)
- táopǎo
  逃 跑 : 도망가다, 달아나다

38 fàngzhū de jiù táopǎo le， qùgàosu chéng li hé xiāngxia de rén
放 猪的就逃跑了， 去告诉 城 里和 乡 下的人。

치던 사들이 도망하여 읍내와 여러 마을에 말하니

- chéng li
  城 里 : 시내, 도시
- xiāngxia
  乡 下 : 시골, 지방

39 fàngzhū de jiù táopǎo le， qùgàosu chéng li hé xiāngxia de rén zhòngrén jiù lái yào kàn shì
放 猪的就逃跑了， 去告诉 城 里和 乡 下的人。 众人就来要看是
shénmeshì
什 么事。

치던 자들이 도망하여 읍내와 여러 마을에 말하니 사람들이 어떻게 되었는지를

보러 와서

5:15

tā men lái dào yē sū nà li， kànjiàn nà bèi guǐ fù zhuó de rén， jiù shì cóngqián bèi qún guǐ
他 们 来到耶稣那里， 看见那被鬼附 着 的人， 就是 从 前被群鬼
suǒ fù de， zuòzhe chuānshang yī fu， xīn li míngbai guò lái， tā men jiù hài pà
所附的， 坐着， 穿 上 衣服， 心里 明 白过来， 他 们 就害怕。

40 tā men lái dào yē sū nà li，
他 们 来到耶稣那里，

(그들이) 예수께 이르러

41
tā men lái dào yē sū nà li　　kànjiàn nà bèi guǐ fù zhuó de rén
他们来到耶稣那里，看见那被鬼附着的人，

예수께 이르러 그 귀신 들렸던 자를 보고

42
tā men lái dào yē sū nà li　　kànjiàn nà bèi guǐ fù zhuó de rén　　jiù shì cóngqián bèi qún guǐ
他们来到耶稣那里，看见那被鬼附着的人，就是从前被群鬼
suǒ fù de
所附的，

예수께 이르러 그 귀신 들렸던 자 곧 군대 귀신 지폈던 자를 보고

　　　cóngqián
* 从　前 : 이전, 종전, 예전

43
tā men lái dào yē sū nà li　　kànjiàn nà bèi guǐ fù zhuó de rén　　jiù shì cóngqián bèi qún guǐ
他们来到耶稣那里，看见那被鬼附着的人，就是从前被群鬼
suǒ fù de　zuòzhe chuānshang yī fu　　xīn li míngbai guò lái
所附的，坐着，穿上衣服，心里明白过来，

예수께 이르러 그 귀신 들렸던 자 곧 군대 귀신 지폈던 자가 옷을 입고 정신이

온전하여 앉은 것을 보고

44
tā men lái dào yē sū nà li　　kànjiàn nà bèi guǐ fù zhuó de rén　　jiù shì cóngqián bèi qún guǐ
他们来到耶稣那里，看见那被鬼附着的人，就是从前被群鬼
suǒ fù de　zuòzhe chuānshang yī fu　　xīn li míngbai guò lái　tā men jiù hài pà
所附的，坐着，穿上衣服，心里明白过来，他们就害怕。

예수께 이르러 그 귀신 들렸던 자 곧 군대 귀신 지폈던 자가 옷을 입고 정신이

온전하여 앉은 것을 보고 두려워하더라

　　　hài pà
* 害 怕 : 두려워하다, 무서워하다

5:16

kànjiànzhèshìde biànjiāngguǐ fù zhīrénsuǒyùjiànde hé nà qúnzhūdeshì dōugàosu le
看见这事的，便将鬼附之人所遇见的和那群猪的事，都告诉了
zhòngrén
众人，

kànjiànzhèshìde biànjiāngguǐ fù zhīrénsuǒyùjiànde
45 看见这事的，便将鬼附之人所遇见的

이에 귀신 들렸던 자가 당한 것을 본 자들이

jiāng bǎ
* 将 (=把) : ~을/를
guǐfùzhīrén
* 鬼附之人 : 귀신들린 자
yùjiàn
* 遇见 : 만나다, 마주치다
kànjiànzhèshìdebiànjiāngguǐfùzhīrénsuǒyùjiànde
* 看见这事的，便将鬼附之人所遇见的
  : 이 일을 본 자, 곧 귀신들렸던 자가 당한 것을 ▸ 귀신 들렸던 자가 당한 것을 본 자들이

kànjiànzhèshìde biànjiāngguǐ fù zhīrénsuǒyùjiànde hé nà qúnzhūdeshì dōugàosu le
46 看见这事的，便将鬼附之人所遇见的和那群猪的事，都告诉了
zhòngrén
众人，

이에 귀신 들렸던 자가 당한 것과 돼지의 일을 본 자들이 그들에게 알리매

5:17

zhòngrén jiù yāngqiú yē sū lí kāi tā mendejìngjiè
众人就央求耶稣离开他们的境界。

zhòngrén jiù yāngqiú yē sū lí kāi tā mendejìngjiè
47 众人就央求耶稣离开他们的境界。

그들이 예수께 그 지방에서 떠나시기를 간구하더라

jìngjiè
* 境界 : 경계, 경지, 지경

5:18

yē sū shàngchuán de shíhou　　nà cóngqián bèi guǐ fù zhuó de rén kěnqiú hé yē sū tóngzài
耶稣 上 船 的时侯, 那 从 前被鬼附 着 的人恳求和耶稣 同 在。

48 yē sū shàngchuán de shíhou
耶稣 上 船 的时侯,

예수께서 배에 오르실 때에

49 yē sū shàngchuán de shíhou　　nà cóngqián bèi guǐ fù zhuó de rén kěnqiú hé yē sū tóngzài
耶稣 上 船 的时侯, 那 从 前被鬼附 着 的人恳求和耶稣 同 在。

예수께서 배에 오르실 때에 귀신 들렸던 사람이 함께 있기를 간구하였으나

5:19

yē sū bù xǔ　què duì tā shuō　　nǐ huí jiā qù　dào nǐ de qīnshǔ nà li　jiāng zhǔ wèi nǐ
suǒ zuò de shì hé děng dà de shì　shì zěnyàng liánmǐn nǐ　dōu gàosu tā men
耶稣不许, 却对他说:"你回家去, 到你的亲属那里, 将主为你
所 作的是何 等 大的事, 是怎 样 怜 悯你, 都告诉他们。"

50 yē sū bù xǔ　què duì tā shuō
耶稣不许, 却对他说:

허락하지 아니하시고 그에게 이르시되 " ~ " 하시니

* bùxǔ
  不许 : 불허하다, 허락하지 않다

51 yē sū bù xǔ　què duì tā shuō　　nǐ huí jiā qù　dào nǐ de qīnshǔ nà li
耶稣不许, 却对他说:"你回家去, 到你的亲属那里,

허락하지 아니하시고 그에게 이르시되 "집으로 (네 친척이 있는 그곳으로) 돌

아가~" 하시니

* qīnshǔ
  亲 属 : 친족, 친척

52 耶稣不许，却对他说："你回家去，到你的亲属那里，将主为你所作的是何等大的事，

허락하지 아니하시고 그에게 이르시되 "집으로 돌아가 주께서 네게 어떻게 큰 일을 행하사 ~ " 하시니

* 何等 : 어떤, 어떠한/얼마나

53 耶稣不许，却对他说："你回家去，到你的亲属那里，将主为你所作的是何等大的事，是怎样怜悯你，都告诉他们。"

허락하지 아니하시고 그에게 이르시되 "집으로 돌아가 주께서 네게 어떻게 큰 일을 행하사 너를 불쌍히 여기신 것을 네 가족(그들)에게 알리라" 하시니

* 怜悯 : 불쌍히 여기다, 가엾이 여기다

5:20

那人就走了，在低加波利传扬耶稣为他作了何等大的事，众人就都希奇。

54 那人就走了，在低加波利传扬

그가 가서 데가볼리에 전파하니

* 低加波利 : 데가볼리

55 那人就走了，在低加波利传扬耶稣为他作了何等大的事，

그가 가서 예수께서 자기에게 어떻게 큰 일 행하셨는지를 데가볼리에 전파하니

56 那人就走了，在低加波利传扬耶稣为他作了何等大的事，众人就都希奇。

그가 가서 예수께서 자기에게 어떻게 큰 일 행하셨는지를 데가볼리에 전파하니

모든 사람이 놀랍게 여기더라

5:21

耶稣坐船又渡到那边去，就有许多人到他那里聚集，他正在海边上。

57 耶稣坐船又渡到那边去，

예수께서 배를 타시고 다시 맞은편으로 건너가시니

58 耶稣坐船又渡到那边去，就有许多人到他那里聚集，

예수께서 배를 타시고 다시 맞은편으로 건너가시니 큰 무리가 그에게로 모이거늘

59 耶稣坐船又渡到那边去，就有许多人到他那里聚集，他正在海边上。

예수께서 배를 타시고 다시 맞은편으로 건너가시니 큰 무리가 그에게로 모이거늘 이에 바닷가에 계시더니

5:22

有一个管会堂的人，名叫睚鲁，来见耶稣，就俯伏在他脚前，

60 有一个管会堂的人，名叫睚鲁，

회당장 중의 하나인 야이로라 하는 이가

* 管会堂的(人) : 회당장
* 睚鲁 : 야이로

61 有一个管会堂的人，名叫睚鲁，来见耶稣，就俯伏在他脚前，

회당장 중의 하나인 야이로라 하는 이가 와서 예수를 보고 발 아래 엎드리어

* 俯伏 : 엎드리다, 부복하다

> 5:23
> zài sān de qiú tā shuō　　wǒ de xiǎo nǚ ér kuài yào sǐ le　　qiú nǐ qù àn shǒu zài tā shēn
> 再三地求他说："我的小女儿快要死了,求你去按手在她身
> shang shǐ tā quán yù　　dé yǐ huó le
> 上,使她痊愈,得以活了。"

62　zài sān de qiú tā shuō　　wǒ de xiǎo nǚ ér kuài yào sǐ le
再三地求他说："我的小女儿快要死了,

간곡히 구하여 이르되 "내 어린 딸이 죽게 되었사오니~" 하거늘

　　kuài yào
* 快 要 : 곧 ~ 하다, 머지않아 ~하다

63　zài sān de qiú tā shuō　　wǒ de xiǎo nǚ ér kuài yào sǐ le　　qiú nǐ qù àn shǒu zài tā shēn
再三地求他说："我的小女儿快要死了,求你去按手在她身
shang
上,

간곡히 구하여 이르되 "내 어린 딸이 죽게 되었사오니 오셔서 그 위에 손을 얹

으사~" 하거늘

　　àn shǒu
* 按 手 : 안수하다

64　zài sān de qiú tā shuō　　wǒ de xiǎo nǚ ér kuài yào sǐ le　　qiú nǐ qù àn shǒu zài tā shēn
再三地求他说："我的小女儿快要死了,求你去按手在她身
shang shǐ tā quán yù　　dé yǐ huó le
上,使她痊愈,得以活了。"

간곡히 구하여 이르되 "내 어린 딸이 죽게 되었사오니 오셔서 그 위에 손을 얹

으사 그로 구원을 받아 살게 하소서" 하거늘

　　quán yù
* 痊 愈 : 병이 낫다, 완쾌되다
　　dé yǐ
* 得以 : ~하게 하다, 할 수 있다

5:24

yē sū jiù hé tā tóng qù　yǒu xǔ duō rén gēn suí yōng jǐ tā
耶稣就和他同去，有许多人跟随、拥挤他。

65　yē sū jiù hé tā tóng qù
耶稣就和他同去，

이에 그와 함께 가실새

66　yē sū jiù hé tā tóng qù　yǒu xǔ duō rén gēn suí yōng jǐ tā
耶稣就和他同去，有许多人跟随、拥挤他。

이에 그와 함께 가실새 큰 무리가 따라가며 에워싸 밀더라

* yōng jǐ
  拥 挤 : 한데 모이다, 밀치락달치락하다, 밀어닥치다/붐비다, 혼잡하다

5:25

yǒu yí ge nǚ rén huàn le shí èr nián de xuè lòu
有一个女人，患了十二年的血漏，

67　yǒu yí ge nǚ rén huàn le shí èr nián de xuè lòu
有一个女人，患了十二年的血漏，

열두 해를 혈루증으로 앓아 온 한 여자가 있어

* huàn
  患 : (병에) 걸리다, 앓다
* xuè lòu
  血 漏 : 혈루증

5:26

zài hǎoxiē yī shēngshǒu li shòu le xǔduōde kǔ　yòuhuājìn le tā suǒyǒude　yì diǎn
在好些医 生 手 里 受 了许多的苦，又花尽了她所有的，一点
yě bújiànhǎo bìngshìfǎndàogèngzhòng le
也不见好，病势反倒 更 重 了。

68　zài hǎoxiē yī shēngshǒu li shòu le xǔduōde kǔ
　　在好些医 生 手 里 受 了许多的苦，

　　많은 의사에게 많은 괴로움을 받았고

69　zài hǎoxiē yī shēngshǒu li shòu le xǔduōde kǔ　yòuhuājìn le tā suǒyǒude
　　在好些医 生 手 里 受 了许多的苦，又花尽了她所有的，

　　많은 의사에게 많은 괴로움을 받았고 **가진 것도 다 허비하였으되**

　　＊ huājìn
　　　花 尽 : (돈, 시간을) 다 쓰다, 다 사용하다

70　zài hǎoxiē yī shēngshǒu li shòu le xǔduōde kǔ　yòuhuājìn le tā suǒyǒude　yì diǎn yě
　　在好些医 生 手 里 受 了许多的苦，又花尽了她所有的，一点也
　　bújiànhǎo
　　不见好，

　　많은 의사에게 많은 괴로움을 받았고 가진 것도 다 허비하였으되 **아무 효험이**

　　없고

　　＊ jiànhǎo
　　　见 好 : 나아지다, 호전되다, 차도가 있다

71　zài hǎoxiē yī shēngshǒu li shòu le xǔduōde kǔ　yòuhuājìn le tā suǒyǒude　yì diǎn yě
　　在好些医 生 手 里 受 了许多的苦，又花尽了她所有的，一点也
　　bújiànhǎo bìngshìfǎndàogèngzhòng le
　　不见好，病势反倒 更 重 了。

　　많은 의사에게 많은 괴로움을 받았고 가진 것도 다 허비하였으되 아무 효험이

　　없고 **도리어 더 중하여졌던 차에**

bìngshì
* 病 势：병세

　　fǎndào
* 反 倒：오히려, 도리어

5:27

tā tīngjiàn yē sū de shì　jiù cónghòutou lái　zá zàizhòngrénzhōngjiān　mō yē sū de yī
她听见耶稣的事，就从后头来，杂在众人中间，摸耶稣的衣shang
裳，

72　tā tīngjiàn yē sū de shì　jiù cónghòutou lái
　她听见耶稣的事，就从后头来，

예수의 소문을 듣고 뒤로 와서

　　hòutou
* 后 头：뒤, 뒤쪽

73　tā tīngjiàn yē sū de shì　jiù cónghòutou lái　zá zàizhòngrénzhōngjiān
　她听见耶稣的事，就从后头来，杂在众人中间，

예수의 소문을 듣고 **무리 가운데 끼어** 뒤로 와서

　　zá
* 杂：뒤섞이다, 함께 섞이다

74　tā tīngjiàn yē sū de shì　jiù cónghòutou lái　zá zàizhòngrénzhōngjiān　mō yē sū de yī
　她听见耶稣的事，就从后头来，杂在众人中间，摸耶稣的衣shang
裳，

예수의 소문을 듣고 무리 가운데 끼어 뒤로 와서 **그의 옷에 손을 대니**

　　yīshang
* 衣 裳：옷, 의복

5:28

yì si shuō wǒ zhǐ mō tā de yī shang jiù bì quán yù
意思说："我只摸他的衣裳，就必痊愈。"

75 yì si shuō wǒ zhǐ mō tā de yī shang jiù bì quán yù
意思说："我只摸他的衣裳，就必痊愈。"

이는 "내가 그의 옷에만 손을 대어도 구원을 받으리라" 생각함일러라

5:29

yú shì tā xuè lòu de yuán tóu lì kè gān le tā biàn jué de shēn shang de zāi bìng hǎo le
于是她血漏的源头立刻干了，她便觉得身上的灾病好了。

76 yú shì tā xuè lòu de yuán tóu lì kè gān le
于是她血漏的源头立刻干了，

이에 그의 혈루 근원이 곧 마르매

* yuántóu
  源 头 : 원천, 근원

77 yú shì tā xuè lòu de yuán tóu lì kè gān le tā biàn jué de shēn shang de zāi bìng hǎo le
于是她血漏的源头立刻干了，她便觉得身上的灾病好了。

이에 그의 혈루 근원이 곧 마르매 병이 나은 줄을 몸에 깨달으니라

* juéde
  觉 得 : ~라고 느끼다, ~라고 여기다
* zāibìng
  灾 病 : 불행한 일과 질병

> 5:30
> yē sū dùn shí xīn li jué de yǒu néng lì cóng zì jǐ shēn shang chū qù　jiù zài zhòng rén
> 耶稣顿时心里觉得有能力从自己身上出去，就在众人
> zhōng jiān zhuǎng guò lái shuō　shéi mō wǒ de yī shang
> 中间转过来说："谁摸我的衣裳？"

78 yē sū dùn shí xīn li jué de
耶稣顿时心里觉得

예수께서 곧 스스로 아시고

　　dùn shí
• 顿 时 : 갑자기, 곧, 바로, 즉시, 금방

79 yē sū dùn shí xīn li jué de yǒu néng lì cóng zì jǐ shēn shang chū qù
耶稣顿时心里觉得有能力从自己身上出去，

예수께서 그 능력이 자기에게서 나간 줄을 곧 스스로 아시고

80 yē sū dùn shí xīn li jué de yǒu néng lì cóng zì jǐ shēn shang chū qù　jiù zài zhòng rén zhōng
耶稣顿时心里觉得有能力从自己身上出去，就在众人中
jiān zhuǎng guò lái shuō
间转过来说：

예수께서 그 능력이 자기에게서 나간 줄을 곧 스스로 아시고 무리 가운데서 돌

이켜 말씀하시되 " ~ " 하시니

　　zhuǎng guò lái
• 转 过 来 : 돌리다, 돌아서다, 돌이키다

81 yē sū dùn shí xīn li jué de yǒu néng lì cóng zì jǐ shēn shang chū qù　jiù zài zhòng rén zhōng
耶稣顿时心里觉得有能力从自己身上出去，就在众人中
jiān zhuǎng guò lái shuō　shéi mō wǒ de yī shang
间转过来说："谁摸我的衣裳？"

예수께서 그 능력이 자기에게서 나간 줄을 곧 스스로 아시고 무리 가운데서 돌

이켜 말씀하시되 "누가 내 옷에 손을 대었느냐" 하시니

5:31

mén tú duì tā shuō   nǐ kànzhòngrényōng jǐ nǐ   háishuō   shéimōwǒ   ma
门 徒对他说："你看 众 人 拥 挤你，还说：'谁摸我'吗？"

82 mén tú duì tā shuō   nǐ kànzhòngrényōng jǐ nǐ
门 徒对他说："你看 众 人 拥 挤你，

제자들이 여짜오되 "무리가 에워싸 미는 것을 보시며 ~" 하되

83 mén tú duì tā shuō   nǐ kànzhòngrényōng jǐ nǐ   háishuō   shéimōwǒ   ma
门 徒对他说："你看 众 人 拥 挤你，还说：'谁摸我'吗？"

제자들이 여짜오되 "무리가 에워싸 미는 것을 보시며 '누가 내게 손을 대었느냐' 물으시나이까" 하되

5:32

yē sū zhōuwéiguānkàn   yàojiànzuòzhèshì de nǚrén
耶稣 周 围 观 看，要见作这事的女人。

84 yē sū zhōuwéiguānkàn
耶稣 周 围 观 看，

예수께서 둘러 보시니

85 yē sū zhōuwéiguānkàn   yàojiànzuòzhèshì de nǚrén
耶稣 周 围 观 看，要见作这事的女人。

예수께서 이 일 행한 여자를 보려고 둘러 보시니

> 5:33
> nà nǚ rén zhī dào zài zì jǐ shēn shang suǒ chéng de shì, jiù kǒng jù zhàn jīng, lái fǔ fú zài
> 那女人知道在自己身上所成的事,就恐惧战兢,来俯伏在
> yē sū gēn qián, jiāng shí qíng quán gào su tā
> 耶稣跟前, 将实情全告诉他。

86 nà nǚ rén zhī dào zài zì jǐ shēn shang suǒ chéng de shì
那女人知道在自己身上所成的事,

여자가 자기에게 이루어진 일을 알고

87 nà nǚ rén zhī dào zài zì jǐ shēn shang suǒ chéng de shì jiù kǒng jù zhàn jīng lái fǔ fú zài
那女人知道在自己身上所成的事,就恐惧战兢,来俯伏在
yē sū gēn qián,
耶稣跟前,

여자가 자기에게 이루어진 일을 알고 **두려워하여 떨며 와서 그 앞에 엎드려**

* kǒng jù
  恐 惧 : 겁먹다, 두려워하다
* zhàn jīng
  战 兢 : 부들부들 떨다, 공포에 떨다

88 nà nǚ rén zhī dào zài zì jǐ shēn shang suǒ chéng de shì jiù kǒng jù zhàn jīng lái fǔ fú zài
那女人知道在自己身上所成的事,就恐惧战兢,来俯伏在
yē sū gēn qián, jiāng shí qíng quán gào su tā
耶稣跟前, 将实情全告诉他。

여자가 자기에게 이루어진 일을 알고 두려워하여 떨며 와서 그 앞에 엎드려 **모든 사실을 여쭈니**

* shí qíng
  实 情 : 실제 사정

5:34

yē sū duì tā shuō　　nǚ ér　　nǐ de xìn jiù le nǐ　píng píng ān ān de huí qù ba　　nǐ de zāi
耶稣对她说：“女儿，你的信救了你，平平安安地回去吧！你的灾
bìng quán yù le
病痊愈了。”

---

89 yē sū duì tā shuō　　nǚ ér　　nǐ de xìn jiù le nǐ
耶稣对她说：“女儿，你的信救了你，

예수께서 이르시되 "딸아 네 믿음이 너를 구원하였으니

* jiù
  救 : 구하다, 구제하다, 구조하다

90 yē sū duì tā shuō　　nǚ ér　　nǐ de xìn jiù le nǐ　píng píng ān ān de huí qù ba
耶稣对她说：“女儿，你的信救了你，平平安安地回去吧！

예수께서 이르시되 "딸아 네 믿음이 너를 구원하였으니 **평안히 가라**

* píng píng ān ān de
  平平安安地 : 평안히

91 yē sū duì tā shuō　　nǚ ér　　nǐ de xìn jiù le nǐ　píng píng ān ān de huí qù ba　　nǐ de zāi
耶稣对她说：“女儿，你的信救了你，平平安安地回去吧！你的灾
bìng quán yù le
病痊愈了。”

예수께서 이르시되 "딸아 네 믿음이 너를 구원하였으니 평안히 가라 **네 병에서**

놓여 건강할지어다"

> 5:35
> háishuōhuà de shíhou　yǒuréncóngguǎnhuìtáng de jiā li lái　shuō　　nǐ de nǚ ér sǐ
> 还 说 话的时候, 有人 从 管 会 堂 的家里来, 说: "你的女儿死
> le　hé bì háiláodòngxiānsheng ne
> 了, 何必还劳 动 先 生 呢?"

92　háishuōhuà de shíhou
　　还 说 话的时候,

　　아직 예수께서 말씀하실 때에

93　háishuōhuà de shíhou　yǒuréncóngguǎnhuìtáng de jiā li lái
　　还 说 话的时候, 有人 从 管 会 堂 的家里来,

　　아직 예수께서 말씀하실 때에 **회당장의 집에서 사람들이 와서**

94　háishuōhuà de shíhou　yǒuréncóngguǎnhuìtáng de jiā li lái　shuō　　nǐ de nǚ ér sǐ
　　还 说 话的时候, 有人 从 管 会 堂 的家里来, 说: "你的女儿死
　　le
　　了,

　　아직 예수께서 말씀하실 때에 회당장의 집에서 사람들이 와서 **[회당장에게] 이**

　　르되 "당신의 딸이 죽었나이다

95　háishuōhuà de shíhou　yǒuréncóngguǎnhuìtáng de jiā li lái　shuō　　nǐ de nǚ ér sǐ
　　还 说 话的时候, 有人 从 管 会 堂 的家里来, 说: "你的女儿死
　　le　hé bì háiláodòngxiānsheng ne
　　了, 何必还劳 动 先 生 呢?"

　　아직 예수께서 말씀하실 때에 회당장의 집에서 사람들이 와서 회당장에게 이르

　　되 "당신의 딸이 죽었나이다 **어찌하여 선생을 더 괴롭게 하나이까"**

　　　hé bì
　* 何必 : 구태여 ~할 필요가 있는가, ~할 필요가 없다
　　　láodòng
　* 劳 动 : 일하다, 노동하다/애쓰다, 수고하다

5:36

yē sū tīng jiàn suǒ shuō de huà　jiù duì guǎn huì táng de shuō　　bú yào pà　　zhǐ yào
耶稣听见所说的话，就对管会堂的说："不要怕，只要
xìn
信！"

96 yē sū tīngjiànsuǒshuōdehuà
耶稣听见所说的话，

예수께서 그 하는 말을 곁에서 들으시고

97 yē sū tīngjiànsuǒshuōdehuà　　jiù duìguǎnhuìtángdeshuō
耶稣听见所说的话，就对管会堂的说：

예수께서 그 하는 말을 곁에서 들으시고 회당장에게 이르시되 " ~ " 하시고

98 yē sū tīngjiànsuǒshuōdehuà　　jiù duìguǎnhuìtángdeshuō　　búyàopà　　zhǐyàoxìn
耶稣听见所说的话，就对管会堂的说："不要怕，只要信！"

예수께서 그 하는 말을 곁에서 들으시고 회당장에게 이르시되 "두려워하지 말고 믿기만 하라" 하시고

5:37

yú shì dàizhe bǐ dé　　yǎ gè hé yǎ gè dexiōng dì yuēhàntóng qù　　bù xǔ biéréngēnsuí
于是带着彼得、雅各和雅各的兄弟约翰同去，不许别人跟随
tā
他。

99 yú shìdàizhe bǐ dé　　yǎ gè hé yǎ gè dexiōng dì yuēhàntóng qù
于是带着彼得、雅各和雅各的兄弟约翰同去，

베드로와 야고보와 야고보의 형제 요한 외에

100 于是带着彼得、雅各和雅各的兄弟约翰同去，不许别人跟随他。

베드로와 야고보와 야고보의 형제 요한 외에 아무도 따라옴을 허락하지 아니하시고

5:38
他们来到管会堂的家里，耶稣看见那里乱嚷，并有人大大地哭泣哀号，

101 他们来到管会堂的家里，

회당장의 집에 함께 가사

102 他们来到管会堂的家里，耶稣看见那里乱嚷，

회당장의 집에 함께 가사 (예수께서) 떠드는 것을 보시고

* 乱嚷 : 큰 소리로 시끄럽게 떠들다

103 他们来到管会堂的家里，耶稣看见那里乱嚷，并有人大大地哭泣哀号，

회당장의 집에 함께 가사 떠드는 것과 사람들이 울며 심히 통곡함을 보시고

* 哭泣 : 울다, 흐느끼다
* 哀号 : 슬피 통곡하다, 울부짖다

5:39

jìn dào lǐ miàn， jiù duì tā men shuō： wèi shén me luàn rǎng kū qì ne？ hái zi bú shì sǐ
进到里面，就对他们说："为什么乱嚷哭泣呢？孩子不是死
le， shì shuì zháo le
了，是睡着了。"

104 jìn dào lǐ miàn， jiù duì tā men shuō：
进到里面，就对他们说：

들어가서 그들에게 이르시되 " ~ " 하시니

105 jìn dào lǐ miàn， jiù duì tā men shuō： wèi shén me luàn rǎng kū qì ne？
进到里面，就对他们说："为什么乱嚷哭泣呢？

들어가서 그들에게 이르시되 "너희가 어찌하여 떠들며 우느냐 ~ " 하시니

106 jìn dào lǐ miàn， jiù duì tā men shuō： wèi shén me luàn rǎng kū qì ne？ hái zi bú shì sǐ
进到里面，就对他们说："为什么乱嚷哭泣呢？孩子不是死
le， shì shuì zháo le
了，是睡着了。"

들어가서 그들에게 이르시되 "너희가 어찌하여 떠들며 우느냐 이 아이가 죽은 것이 아니라 잔다" 하시니

5:40

tā men jiù chī xiào yē sū。 yē sū bǎ tā men dōu niǎn chū qù， jiù dài zhe hái zi de fù mǔ hé
他们就嗤笑耶稣。耶稣把他们都撵出去，就带着孩子的父母和
gēn suí de rén， jìn le hái zi suǒ zài de dì fang，
跟随的人，进了孩子所在的地方，

107 tā men jiù chī xiào yē sū。
他们就嗤笑耶稣。

그들이 비웃더라

chīxiào
* 嗤 笑 : 비웃다, 조롱하다

108 他们就嗤笑耶稣。耶稣把他们都撵出去,

그들이 비웃더라 예수께서 그들을 다 내보내신 후에

niǎn
* 撵 : (밖으로) 쫓아내다, 몰아내다

109 他们就嗤笑耶稣。耶稣把他们都撵出去, 就带着孩子的父母和
跟随的人,

그들이 비웃더라 예수께서 그들을 다 내보내신 후에 아이의 부모와 또 자기와

함께 한 자들을 데리시고

110 他们就嗤笑耶稣。耶稣把他们都撵出去, 就带着孩子的父母和
跟随的人, 进了孩子所在的地方,

그들이 비웃더라 예수께서 그들을 다 내보내신 후에 아이의 부모와 또 자기와

함께 한 자들을 데리시고 아이 있는 곳에 들어가사

> 5:41
> jiù lā zhe hái zi de shǒu duì tā shuō   dà lì dà gǔ mǐ   fān chū lái jiù shì shuō   guī
> 就拉着孩子的手，对她说："大利大古米！"翻出来就是说："闺
> nü   wǒ fēn fù nǐ qǐ lái
> 女，我吩咐你起来！"

111   jiù lā zhe hái zi de shǒu
就拉着孩子的手，

그 아이의 손을 잡고

112   jiù lā zhe hái zi de shǒu duì tā shuō   dà lì dà gǔ mǐ
就拉着孩子的手，对她说："大利大古米！"

그 아이의 손을 잡고 **이르시되 "달리다굼" 하시니**

　　dà lì dà gǔ mǐ
＊大利大古米 : 달리다굼

113   jiù lā zhe hái zi de shǒu duì tā shuō   dà lì dà gǔ mǐ   fān chū lái jiù shì shuō
就拉着孩子的手，对她说："大利大古米！"**翻出来就是说：**

그 아이의 손을 잡고 이르시되 "달리다굼" 하시니 **번역하면 곧 " ～ " 하심이라**

　　fān chū lái
＊翻 出 来 : 번역하다

114   jiù lā zhe hái zi de shǒu duì tā shuō   dà lì dà gǔ mǐ   fān chū lái jiù shì shuō   guī
就拉着孩子的手，对她说："大利大古米！"翻出来就是说："闺
nü   wǒ fēn fù nǐ qǐ lái
女，我吩咐你起来！"

그 아이의 손을 잡고 이르시되 "달리다굼" 하시니 번역하면 곧 **"내가 네게 말하

노니 소녀야 일어나라"** 하심이라

　　guī nü
＊闺女 : 딸, 처녀, 아가씨

5:42

nà guī nǚ lì shí qǐ lái zǒu tā men jiù dà dà de jīng qí guī nǚ yǐ jing shí èr suì le
那闺女立时起来走，他们就大大地惊奇。闺女已经十二岁了。

---

115 nà guī nǚ lì shí qǐ lái zǒu
那闺女立时起来走，

소녀가 곧 일어나서 걸으니

  lì shí lì kè
* 立时(=立刻) : 즉시, 곧, 당장

116 nà guī nǚ lì shí qǐ lái zǒu tā men jiù dà dà de jīng qí
那闺女立时起来走，他们就大大地惊奇。

소녀가 곧 일어나서 걸으니 **사람들이 곧 크게 놀라고 놀라거늘**

117 nà guī nǚ lì shí qǐ lái zǒu tā men jiù dà dà de jīng qí guī nǚ yǐ jing shí èr suì le
那闺女立时起来走，他们就大大地惊奇。闺女已经十二岁了。

소녀가 곧 일어나서 걸으니 **나이가 열두 살이라** 사람들이 곧 크게 놀라고 놀라거늘

5:43

yē sū qiè qiè de zhǔ fù tā men bú yào jiào rén zhī dao zhè shì yòu fēn fù gěi tā dōng xi
耶稣切切地嘱咐他们，不要叫人知道这事，又吩咐给她东西
chī
吃。

118 yē sū qiè qiè de zhǔ fù tā men
耶稣切切地嘱咐他们，

예수께서 그들을 많이 경계하시고

　　　　　qièqiède
　• 切 切 地 : 절실히, 간곡히, 간절히

　　　　yē sū qièqiè de zhǔ fù tā men　bú yào jiào rén zhī dào zhè shì
119　耶稣切切地嘱咐他们，不要叫人知道这事，

　　예수께서 이 일을 아무도 알지 못하게 하라고 그들을 많이 경계하시고

　　　　yē sū qièqiè de zhǔ fù tā men　bú yào jiào rén zhī dào zhè shì　yòu fēn fù gěi tā dōng xi chī
120　耶稣切切地嘱咐他们，不要叫人知道这事，又吩咐给她 东 西吃。

　　예수께서 이 일을 아무도 알지 못하게 하라고 그들을 많이 경계하시고 이에 소

　　녀에게 먹을 것을 주라 하시니라

암송! 중국어 마가복음

6장

1 耶稣离开那里，来到自己的家乡，门徒也跟从他。

2 到了安息日，他在会堂里教训人。众人听见，就甚希奇，说："这人从哪里有这些事呢？所赐给他的是什么智慧？他手所作的是何等的异能呢？

3 这不是那木匠吗？不是马利亚的儿子雅各、约西、犹大、西门的长兄吗？他妹妹们不也是在我们这里吗？"他们就厌弃他。

4 耶稣对他们说："大凡先知，除了本地亲属本家之外，没有不被人尊敬的。"

5 耶稣就在那里不得行什么异能，不过按手在几个病人身上，治好他们。

6 他也诧异他们不信，就往周围乡村教训人去了。

7 耶稣叫了十二个门徒来，差遣他们两个两个地出去，也赐给他们权柄，制伏污鬼，

8 并且嘱咐他们："行路的时候不要带食物和口袋，腰袋里也不要带钱，除了拐杖以外，什么都不要带，

9 只要穿鞋，也不要穿两件褂子。"

10 又对他们说:"你们无论到何处,进了人的家,就住在那里,直到离开那地方。

11 何处的人不接待你们,不听你们,你们离开那里的时候,就把脚上的尘土跺下去,对他们作见证。"

12 门徒就出去传道,叫人悔改,

13 又赶出许多的鬼,用油抹了许多病人,治好他们。

14 耶稣的名声传扬出来。希律王听见了,就说:"施洗的约翰从死里复活了,所以这些异能由他里面发出来。"

15 但别人说:"是以利亚。"又有人说:"是先知,正像先知中的一位。"

16 希律听见,却说:"是我所斩的约翰,他复活了。"

17 先是希律为他兄弟腓力的妻子希罗底的缘故,差人去拿住约翰,锁在监里,因为希律已经娶了那妇人。

18 约翰曾对希律说:"你娶你兄弟的妻子是不合理的。"

19 于是希罗底怀恨他,想要杀他,只是不能;

20 因为希律知道约翰是义人,是圣人,所以敬畏他,保护他,听他讲论,就多照着行,并且乐意听他。

21 有一天,恰巧是希律的生日,希律摆设筵席,请了大臣和千夫长,并加利利作首领的。

22 希罗底的女儿进来跳舞,使希律和同席的人都欢喜。王就对女子说:"你随意向我求什么,我必给你。"

23 又对她起誓说:"随你向我求什么,就是我国的一半,我也必给你。"

24 她就出去对她母亲说:"我可以求什么呢?"她母亲说:"施洗约翰的头。"

25 她就急忙进去见王,求他说:"我愿王立时把施洗约翰的头放在盘子里给我。"

26 王就甚忧愁,但因他所起的誓,又因同席的人,就不肯推辞,

27 随即差一个护卫兵,吩咐拿约翰的头来。护卫兵就去在监里斩了约翰,

28 把头放在盘子里,拿来给女子,女子就给她母亲。

29 约翰的门徒听见了,就来把他的尸首领去,葬在坟墓里。

30 使徒聚集到耶稣那里,将一切所作的事、所传的道,全告诉他。

31 他就说:"你们来同我暗暗地到旷野地方去歇一歇。"这是因为来往的人多,他们连吃饭也没有工夫。

32 他们就坐船,暗暗地往旷野地方去。

33 众人看见他们去,有许多认识他们的,就从各城步行,一同跑到那里,比他们先赶到了。

34 耶稣出来,见有许多的人,就怜悯他们,因为他们如同羊没有牧人一般,于是开口教训他们许多道理。

35 天已经晚了,门徒进前来,说:"这是野地,天已经晚了,

36 请叫众人散开,他们好往四面乡村里去,自己买什么吃。"

37 耶稣回答说:"你们给他们吃吧!"门徒说:"我们可以去买二十两银子的饼给他们吃吗?"

38 耶稣说：“你们有多少饼，可以去看看。”他们知道了，就说：“五个饼，两条鱼。”

39 耶稣吩咐他们，叫众人一帮一帮地坐在青草地上。

40 众人就一排一排地坐下，有一百一排的，有五十一排的。

41 耶稣拿着这五个饼，两条鱼，望着天祝福，掰开饼，递给门徒，摆在众人面前，也把那两条鱼分给众人。

42 他们都吃，并且吃饱了。

43 门徒就把碎饼、碎鱼收拾起来，装满了十二个篮子。

44 吃饼的男人共有五千。

45 耶稣随即催门徒上船，先渡到那边伯赛大去，等他叫众人散开。

46 他既辞别了他们，就往山上去祷告。

47 到了晚上，船在海中，耶稣独自在岸上，

48 看见门徒因风不顺，摇橹甚苦。夜里约有四更天，就在海面上走，往他们那里去，意思要走过他们去。

49 但门徒看见他在海面上走,以为是鬼怪,就喊叫起来。

50 因为他们都看见了他,且甚惊慌。耶稣连忙对他们说:"你们放心,是我,不要怕。"

51 于是到他们那里上了船,风就住了,他们心里十分惊奇。

52 这是因为他们不明白那分饼的事,心里还是愚顽。

53 既渡过去,来到革尼撒勒地方,就靠了岸,

54 一下船,众人认得是耶稣,

55 就跑遍那一带地方,听见他在何处,便将有病的人,用褥子抬到那里。

56 凡耶稣所到的地方,或村中,或城里,或乡间,他们都将病人放在街市上,求耶稣只容他们摸他的衣裳繸子,凡摸着的人,就都好了。

6:1

yē sū lí kāi nà li　　lái dào zì jǐ de jiā xiāng　mén tú yě gēn cóng tā
耶稣离开那里，来到自己的家乡，门徒也跟从他。

1 yē sū lí kāi nà li
耶稣离开那里，

예수께서 거기를 떠나사

2 yē sū lí kāi nà li　　lái dào zì jǐ de jiā xiāng
耶稣离开那里，来到自己的家乡，

예수께서 거기를 떠나사 고향으로 가시니

3 yē sū lí kāi nà li　　lái dào zì jǐ de jiā xiāng　mén tú yě gēn cóng tā
耶稣离开那里，来到自己的家乡，门徒也跟从他。

예수께서 거기를 떠나사 고향으로 가시니 제자들도 따르니라

6:2

dào le ān xī rì　　tā zài huì táng li jiào xun rén　zhòng rén tīng jiàn　 jiù shèn xī qí　shuō
到了安息日，他在会堂里教训人。众人听见，就甚希奇，说：
zhè rén cóng nǎ lǐ yǒu zhè xiē shì ne　suǒ cì gěi tā de shì shén me zhì huì　tā shǒu suǒ
"这人从哪里有这些事呢？所赐给他的是什么智慧？他手所
zuò de shì hé děng de yì néng ne
作的是何等的异能呢？

4 dào le ān xī rì　　tā zài huì táng li jiào xun rén
到了安息日，他在会堂里教训人。

안식일이 되어 회당에서 가르치시니

5
 dào le ān xī rì　　tā zài huìtáng li jiàoxunrén zhòngréntīngjiàn　jiù shèn xī qí　shuō
 到 了安息日， 他在会 堂 里教 训 人。 众 人 听见， 就 甚 希奇， 说：

안식일이 되어 회당에서 가르치시니 **많은 사람이 듣고 놀라 이르되**

  shèn
* 甚 : 대단히, 몹시, 아주

6
 dào le ān xī rì　　tā zài huìtáng li jiàoxunrén zhòngréntīngjiàn　jiù shèn xī qí　shuō
 到 了安息日， 他在会 堂 里教 训 人。 众 人 听见， 就 甚 希奇， 说：
   zhèréncóng nǎ lǐ yǒuzhèxiēshì ne
 "这人 从 哪里有 这些事呢？

안식일이 되어 회당에서 가르치시니 많은 사람이 듣고 놀라 이르되 **"이 사람이**

어디서 이런 것을 얻었느냐

7
 dào le ān xī rì　　tā zài huìtáng li jiàoxunrén zhòngréntīngjiàn　jiù shèn xī qí　shuō
 到 了安息日， 他在会 堂 里教 训 人。 众 人 听见， 就 甚 希奇， 说：
   zhèréncóng nǎ lǐ yǒuzhèxiēshì ne　suǒ cì gěi tā deshìshénmezhìhuì
 "这人 从 哪里有 这些事呢？ 所赐给他的是 什 么智慧？

안식일이 되어 회당에서 가르치시니 많은 사람이 듣고 놀라 이르되 "이 사람이

어디서 이런 것을 얻었느냐 **이 사람이 받은 지혜와**

  cì
* 赐 : 주다, 하사하다
  zhìhuì
* 智 慧 : 지혜
  suǒ cì gěitādeshìshénmezhìhuì
* 所 赐给他的是 什 么智 慧 : 그에게 준 것은 어떤 지혜냐

8　到了安息日，他在会堂里教训人。众人听见，就甚希奇，说：
"这人从哪里有这些事呢？所赐给他的是什么智慧？他手所作
的是何等的异能呢？

안식일이 되어 회당에서 가르치시니 많은 사람이 듣고 놀라 이르되 "이 사람이

어디서 이런 것을 얻었느냐 이 사람이 받은 지혜와 그 손으로 이루어지는 이런

권능이 어찌됨이냐

* 异能 : 초능력, 뛰어난 능력

6:3

这不是那木匠吗？不是马利亚的儿子雅各、约西、犹大、西门
的长兄吗？他妹妹们不也是在我们这里吗？"他们就厌弃
他。

9　这不是那木匠吗？

이 사람이 목수가 아니냐

* 木匠 : 목수

10　这不是那木匠吗？不是马利亚的儿子

이 사람이 마리아의 아들 목수가 아니냐

* 马利亚 : 마리아

11 _{zhè bú shì nà mùjiàng ma}　_{bú shì mǎ lì yà de ér zi} _{yǎ gè}　_{yuē xī}　_{yóu dà}　_{xī mén de}
这不是那木匠吗？不是马利亚的儿子雅各、约西、犹大、西门的
_{zhǎngxiōng ma}
长　兄吗？

이 사람이 마리아의 아들 목수가 아니냐 야고보와 요셉과 유다와 시몬의 형제

가 아니냐

* _{yuē xī}
  约西 : 요셉
* _{yóu dà}
  犹大 : 유다
* _{zhǎngxiōng}
  长　兄 : 맏형, 큰형

12 _{zhè bú shì nà mùjiàng ma}　_{bú shì mǎ lì yà de ér zi yǎ gè}　_{yuē xī}　_{yóu dà}　_{xī mén de}
这不是那木匠吗？不是马利亚的儿子雅各、约西、犹大、西门的
_{zhǎngxiōng ma}　_{tā mèimeimen bù yě shì zài wǒmen zhè li ma}
长　兄吗？他妹妹们不也是在我们这里吗？"

이 사람이 마리아의 아들 목수가 아니냐 야고보와 요셉과 유다와 시몬의 형제

가 아니냐 그 누이들이 우리와 함께 여기 있지 아니하냐" 하고

* _{shuō}
  하고 : 2절의 说 에 해당된다

13 _{zhè bú shì nà mùjiàng ma}　_{bú shì mǎ lì yà de ér zi yǎ gè}　_{yuē xī}　_{yóu dà}　_{xī mén}
这不是那木匠吗？不是马利亚的儿子雅各、约西、犹大、西门
_{de zhǎngxiōng ma}　_{tā mèimeimen bù yě shì zài wǒmen zhè li ma}　_{tā men jiù yàn qì}
的 长　兄吗？他妹妹们不也是在我们这里吗？"他们就厌弃
_{tā}
他。

이 사람이 마리아의 아들 목수가 아니냐 야고보와 요셉과 유다와 시몬의 형제

가 아니냐 그 누이들이 우리와 함께 여기 있지 아니하냐" 하고 예수를 배척한

지라

* _{yàn qì}
  厌弃 : 싫어하다, 싫어서 버리다, 싫어서 상대하지 않다

6:4

yē sū duì tā men shuō   dà fán xiān zhī   chú le běn dì qīn shǔ běn jiā zhī wài   méi yǒu bú
耶稣对他们说："大凡先知，除了本地亲属本家之外，没有不
bèi rén zūn jìng de
被人尊敬的。"

14
yē sū duì tā men shuō   dà fán xiān zhī
耶稣对他们说："大凡先知，

예수께서 그들에게 이르시되 "선지자가 ~ " 하시며

　　dà fán
• 大 凡 : 대개, 대체로, 대저, 무릇

15
yē sū duì tā men shuō   dà fán xiān zhī   chú le běn dì qīn shǔ běn jiā zhī wài
耶稣对他们说："大凡先知，除了本地亲属本家之外，

예수께서 그들에게 이르시되 "선지자가 자기 고향과 자기 친척과 자기 집 외에

서는 ~ " 하시며

　　chú le   zhī wài   yǐ wài
• 除 了~ 之外(=以外) : ~을 제외하고는, ~이외에는
　　běn dì
• 本 地 : 본지, 본고장, 그 지역
　　qīn shǔ
• 亲 属 : 친족, 친척
　　běn jiā
• 本 家 : 본가, 일가, 종친

16
yē sū duì tā men shuō   dà fán xiān zhī   chú le běn dì qīn shǔ běn jiā zhī wài   méi yǒu bú bèi
耶稣对他们说："大凡先知，除了本地亲属本家之外，没有不被
rén zūn jìng de
人尊敬的。"

예수께서 그들에게 이르시되 "선지자가 자기 고향과 자기 친척과 자기 집 외에

서는 존경을 받지 못함이 없느니라" 하시며

　　zūn jìng
• 尊 敬 : 존경하다

6:5

yē sū jiù zài nà li bù dé xíng shénme yì néng bú guò àn shǒu zài jǐ ge bìng rén shēn shang
耶稣就在那里不得行什么异能，不过按手在几个病人身上，
zhì hǎo tā men
治好他们。

17 yē sū jiù zài nà li bù dé xíng shénme yì néng
耶稣就在那里不得行什么异能，

거기서는 아무 권능도 행하실 수 없어

* bùdé
  不得 : ~해서는 안 된다, ~할 수가 없다

18 yē sū jiù zài nà li bù dé xíng shénme yì néng bú guò àn shǒu zài jǐ ge bìng rén shēn shang
耶稣就在那里不得行什么异能，不过按手在几个病人身上，

거기서는 아무 권능도 행하실 수 없어 **다만 소수의 병자에게 안수하여**

* búguò
  不过 : ~에 지나지 않다, ~에 불과하다, ~일 뿐이다/다만, 그런데, 그러나

19 yē sū jiù zài nà li bù dé xíng shénme yì néng bú guò àn shǒu zài jǐ ge bìng rén shēn shang
耶稣就在那里不得行什么异能，不过按手在几个病人身上，
zhì hǎo tā men
治好他们。

거기서는 아무 권능도 행하실 수 없어 다만 소수의 병자에게 안수하여 **고치실**

뿐이었고

6:6

tā yě chà yì tā men bú xìn　jiù wǎng zhōu wéi xiāng cūn jiào xun rén qù le
他也诧异他们不信，就往周围乡村教训人去了。

20　tā yě chà yì tā men bú xìn
　　他也诧异他们不信，

　　그들이 믿지 않음을 이상히 여기셨더라

　　　chà yì
　• 诧异 : 의아하게 여기다, 이상하게 생각하다

21　tā yě chà yì tā men bú xìn　　jiù wǎng zhōu wéi xiāng cūn jiào xun rén qù le
　　他也诧异他们不信，就往周围乡村教训人去了。

　　그들이 믿지 않음을 이상히 여기셨더라 이에 모든 촌에 두루 다니시며 가르치시더라

6:7

yē sū jiào le shí èr ge mén tú lái　　chāi qiǎn tā men liǎng ge liǎng ge de chū qù　　yě cì gěi
耶稣叫了十二个门徒来，差遣他们两个两个地出去，也赐给
tā men quán bǐng　zhì fú wū guǐ
他们权柄，制伏污鬼，

22　yē sū jiào le shí èr ge mén tú lái
　　耶稣叫了十二个门徒来，

　　열두 제자를 부르사

23　yē sū jiào le shí èr ge mén tú lái　　chāi qiǎn tā men liǎng ge liǎng ge de chū qù
　　耶稣叫了十二个门徒来，差遣他们两个两个地出去，

　　열두 제자를 부르사 둘씩 둘씩 보내시며

24 耶穌叫了十二个门徒来，差遣他们两个两个地出去，也赐给他们权柄，制伏污鬼，

열두 제자를 부르사 둘씩 둘씩 보내시며 더러운 귀신을 제어하는 권능을 주시고

* 制伏 zhìfú : 제압하다, 굴복시키다, 정복하다

6:8

并且嘱咐他们："行路的时候不要带食物和口袋，腰袋里也不要带钱，除了拐杖以外，什么都不要带,

25 并且嘱咐他们："行路的时候

명하시되 "여행을 위하여

* 行路 xínglù : 길을 가다, 길을 걷다

26 并且嘱咐他们："行路的时候不要带食物和口袋,

명하시되 "여행을 위하여 양식이나 배낭이나 가지지 말며

* 带 dài : 몸에 지니다, 휴대하다
* 食物 shíwù : 음식물
* 口袋 kǒudài : 부대, 자루, 호주머니

27 　**bìngqiězhǔ fù tā men　xíng lù de shíhou bú yào dài shíwù hé kǒudài　yāodài li yě bú yào**
并 且嘱咐他们:"行路的时候不要带食物和口袋,腰袋里也不要
dàiqián
带钱,

　명하시되"여행을 위하여 양식이나 배낭이나 전대의 돈이나 가지지 말며

　　yāodài
　* 腰 袋 : 허리춤에 찬 작은 주머니, 전대
　　qián
　* 钱 : 돈

28 　**bìngqiězhǔ fù tā men　xíng lù de shíhou bú yào dài shíwù hé kǒudài　yāodài li yě bú yào**
并 且嘱咐他们:"行路的时候不要带食物和口袋,腰袋里也不要
dàiqián　chú le guǎizhàng yǐ wài shénme dōu bú yào dài
带钱, 除了拐 杖 以外, 什么都不要带,

　명하시되"여행을 위하여 지팡이 외에는 양식이나 배낭이나 전대의 돈이나 아

무 것도 가지지 말며

　　guǎizhàng
　* 拐　杖 : 지팡이

6:9

　zhǐyàochuānxié　　yě bú yào chuān liǎng jiàn guà zi
　只要 穿 鞋,也不要 穿 两 件褂子。"

29 　**zhǐyàochuānxié　　yě bú yào chuān liǎng jiàn guà zi**
　只要 穿 鞋,也不要 穿 两 件褂子。"

　신만 신고 두 벌 옷도 입지 말라" 하시고

　　guà zi
　* 褂 子 : 저고리, 마고자
　　　zhǔfù
　* 하시고 : 8절의 嘱 咐에 해당된다

6:10

yòu duì tā men shuō　　nǐ men wúlùn dào hé chù　　jìn le rén de jiā　　jiù zhù zài nà li
又 对 他 们 说：＂你 们 无论 到 何处， 进 了 人 的 家， 就 住 在 那里，
zhí dào lí kāi nà dì fang
直 到 离开 那 地方。

30　yòu duì tā men shuō　　nǐ men wúlùn dào hé chù
　　又 对 他 们 说：＂你 们 无论 到 何处，

　또 이르시되 "어디서든지

- wúlùn
  无论 : ~에도 불구하고, ~에 관계없이
- héchù
  何处 : 어디, 어느 곳

31　yòu duì tā men shuō　　nǐ men wúlùn dào hé chù　　jìn le rén de jiā　　jiù zhù zài nà li
　　又 对 他 们 说：＂你 们 无论 到 何处， 进 了 人 的 家， 就 住 在 那里，

　또 이르시되 "어디서든지 **누구의 집에 들어가거든 거기 유하라**

32　yòu duì tā men shuō　　nǐ men wúlùn dào hé chù　　jìn le rén de jiā　　jiù zhù zài nà li　zhí
　　又 对 他 们 说：＂你 们 无论 到 何处， 进 了 人 的 家， 就 住 在 那里， 直
dào lí kāi nà dì fang
到 离开 那 地方。

　또 이르시되 "어디서든지 누구의 집에 들어가거든 **그 곳을 떠나기까지** 거기 유

　하라

- zhídào
  直 到 : 줄곧 ~까지

> 6:11
> 何处的人不接待你们，不听你们，你们离开那里的时候，就把脚上的尘土跺下去，对他们作见证。"

33 何处的人不接待你们，不听你们，

어느 곳에서든지 너희를 영접하지 아니하고 너희 말을 듣지도 아니하거든

* 接待 : 접대하다, 응접하다, 환대하다

34 何处的人不接待你们，不听你们，**你们离开那里的时候，**

어느 곳에서든지 너희를 영접하지 아니하고 너희 말을 듣지도 아니하거든 **거기서 나갈 때에**

35 何处的人不接待你们，不听你们，你们离开那里的时候，**就把脚上的尘土跺下去，**

어느 곳에서든지 너희를 영접하지 아니하고 너희 말을 듣지도 아니하거든 거기서 나갈 때에 **발 아래 먼지를 떨어버려**

* 尘土 : 먼지, 흙먼지
* 跺 : 발을 구르다, (탁탁) 털다
* 跺下去 : 털어내다, 털어버리다

36 hé chù de rén bù jiē dài nǐ men　bù tīng nǐ men　nǐ men lí kāi nà li de shíhou　jiù bǎ jiǎo
何处的人不接待你们，不听你们，你们离开那里的时候，就把脚
shang de chén tǔ duǒ xià qù　duì tā men zuò jiàn zhèng
上 的尘土跺下去，对他们作见证。"

어느 곳에서든지 너희를 영접하지 아니하고 너희 말을 듣지도 아니하거든 거기

서 나갈 때에 발 아래 먼지를 떨어버려 그들에게 증거를 삼으라" 하시니

　　　　　　　shuō
* 하시니 : 10절의 说 에 해당된다

6:12
mén tú jiù chū qù chuán dào　jiào rén huǐ gǎi
门 徒就出去 传 道，叫人悔改，

37 mén tú jiù chū qù chuán dào　jiào rén huǐ gǎi
门 徒就出去 传 道，叫人悔改，

제자들이 나가서 회개하라 전파하고

6:13
yòu gǎn chū xǔ duō de guǐ　yòng yóu mǒ le xǔ duō bìng rén　zhì hǎo tā men
又 赶 出许多的鬼，用油抹了许多 病 人，治好他们。

38 yòu gǎn chū xǔ duō de guǐ
又 赶 出许多的鬼，

많은 귀신을 쫓아내며

39 又 赶 出 许多的鬼， 用油抹了许多 病人，

많은 귀신을 쫓아내며 많은 병자에게 기름을 발라

- 油 : 기름
- 抹 : 바르다, 칠하다

40 又 赶 出 许多的鬼， 用油抹了许多 病人， 治好他们。

많은 귀신을 쫓아내며 많은 병자에게 기름을 발라 고치더라

6:14

耶稣的 名 声 传 扬 出来。希律 王 听见了， 就说： "施洗的 约 翰 从 死里复活了， 所以这些异 能 由他里 面 发出来。"

41 耶稣的 名 声 传 扬 出来。

이에 예수의 이름이 드러난지라

- 传 扬 :(일, 명성 따위가) 전파되다, 퍼지다

42 耶稣的 名 声 传 扬 出来。希律 王 听见了， 就说：

이에 예수의 이름이 드러난지라 헤롯 왕이 듣고 이르되 "~" 하고

- 希律 王 : 헤롯왕

43 耶稣的名声传扬出来。希律王听见了，就说："施洗的约翰从死里复活了，

이에 예수의 이름이 드러난지라 헤롯 왕이 듣고 이르되 "이는 세례 요한이 죽은 자 가운데서 살아났도다 ~" 하고

* 复活 : 부활하다, 되살아나다

44 耶稣的名声传扬出来。希律王听见了，就说："施洗的约翰从死里复活了，所以这些异能由他里面发出来。"

이에 예수의 이름이 드러난지라 헤롯 왕이 듣고 이르되 "이는 세례 요한이 죽은 자 가운데서 살아났도다 그러므로 이런 능력이 그 속에서 일어나느니라" 하고

* 发 : 발생하다, 일어나다, 생기다

6:15

但别人说："是以利亚。"又有人说："是先知，正像先知中的一位。"

45 但别人说："是以利亚。"

어떤 이는 "그가 엘리야라" 하고

dàn
* 但 : 그러나

biérén
* 别人 : 다른 사람, 여느 사람, 남

yǐ lì yà
* 以利亚 : 엘리야

46 但别人说："是以利亚。" 又有人说："是先知,
어떤 이는 "그가 엘리야라" 하고 또 어떤 이는 "그가 선지자니 ~" 하되

47 但别人说："是以利亚。" 又有人说："是先知, 正像先知
中的一位。"
어떤 이는 "그가 엘리야라" 하고 또 어떤 이는 "그가 선지자니 옛 선지자 중의

하나와 같다" 하되

zhèngxiàng hǎoxiàng
* 正 像 (=好像) : 마치 ~와 같다

6:16
xī lǜ tīngjiàn quèshuō shìwǒsuǒzhǎndeyuēhàn tā fù huó le
希律听见, 却说："是我所斩的约翰, 他复活了。"

48 希律听见, 却说：
헤롯은 듣고 이르되 "~" 하더라

49
xī lǜ tīngjiàn quèshuō shì wǒ suǒ zhǎn de yuēhàn tā fù huó le
希律听见，却说："是我所斩的约翰，他复活了。"

헤롯은 듣고 이르되 "내가 목 벤 요한 그가 살아났다" 하더라

- 斩 zhǎn : 베다, 자르다, 끊다

6:17

xiānshì xī lǜ wèi tā xiōng dì féi lì de qī zi xī luó dǐ de yuán gù chāirén qù ná zhù yuē
先是希律为他兄弟腓力的妻子希罗底的缘故，差人去拿住约
hàn suǒzàijiān li yīnwèi xī lǜ yǐ jing qǔ le nà fù rén
翰，锁在监里，因为希律已经娶了那妇人。

50
xiānshì xī lǜ wèi tā xiōng dì féi lì de qī zi
先是希律为他兄弟腓力的妻子

전에 헤롯이 자기가 동생 빌립의 아내

- 先是 xiānshì : 처음에는, 먼저, 전에
- 为 wèi : ~때문에
- 妻子 qī zi : 아내

51
xiānshì xī lǜ wèi tā xiōng dì féi lì de qī zi xī luó dǐ de yuán gù
先是希律为他兄弟腓力的妻子希罗底的缘故，

전에 헤롯이 자기가 동생 빌립의 아내 헤로디아의 연고로

- 希罗底 xī luó dǐ : 헤로디아
- 缘故 yuángù : 연고, 원인, 이유

52　先是希律为他兄弟腓力的妻子希罗底的缘故，差人去拿住约翰，
　　xiānshì xī lǜ wèi tā xiōng dì fēi lì de qī zi xī luó dǐ de yuán gù　chāi rén qù ná zhù yuē hàn

전에 헤롯이 자기가 동생 빌립의 아내 헤로디아의 연고로 [이 여자를 위하여]

사람을 보내어 요한을 잡아

* 拿住 : 잡다, 붙잡다
　názhù

53　先是希律为他兄弟腓力的妻子希罗底的缘故，差人去拿住约翰，锁在监里，
　　xiānshì xī lǜ wèi tā xiōng dì fēi lì de qī zi xī luó dǐ de yuán gù　chāi rén qù ná zhù yuē hàn　suǒ zài jiān li

전에 헤롯이 자기가 동생 빌립의 아내 헤로디아의 연고로 이 여자를 위하여 사

람을 보내어 요한을 잡아 **옥에 가두었으니**

* 锁 : 잠그다/가두다
　suǒ
* 监 : 감옥
　jiān

54　先是希律为他兄弟腓力的妻子希罗底的缘故，差人去拿住约翰，锁在监里，因为希律已经娶了那妇人。
　　xiānshì xī lǜ wèi tā xiōng dì fēi lì de qī zi xī luó dǐ de yuán gù　chāi rén qù ná zhù yuē hàn　suǒ zài jiān li　yīn wèi xī lǜ yǐ jing qǔ le nà fù rén

전에 헤롯이 자기가 동생 빌립의 아내 헤로디아에게 **장가 든 고로** 이 여자를 위

하여 사람을 보내어 요한을 잡아 옥에 가두었으니

* 已经 : 이미, 벌써
　yǐjing
* 娶 : 장가가다, 장가들다, 아내를 얻다
　qǔ
* 妇人 : 부인
　fùrén
* 希律已经娶了那妇人
　xī lǜ yǐ jing qǔ le nà fù rén
　: 헤롯이 이미 그 부인에게 장가 들었다, 헤롯이 이미 그 부인을 아내로 맞이했다

6:18

yuēhàn céng duì xī lǜ shuō   nǐ qǔ nǐ xiōng dì de qī zi shì bù hé lǐ de
约翰曾对希律说："你娶你兄弟的妻子是不合理的。"

55 yuēhàn céng duì xī lǜ shuō
约翰曾对希律说：

이는 요한이 헤롯에게 말하되 "~" 하였음이라

* céng
  曾 : 일찍이, 이전에, 이미

56 yuēhàn céng duì xī lǜ shuō   nǐ qǔ nǐ xiōng dì de qī zi shì bù hé lǐ de
约翰曾对希律说："你娶你兄弟的妻子是不合理的。"

이는 요한이 헤롯에게 말하되 "동생의 아내를 취한 것이 옳지 않다" 하였음이라

* hé lǐ
  合理 : 도리에 맞다, 합리적이다

6:19

yú shì xī luó dǐ huáihèn tā   xiǎng yào shā tā   zhǐ shì bù néng
于是希罗底怀恨他，想要杀他，只是不能；

57 yú shì xī luó dǐ huáihèn tā
于是希罗底怀恨他，

헤로디아가 요한을 원수로 여겨

* huáihèn
  怀恨 : 원한을 품다, 앙심을 품다

58 _{yú shì xī luó dǐ huái hèn tā} _{xiǎngyào shā tā} _{zhǐ shì bù néng}
于是希罗底怀恨他，想要杀他，只是不能；

헤로디아가 요한을 원수로 여겨 죽이고자 하였으되 하지 못한 것은

- _{shā}
  杀 : 죽이다

6:20
_{yīnwèi xī lǜ zhīdao yuēhàn shì yì rén} _{shì shèngrén} _{suǒ yǐ jìngwèi tā} _{bǎohù tā} _{tīng}
因为希律知道约翰是义人，是圣人，所以敬畏他，保护他，听
_{tā jiǎnglùn} _{jiù duō zhào zhe xíng bìngqiě lè yì tīng tā}
他讲论，就多照着行，并且乐意听他。

59 _{yīnwèi xī lǜ zhīdao yuēhàn shì yì rén}
因为希律知道约翰是义人，

헤롯이 요한을 의로운 사람으로 알고

- _{yì rén}
  义人 : 의인, 의로운 사람

60 _{yīnwèi xī lǜ zhīdao yuēhàn shì yì rén} _{shì shèngrén} _{suǒ yǐ jìngwèi tā}
因为希律知道约翰是义人，是圣人，所以敬畏他，

헤롯이 요한을 의롭고 거룩한 사람으로 알고 두려워하여

- _{shèngrén}
  圣人 : 성인, 거룩한 사람
- _{jìngwèi}
  敬畏 : 경외하다, 공경하며 두려워하다

61
yīnwèi xī lǜ zhīdao yuēhàn shì yì rén   shì shèngrén suǒ yǐ jìngwèi tā bǎohù tā tīng
因为希律知道约翰是义人，是 圣 人，所以敬畏他，保护他，听
tā jiǎnglùn
他 讲 论，

헤롯이 요한을 의롭고 거룩한 사람으로 알고 두려워하여 **보호하며 또 그의 말**

을 들을 때에

　　bǎohù
* 保 护 : 보호하다
　　jiǎnglùn
* 讲 论 : 강론

62
yīnwèi xī lǜ zhīdao yuēhàn shì yì rén   shì shèngrén suǒ yǐ jìngwèi tā bǎohù tā tīng
因为希律知道约翰是义人，是 圣 人，所以敬畏他，保护他，听
tā jiǎnglùn   jiù duōzhàozhexíng
他 讲 论，就多 照 着 行，

헤롯이 요한을 의롭고 거룩한 사람으로 알고 두려워하여 보호하며 또 그의 말

을 들을 때에 **크게 번민을 하면서도**

　　duōzhàozhexíng
* 多 照 着 行 : (그말)대로 행하다
　　duōzhàozhexíng yǒugǔjuànzuò yóuyíbúdìng   duōzhàozhexíng   yóuyíbúdìng
 ("多 照 着 行" 有古卷 作 "游移不定" ▶ "多 照 着 行"은 고문서에 "游移不 定
 우물쭈물하여 결단을 내리지 못하다, 어찌할 바를 몰라 망설이다"로 되어있다) ▶ 크게 번민하다

63
yīnwèi xī lǜ zhīdao yuēhàn shì yì rén   shì shèngrén suǒ yǐ jìngwèi tā bǎohù tā tīng
因为希律知道约翰是义人，是 圣 人，所以敬畏他，保护他，听
tā jiǎnglùn   jiù duōzhàozhexíng bìngqiě lè yì tīng tā
他 讲 论，就多 照 着 行，并且乐意听他。

헤롯이 요한을 의롭고 거룩한 사람으로 알고 두려워하여 보호하며 또 그의 말

을 들을 때에 크게 번민을 하면서도 **달갑게 들음이러라**

　　lè yì
* 乐意 : ~하는 것을 즐겁게 여기다, ~하기 원하다

> 6:21
> yǒu yì tiān　qiàqiǎoshì xī lǜ de shēng rì　　xī lǜ bǎishèyán xí　qǐng le dàchén hé qiān
> 有一天，恰巧是希律的 生 日， 希律摆设 筵席，请了大臣和千
> fū zhǎng　bìng jiā lì lì zuòshǒulǐng de
> 夫长， 并加利利作 首 领的。

64　yǒu yì tiān　qiàqiǎoshì xī lǜ de shēng rì
　　有一天，恰巧是希律的 生 日，

마침 기회가 좋은 날이 왔으니 곧 헤롯이 자기 생일에

　　qiàqiǎo
• 恰 巧 : 때마침, 운좋게

65　yǒu yì tiān　qiàqiǎoshì xī lǜ de shēng rì　　xī lǜ bǎishèyán xí
　　有一天，恰巧是希律的 生 日， **希律摆设 筵席**,

마침 기회가 좋은 날이 왔으니 곧 헤롯이 자기 생일에 **잔치할새**

　　bǎishè yán xí
• 摆 设 筵席 : 잔치를 베풀다

66　yǒu yì tiān　qiàqiǎoshì xī lǜ de shēng rì　　xī lǜ bǎishèyán xí　qǐng le dàchén hé qiān
　　有一天，恰巧是希律的 生 日， 希律摆设 筵席，**请了大臣和千**
　　fū zhǎng
　　夫长,

마침 기회가 좋은 날이 왔으니 곧 헤롯이 자기 생일에 **대신들과 천부장들과 더**

불어 잔치할새

　　qǐng
• 请 : 요청하다, 초청하다, 초대하다, 부르다
　　dàchén
• 大 臣 : 대신
　　qiānfūzhǎng
• 千 夫 长 : 천부장

67 有一天，恰巧是希律的生日，希律摆设筵席，请了大臣和千夫长，并加利利作首领的。

마침 기회가 좋은 날이 왔으니 곧 헤롯이 자기 생일에 대신들과 천부장들과 갈릴리의 귀인들로 더불어 잔치할새

* 首 领 : 우두머리, 수령, 지도자
* 作 首 领 的 : 우두머리 된 자

6:22
希罗底的女儿进来跳舞，使希律和同席的人都欢喜。王就对女子说："你随意向我求什么，我必给你。"

68 希罗底的女儿进来跳舞，

헤로디아의 딸이 친히 들어와 춤을 추어

* 进来 : 들어오다
* 跳 舞 : 춤을 추다

69 希罗底的女儿进来跳舞，使希律和同席的人都欢喜。

헤로디아의 딸이 친히 들어와 춤을 추어 헤롯과 그와 함께 앉은 자들을 기쁘게 한지라

* 同 席 : 동석하다, 함께 참석하다
* 欢 喜 : 좋아하다, 즐겁다, 기쁘다

70
xī luó dǐ de nǚ ér jìn lái tiàowǔ   shǐ xī lǜ hé tóng xí de rén dōu huān xǐ **wáng jiù duì nǚ zǐ**
希罗底的女儿进来跳舞，使希律和同席的人都欢喜。王就对女子
shuō
说：

헤로디아의 딸이 친히 들어와 춤을 추어 헤롯과 그와 함께 앉은 자들을 기쁘게

한지라 왕이 그 소녀에게 이르되 "~" 하고

71
xī luó dǐ de nǚ ér jìn lái tiàowǔ   shǐ xī lǜ hé tóng xí de rén dōu huān xǐ wáng jiù duì nǚ zǐ
希罗底的女儿进来跳舞，使希律和同席的人都欢喜。王就对女子
shuō   nǐ suí yì xiàng wǒ qiú shénme   wǒ bì gěi nǐ
说："你随意向我求什么，我必给你。"

헤로디아의 딸이 친히 들어와 춤을 추어 헤롯과 그와 함께 앉은 자들을 기쁘게

한지라 왕이 그 소녀에게 이르되 "무엇이든지 네가 원하는 것을 내게 구하라

내가 주리라" 하고

　　suí yì
• 随意 : 원하는 대로, 자기 마음대로, 내키는 대로, 제멋대로

6:23
yòu duì tā qǐ shì shuō   suí nǐ xiàng wǒ qiú shénme   jiù shì wǒ guó de yí bàn   wǒ yě bì
又对她起誓说："随你向我求什么，就是我国的一半，我也必
gěi nǐ
给你。"

72
yòu duì tā qǐ shì shuō   suí nǐ xiàng wǒ qiú shénme
又对她起誓说："随你向我求什么，

또 맹세하기를 "무엇이든지 네가 내게 구하면 ~" 하거늘

　　qǐ shì
• 起誓 : 맹세하다, 서약하다

73 又 对她起誓说："随你 向 我求 什 么，就是我国的一半，我也必给你。"

또 맹세하기를 "무엇이든지 네가 내게 구하면 내 나라의 절반까지라도 주리라"

하거늘

* 一半 : 반, 절반
* 就是 ~ 也 ~ : 설령 ~할지라도 ~

6:24

她就出去对她母亲说："我可以求 什 么呢？" 她母亲说："施洗约 翰的头。"

74 她就出去对她母亲说：

그가 나가서 그 어머니에게 말하되

75 她就出去对她母亲说："我可以求 什 么呢？"

그가 나가서 그 어머니에게 말하되 "내가 무엇을 구하리이까"

76 她就出去对她母亲说："我可以求 什 么呢？" 她母亲说："施洗约 翰的头。"

그가 나가서 그 어머니에게 말하되 "내가 무엇을 구하리이까" 그 어머니가 이르되 "세례 요한의 머리를 구하라" 하니

tóu
- 头 : 머리

6:25

tā jiù jí máng jìn qù jiàn wáng, qiú tā shuō wǒ yuàn wáng lì shí bǎ shī xǐ yuē hàn de tóu
她就急忙 进去见王，求他说："我愿 王 立时把施洗约翰的头
fàng zài pán zi li gěi wǒ
放 在盘子里给我。"

77
tā jiù jí máng jìn qù jiàn wáng qiú tā shuō
她就急忙 进去见王，求他说:

그가 곧 왕에게 급히 들어가 구하여 이르되 " ~ " 하니

jí máng
- 急 忙 : 급히, 서둘러, 부리나케

78
tā jiù jí máng jìn qù jiàn wáng qiú tā shuō wǒ yuàn wáng lì shí bǎ shī xǐ yuē hàn de tóu
她就急忙 进去见王，求他说："我愿 王 立时把施洗约翰的头

그가 곧 왕에게 급히 들어가 구하여 이르되 "세례 요한의 머리를 곧 원하옵나이다" 하니

yuàn
- 愿 : 원하다, 바라다, 희망하다

79
tā jiù jí máng jìn qù jiàn wáng qiú tā shuō wǒ yuàn wáng lì shí bǎ shī xǐ yuē hàn de tóu
她就急忙 进去见王，求他说："我愿 王 立时把施洗约翰的头
fàng zài pán zi li gěi wǒ
放 在盘子里给我。"

그가 곧 왕에게 급히 들어가 구하여 이르되 "세례 요한의 머리를 **소반에 얹어 곧 내게 주기를** 원하옵나이다" 하니

fàng
- 放 : 놓다, 두다

pán zi
- 盘 子 : 쟁반, 큰접시

6:26

wáng jiù shèn yōu chóu　　dàn yīn tā suǒ qǐ de shì　　yòu yīn tóng xí de rén　　jiù bù kěn tuī
王 就 甚 忧愁， 但因他所起的誓， 又因 同 席的人， 就不肯推
cí
辞，

80　**wáng jiù shèn yōu chóu**
　　王 就 甚 忧愁，

왕이 심히 근심하나

　　yōu chóu
　• 忧 愁 ：근심하다, 걱정하다

81　wáng jiù shèn yōu chóu　　**dàn yīn tā suǒ qǐ de shì　　yòu yīn tóng xí de rén**
　　王 就 甚 忧愁， **但因他所起的誓， 又因 同 席的人，**

왕이 심히 근심하나 **자기가 맹세한 것과 그 앉은 자들로 인하여**

82　wáng jiù shèn yōu chóu　　dàn yīn tā suǒ qǐ de shì　　yòu yīn tóng xí de rén　　**jiù bù kěn tuī**
　　王 就 甚 忧愁， 但因他所起的誓， 又因 同 席的人， **就不肯推**
　　cí
　　辞，

왕이 심히 근심하나 자기가 맹세한 것과 그 앉은 자들로 인하여 **그를 거절할 수**

없는지라

　　bù kěn
　• 不 肯 ：~하려고 하지 않다, ~하기를 원하지 않다
　　tuī cí
　• 推辞 ：거절하다, 물리다

6:27

suí jí chāi yí ge hùwèibīng fēn fù ná yuēhàn de tóu lái   hùwèibīng jiù qù zài jiān li zhǎn
随即 差一个护卫兵，吩咐拿约翰的头来。护卫兵就去在监里 斩
le yuēhàn
了约翰，

83 suí jí chāi yí ge hùwèibīng
随即 差一个护卫兵，

왕이 곧 시위병 하나를 보내어

　　hùwèibīng
* 护卫兵 : 호위병, 시위병

84 suí jí chāi yí ge hùwèibīng fēn fù ná yuēhàn de tóu lái
随即 差一个护卫兵，吩咐拿约翰的头来。

왕이 곧 시위병 하나를 보내어 요한의 머리를 가져오라 명하니

85 suí jí chāi yí ge hùwèibīng fēn fù ná yuēhàn de tóu lái   hùwèibīng jiù qù
随即 差一个护卫兵，吩咐拿约翰的头来。护卫兵就去

왕이 곧 시위병 하나를 보내어 요한의 머리를 가져오라 명하니 그 사람(시위병)

이 나가

86 suí jí chāi yí ge hùwèibīng fēn fù ná yuēhàn de tóu lái   hùwèibīng jiù qù zài jiān li zhǎn
随即 差一个护卫兵，吩咐拿约翰的头来。护卫兵就去在监里 斩
le yuēhàn
了约翰，

왕이 곧 시위병 하나를 보내어 요한의 머리를 가져오라 명하니 그 사람이 나가

옥에서 요한을 목 베어

　　zhǎn
* 斩 : 베다, 자르다, 끊다, 죽이다

6:28

bǎ tóu fàng zài pán zi li　　ná lái gěi nǚ zǐ　　nǚ zǐ jiù gěi tā mǔqīn
把头 放 在盘子里， 拿来给女子， 女子就给她母亲。

87　bǎ tóu fàng zài pán zi li
　　把头 放 在盘子里，

　　그 머리를 소반에 얹어다가

88　bǎ tóu fàng zài pán zi li　　ná lái gěi nǚ zǐ　　nǚ zǐ jiù gěi tā mǔqīn
　　把头 放 在盘子里， 拿来给女子， 女子就给她母亲。

　　그 머리를 소반에 얹어다가 소녀에게 주니 소녀가 [이것을] 그 어머니에게 주니라

6:29

yuēhàn de mén tú tīngjiàn le　　jiù lái bǎ tā de shīshǒu lǐngqù　　zàng zài fénmù li
约翰的门徒听见了， 就来把他的尸 首 领去， 葬在坟墓里。

89　yuēhàn de mén tú tīngjiàn le
　　约翰的门徒听见了，

　　요한의 제자들이 듣고

90　yuēhàn de mén tú tīngjiàn le　　jiù lái bǎ tā de shīshǒu lǐngqù
　　约翰的门徒听见了， 就来把他的尸 首 领去，

　　요한의 제자들이 듣고 와서 시체를 가져다가

* shīshǒu　shī tǐ
　尸 首 (=尸体) : 시신, 시체
* lǐngqù
　领 去 : 받아가다, 수령해가다, 가져가다

91 yuēhàn de mén tú tīngjiàn le   jiù lái bǎ tā de shī shǒu lǐng qù zàng zài fénmù li
约翰的门徒听见了，就来把他的尸首领去，葬在坟墓里。

요한의 제자들이 듣고 와서 시체를 가져다가 (무덤에) 장사하니라

* zàng
  葬 : 매장하다, 묻다, 장사 지내다

6:30
shǐ tú jù jí dào yē sū nà li   jiāng yí qiè suǒ zuò de shì   suǒ chuán de dào quán gào su
使徒聚集到耶稣那里，将一切所作的事、所传的道，全告诉
tā
他。

92 shǐ tú jù jí dào yē sū nà li
使徒聚集到耶稣那里，

사도들이 예수께 모여

* shǐtú
  使徒 : 사도

93 shǐ tú jù jí dào yē sū nà li   jiāng yí qiè suǒ zuò de shì   suǒ chuán de dào
使徒聚集到耶稣那里，将一切所作的事、所传的道，

사도들이 예수께 모여 자기들이 행한 것과 가르친 것을

* yíqiè
  一切 : 일체의, 모든, 온갖

94 shǐ tú jù jí dào yē sū nà li   jiāng yí qiè suǒ zuò de shì   suǒ chuán de dào quán gào su
使徒聚集到耶稣那里，将一切所作的事、所传的道，全告诉
tā
他。

사도들이 예수께 모여 자기들이 행한 것과 가르친 것을 **낱낱이 고하니**

* quán
  全 : 전부, 다, 모두, 완전히

6:31

tā jiù shuō　　nǐ men lái tóng wǒ àn àn de dào kuàng yě dì fang qù xiē yi xiē　　zhè shì
他就说："你们来同我暗暗地到 旷野地方去歇一歇。"这是
yīn wèi lái wǎng de rén duō　 tā men lián chī fàn yě méi yǒu gōng fu
因为来往的人多，他们连吃饭也没有工夫。

95
tā jiù shuō　　nǐ men lái tóng wǒ àn àn de
他就说："你们来同我暗暗地

이르시되 "너희는 (와서 나와 함께) 따로~" 하시니

　　ànànde
* 暗暗地 : (남)몰래, 은근히, 가만히, 개인적으로, 홀로, 비밀리에

96
tā jiù shuō　　nǐ men lái tóng wǒ àn àn de dào kuàng yě dì fang qù xiē yi xiē
他就说："你们来同我暗暗地到 旷野地方去歇一歇。"

이르시되 "너희는 따로 한적한 곳(광야지방)에 가서 잠깐 쉬어라" 하시니

97
tā jiù shuō　　nǐ men lái tóng wǒ àn àn de dào kuàng yě dì fang qù xiē yi xiē　　zhè shì yīn
他就说："你们来同我暗暗地到 旷野地方去歇一歇。"这是因
wèi lái wǎng de rén duō
为来往的人多，

이르시되 "너희는 따로 한적한 곳에 가서 잠깐 쉬어라" 하시니 이는 오고 가는

사람이 많아

　　láiwǎng
* 来　往 : 오고 가다, 왕래하다

98
tā jiù shuō　　nǐ men lái tóng wǒ àn àn de dào kuàng yě dì fang qù xiē yi xiē　　zhè shi yīn
他就说："你们来同我暗暗地到 旷野地方去歇一歇。"这是因
wèi lái wǎng de rén duō　 tā men lián chī fàn yě méi yǒu gōng fu
为来往的人多，他们连吃饭也没有工夫。

이르시되 "너희는 따로 한적한 곳에 가서 잠깐 쉬어라" 하시니 이는 오고 가는

사람이 많아 음식 먹을 겨를도 없음이라

gōngfu
* 工 夫 : 시간, 여가, 틈

6:32

tā men jiù zuòchuán àn àn de wǎng kuàng yě dì fang qù
他们就坐船，暗暗地往 旷野地方去。

99 tā men jiù zuòchuán
    他们就坐船，

이에 배를 타고

100 tā men jiù zuòchuán àn àn de wǎng kuàng yě dì fang qù
    他们就坐船，暗暗地往 旷野地方去。

이에 배를 타고 따로 한적한 곳에 갈새

wǎng
* 往 : ~쪽으로, ~을 향해/~로 향하다, 가다

6:33

zhòng rén kàn jiàn tā men qù yǒu xǔ duō rèn shi tā men de jiù cóng gè chéng bù xíng
众 人看见他们去, 有许多认识他们的, 就从各 城 步行,
yì tóng pǎo dào nà li bǐ tā men xiān gǎn dào le
一同 跑到那里, 比他们 先 赶 到了。

101 zhòng rén kàn jiàn tā men qù
    众 人看见他们去,

그들이 가는 것을 보고

102
zhòng rén kàn jiàn tā men qù　　yǒu xǔ duō rèn shi tā men de
众 人 看 见 他 们 去, 有 许 多 认 识 他 们 的,

그들이 가는 것을 보고 **많은 사람이 그들인 줄 안지라**

103
zhòng rén kàn jiàn tā men qù　　yǒu xǔ duō rèn shi tā men de　　jiù cóng gè chéng bù xíng
众 人 看 见 他 们 去, 有 许 多 认 识 他 们 的, 就 从 各 城 步 行,

그들이 가는 것을 보고 많은 사람이 그들인 줄 안지라 **모든 고을로부터 도보로**

　　bù xíng
* 步 行 : 걸어서 가다, 도보로 가다, 보행하다

104
zhòng rén kàn jiàn tā men qù　　yǒu xǔ duō rèn shi tā men de　　jiù cóng gè chéng bù xíng　yì
众 人 看 见 他 们 去, 有 许 多 认 识 他 们 的, 就 从 各 城 步 行, 一
tóng pǎo dào nà li
同 跑 到 那 里,

그들이 가는 것을 보고 많은 사람이 그들인 줄 안지라 모든 고을로부터 도보로

(함께) 그 곳에 달려와

　　pǎo
* 跑 : 달리다, 뛰다

105
zhòng rén kàn jiàn tā men qù　　yǒu xǔ duō rèn shi tā men de　　jiù cóng gè chéng bù xíng　yì
众 人 看 见 他 们 去, 有 许 多 认 识 他 们 的, 就 从 各 城 步 行, 一
tóng pǎo dào nà li　　bǐ tā men xiān gǎn dào le
同 跑 到 那 里, 比 他 们 先 赶 到 了。

그들이 가는 것을 보고 많은 사람이 그들인 줄 안지라 모든 고을로부터 도보로

그 곳에 달려와 **그들보다 먼저 갔더라**

　　bǐ
* 比 : ~보다
　　gǎn dào
* 赶 到 : 서둘러 도착하다, 서둘러 가다

6장　**279**

6:34

yē sū chū lái　jiàn yǒu xǔ duō de rén　jiù liánmǐn tā men　yīnwèi tā men rú tóng yáng méi
耶稣出来，见有许多的人，就怜悯他们，因为他们如同羊没
yǒu mùrén yì bān　yú shì kāi kǒu jiàoxun tā men xǔ duō dào lǐ
有牧人一般，于是开口教训他们许多道理。

106 yē sū chū lái　jiàn yǒu xǔ duō de rén
耶稣出来，见有许多的人

예수께서 나오사 큰 무리를 보시고

107 yē sū chū lái　jiàn yǒu xǔ duō de rén，　jiù liánmǐn tā men，
耶稣出来，见有许多的人，就怜悯他们，

예수께서 나오사 큰 무리를 보시고 **불쌍히 여기사**

　　liánmǐn
* 怜 悯 : 불쌍히 여기다, 가엾이 여기다, 동정하다

108 yē sū chū lái　jiàn yǒu xǔ duō de rén，　jiù liánmǐn tā men，　yīnwèi tā men rú tóng yáng méi
耶稣出来，见有许多的人，就怜悯他们，因为他们如同羊没
yǒu mùrén yì bān，
有牧人一般，

예수께서 나오사 큰 무리를 보시고 그 목자 없는 양 같음으로 인하여 불쌍히 여기사

　yáng
* 羊 : 양
　mùrén
* 牧 人 : 목자
　yì bān　yí yàng
* 一 般 (=一 样) : 같다
　rú tóng　yì bān　yí yàng
* 如 同 ~一 般 (=一 样) : 마치 ~와 같다

109 耶穌出來，見有許多的人，就憐憫他們，因為他們如同羊沒有牧人一般，於是開口教訓他們許多道理。

예수께서 나오사 큰 무리를 보시고 그 목자 없는 양 같음으로 인하여 불쌍히 여기사 이에 여러 가지로 가르치시더라

* 開口 : 입을 열다, 말을 하다

6:35

天已經晚了，門徒進前來，說：＂這是野地，天已經晚了，

110 天已經晚了，門徒進前來，

때가 저물어가매 제자들이 예수께 나아와

111 天已經晚了，門徒進前來，說：＂這是野地，天已經晚了，

때가 저물어가매 제자들이 예수께 나아와 여짜오되 "이 곳은 빈 들이요 날도 저물어가니

* 野地 : 들판, 초원, 들

6:36

qǐng jiào zhòng rén sàn kāi　　tā men hǎo wǎng sì miàn xiāng cūn li qù　　zì jǐ mǎi shén me
请 叫 众 人 散开，他们 好 往 四面 乡 村 里去，自己 买 什 么
chī
吃。"

qǐng jiào zhòng rén sàn kāi
112 请 叫 众 人 散开，

무리를 보내어

sànkāi
- 散 开 : (모였던 사람이나 사물이) 흩어지다, 해산하다, 분산되다

qǐng jiào zhòng rén sàn kāi　　tā men hǎo wǎng sì miàn xiāng cūn li qù
113 请 叫 众 人 散开，他们 好 往 四面 乡 村 里去，

무리를 보내어 **두루 촌과 마을로 가서**

hǎo
- 好 : 좋다/~할 수 있도록, ~하기가 쉽다, ~하기가 편하다

qǐng jiào zhòng rén sàn kāi　　tā men hǎo wǎng sì miàn xiāng cūn li qù　　zì jǐ mǎi shén me
114 请 叫 众 人 散开，他们 好 往 四面 乡 村 里去，自己 买 什 么
chī
吃。"

무리를 보내어 두루 촌과 마을로 가서 **무엇을 사 먹게 하옵소서"**

6:37

耶穌回答说:"你们给他们吃吧!"门徒说:"我们可以去买
二十两银子的饼给他们吃吗?"

115 耶穌回答说:"你们给他们吃吧!"

대답하여 이르시되 "너희가 먹을 것을 주라" 하시니

116 耶穌回答说:"你们给他们吃吧!"门徒说:"我们可以去买

대답하여 이르시되 "너희가 먹을 것을 주라" 하시니 **여짜오되 "우리가 가서 사**

다

117 耶穌回答说:"你们给他们吃吧!"门徒说:"我们可以去买
二十两银子的饼给他们吃吗?"

대답하여 이르시되 "너희가 먹을 것을 주라" 하시니 여짜오되 "우리가 가서 **이**

백 데나리온의 떡을 사다 먹이리이까?"

* 二十两银子 : 은화 이십 냥 ▸ 이백 데나리온
* 银子 : 은, 은자
* 饼 : 떡, 빵, 병

6:38

yē sū shuō　nǐ men yǒu duō shao bǐng　kě yǐ qù kàn kan　tā men zhī dao le　jiù
耶稣说："你们有多少饼，可以去看看。"他们知道了，就
shuō　wǔ ge bǐng　liǎng tiáo yú
说："五个饼，两条鱼。"

118　yē sū shuō　nǐ men yǒu duō shao bǐng
耶稣说："你们有多少饼，

이르시되 "너희에게 떡 몇 개나 있는지 ~ " 하시니

119　yē sū shuō　nǐ men yǒu duō shao bǐng　kě yǐ qù kàn kan　tā men zhī dao le
耶稣说："你们有多少饼，可以去看看。"他们知道了，

이르시되 "너희에게 떡 몇 개나 있는지 가서 보라" 하시니 알아보고

120　yē sū shuō　nǐ men yǒu duō shao bǐng　kě yǐ qù kàn kan　tā men zhī dao le　jiù
耶稣说："你们有多少饼，可以去看看。"他们知道了，就
shuō　wǔ ge bǐng　liǎng tiáo yú
说："五个饼，两条鱼。"

이르시되 "너희에게 떡 몇 개나 있는지 가서 보라" 하시니 알아보고 이르되 "떡

다섯 개와 물고기 두 마리가 있더이다" 하거늘

　　tiáo
* 条 ：(양사)물고기, 강, 바지 등을 세는 단위

6:39

yē sū fēn fù tā men　jiào zhòng rén yì bāng yì bāng de zuò zài qīng cǎo dì shang
耶稣吩咐他们，叫众人一帮一帮地坐在青草地上。

121　yē sū fēn fù tā men　jiào zhòng rén
耶稣吩咐他们，叫众人

제자들에게 명하사 그 모든 사람으로

122 耶穌吩咐他们，叫众人一帮一帮地坐在青草地上。

제자들에게 명하사 그 모든 사람으로 **떼를 지어 푸른 잔디 위에 앉게 하시니**

* 一帮一帮地 : 한 무리 한 무리씩, 끼리끼리
* 青 : 푸르다
* 青草地上 : 푸른 잔디 위

6:40

众人就一排一排地坐下，有一百一排的，有五十一排的。

123 众人就一排一排地坐下，

(사람들이) 떼로 앉은지라

* 一排一排地 : 한 줄씩 한 줄씩(떼로)

124 众人就一排一排地坐下，有一百一排的，有五十一排的。

떼로 **백 명씩 또는 오십 명씩** 앉은지라

* 有一百一排的, 有五十一排的 : 백 명이 한 줄인 것도 있고, 오십 명이 한 줄인 것도 있더라

6:41

yē sū ná zhe zhè wǔ ge bǐng liǎng tiáo yú wàng zhe tiān zhù fú   bāi kāi bǐng   dì gěi mén
耶稣拿着这五个饼，两条鱼，望着天祝福，掰开饼，递给门
tú   bǎi zài zhòng rén miàn qián   yě bǎ nà liǎng tiáo yú fēn gěi zhòng rén
徒，摆在众人面前，也把那两条鱼分给众人。

---

125 yē sū ná zhe zhè wǔ ge bǐng liǎng tiáo yú
耶稣拿着这五个饼，两条鱼，

예수께서 떡 다섯 개와 물고기 두 마리를 가지사

---

126 yē sū ná zhe zhè wǔ ge bǐng liǎng tiáo yú wàng zhe tiān zhù fú   bāi kāi bǐng
耶稣拿着这五个饼，两条鱼，**望着天祝福，掰开饼，**

예수께서 떡 다섯 개와 물고기 두 마리를 가지사 **하늘을 우러러 축사하시고 떡을 떼어**

* wàng
  望 : 바라보다
* zhù fú
  祝 福 : 축복하다
* bāi kāi   bò kāi
  掰 开 (=擘开) : (손으로) 쪼개다, 짜개다, 가르다

---

127 yē sū ná zhe zhè wǔ ge bǐng liǎng tiáo yú wàng zhe tiān zhù fú   bāi kāi bǐng   **dì gěi mén tú**
耶稣拿着这五个饼，两条鱼，望着天祝福，掰开饼，**递给门徒，**
bǎi zài zhòng rén miàn qián
摆在众人面前，

예수께서 떡 다섯 개와 물고기 두 마리를 가지사 하늘을 우러러 축사하시고 떡을 떼어 **제자들에게 주어 사람들에게 나누어 주게 하시고**

* dì
  递 : 넘겨주다, 전해주다, 건네주다
* bǎi
  摆 : 놓다, 차려 놓다, 진열하다
* bǎi zài zhòng rén miàn qián
  摆在 众 人 面 前 : 사람들 앞에 차려 놓다

128 耶稣拿着这五个饼, 两条鱼, 望着天祝福, 掰开饼, 递给门徒, 摆在众人面前, 也把那两条鱼分给众人。

예수께서 떡 다섯 개와 물고기 두 마리를 가지사 하늘을 우러러 축사하시고 떡을 떼어 제자들에게 주어 사람들에게 나누어 주게 하시고 **또 물고기 두 마리도 모든 사람에게 나누시매**

* 分 : 나누다, 가르다, 분배하다

6:42

他们都吃, 并且吃饱了。

129 他们都吃, 并且吃饱了。

다 배불리 먹고

6:43

门徒就把碎饼、碎鱼收拾起来, 装满了十二个篮子。

130 门徒就把碎饼、碎鱼收拾起来,

남은 떡 조각과 물고기를 거두었으며

suì
* 碎 : 부서지다, 깨지다, 부수다, 온전치 못하다, 부스러져 있다

suìbǐng
* 碎饼 : 남은 떡 조각

suìyú
* 碎鱼 : 남은 물고기

shōushi
* 收拾 : 거두다, 치우다, 정돈하다

131 mén tú jiù bǎ suìbǐng suìyú shōushi qǐ lái zhuāngmǎn le shí èr ge lán zi
门徒就把碎饼、碎鱼收拾起来，装满了十二个篮子。

남은 떡 조각과 물고기를 **열두 바구니에 차게 거두었으며**

zhuāngmǎn
* 装满 : 가득 싣다, 가득 채우다

lán zi
* 篮子 : 바구니, 광주리

6:44

chī bǐng de nánrén gòng yǒu wǔqiān
吃饼的男人共有五千。

---

132 chī bǐng de nánrén gòng yǒu wǔqiān
吃饼的男人共有五千。

떡을 먹은 남자는 오천 명이었더라

nánrén
* 男人 : 남자

gòng
* 共 : 함께, 같이/전부, 모두, 도합

6:45

yē sū suí jí cuī mén tú shàngchuán   xiān dù dào nà biān bó sài dà qù   děng tā jiàozhòngrén
耶稣随即催门徒 上 船， 先渡到那边伯赛大去，等他叫 众 人
sànkāi
散开。

133 yē sū suí jí cuī mén tú shàngchuán
耶稣随即催门徒 上 船，

예수께서 즉시 제자들을 재촉하사 배 타고

cuī
* 催 : 독촉하다, 재촉하다, 다그치다

134 yē sū suí jí cuī mén tú shàngchuán   xiān dù dào nà biān bó sài dà qù
耶稣随即催门徒 上 船， **先渡到那边伯赛大去，**

예수께서 즉시 제자들을 재촉하사 배 타고 **앞서 건너편 벳새다로 가게 하시고**

bó sài dà
* 伯赛大 : 벳새다

135 yē sū suí jí cuī mén tú shàngchuán   xiān dù dào nà biān bó sài dà qù   děng tā jiàozhòngrén
耶稣随即催门徒 上 船， 先渡到那边伯赛大去，**等他叫 众 人**
sànkāi
散开。

예수께서 즉시 제자들을 재촉하사 **자기가 무리를 보내는 동안에** 배 타고 앞서

건너편 벳새다로 가게 하시고

děng
* 等 : 기다리다, ~까지 기다리다/~때까지, ~하는 동안

6:46

tā jì cí bié le tā men　jiù wǎng shān shang qù dǎogào
他既辞别了他们，就 往 山 上 去祷告。

136　tā jì cí bié le tā men
他既辞别了他们，

무리를 작별하신 후에

　jì　 jiù
- 既~, 就~ : (이왕) ~한 바에야, (기왕) ~하였으니, 이왕 ~한 이상
　cí bié
- 辞别 : 고별하다, 작별 인사를 하다

137　tā jì cí bié le tā men　jiù wǎng shān shang qù dǎogào
他既辞别了他们，就 往 山 上 去祷告。

무리를 작별하신 후에 기도하러 산으로 가시니라

　dǎogào
- 祷告 : 기도하다

6:47

dào le wǎnshang　chuán zài hǎi zhōng　yē sū dú zì zài àn shang
到了晚 上，　船 在海中，耶稣独自在岸上，

138　dào le wǎnshang　chuán zài hǎi zhōng
到了晚 上，　船 在海中，

저물매 배는 바다 가운데 있고

139 到了晚上， 船 在海中， 耶稣独自在岸上，
dào le wǎnshang chuán zài hǎi zhōng yē sū dú zì zài àn shang

저물매 배는 바다 가운데 있고 예수께서는 홀로 뭍에 계시다가

* 独自 : 혼자서, 홀로
  dú zì
* 岸 : 물가, 해안, 강기슭
  àn

6:48
看见门徒因风不顺, 摇橹甚苦。夜里约有四更天, 就在海
kàn jiàn mén tú yīn fēng bú shùn yáo lǔ shèn kǔ   yè li yuē yǒu sì gēng tiān jiù zài hǎi
面 上 走, 往他们那里去, 意思要走过他们去。
miàn shang zǒu wǎng tā men nà li qù   yì si yào zǒu guò tā men qù

140 看见门徒因风不顺, 摇橹甚苦。
kàn jiàn mén tú yīn fēng bú shùn yáo lǔ shèn kǔ

바람이 거스르므로 제자들이 힘겹게 노 젓는 것을 보시고

* 不 顺 : 불순하다, 순조롭지 않다
  bú shùn
* 摇橹(=划桨) : 노를 젓다
  yáo lǔ huá jiǎng
* 苦 : 고통스럽다, 고생스럽다, 고되다, 괴롭다
  kǔ

141 看见门徒因风不顺, 摇橹甚苦。夜里约有四更天,
kàn jiàn mén tú yīn fēng bú shùn yáo lǔ shèn kǔ   yè li yuē yǒu sì gēng tiān

바람이 거스르므로 제자들이 힘겹게 노 젓는 것을 보시고 밤 사경쯤에

* 四 更 天 : 사경
  sì gēng tiān

142
kànjiàn mén tú yīn fēng bú shùn yáo lǔ shèn kǔ　yè li yuē yǒu sì gēng tiān　**jiù zài hǎi miàn**
看见 门 徒 因 风 不 顺， 摇 橹 甚 苦。夜里约 有 四 更 天，**就在海 面**
shang zǒu
上　走，

바람이 거스르므로 제자들이 힘겹게 노 젓는 것을 보시고 밤 사경쯤에 **바다 위**

로 걸어서

　　　hǎimiàn
* 海　面 : 해면, 해수면

143
kànjiàn mén tú yīn fēng bú shùn yáo lǔ shèn kǔ　yè li yuē yǒu sì gēng tiān　jiù zài hǎi miàn
看见 门 徒 因 风 不 顺， 摇 橹 甚 苦。夜里约 有 四 更 天， 就在海 面
shang zǒu **wǎng tā men nà li qù**
上　走，**往他 们 那里去，**

바람이 거스르므로 제자들이 힘겹게 노 젓는 것을 보시고 밤 사경쯤에 바다 위

로 걸어서 **그들에게 오사**

144
kànjiàn mén tú yīn fēng bú shùn yáo lǔ shèn kǔ　yè li yuē yǒu sì gēng tiān　jiù zài hǎi miàn
看见 门 徒 因 风 不 顺， 摇 橹 甚 苦。夜里约 有 四 更 天， 就在海 面
shang zǒu wǎng tā men nà li qù　**yì si yào zǒu guò tā men qù**
上　走，往他 们 那里去，**意思要 走 过他 们 去。**

바람이 거스르므로 제자들이 힘겹게 노 젓는 것을 보시고 밤 사경쯤에 바다 위

로 걸어서 그들에게 오사 **지나가려고 하시매**

　　　zǒu guò qù
* 走 过 去 : 지나가다, 걸어가다

6:49

dàn mén tú kànjiàn tā zài hǎi miàn shang zǒu　　yǐ wéi shì guǐguài　jiù hǎnjiào qǐ lái
但 门 徒看见他在海 面 上 走，以为是鬼怪，就喊叫起来。

145 dàn mén tú kànjiàn tā zài hǎi miàn shang zǒu
但 门 徒看见他在海 面 上 走，

제자들이 그가 바다 위로 걸어 오심을 보고

146 dàn mén tú kànjiàn tā zài hǎi miàn shang zǒu　　yǐ wéi shì guǐguài　jiù hǎnjiào qǐ lái
但 门 徒看见他在海 面 上 走, 以为是鬼怪，就喊叫起来。

제자들이 그가 바다 위로 걸어 오심을 보고 **유령인가 하여 소리 지르니**

- yǐwéi
  以 为 : ~인 줄 알다, 생각하다, 여기다
- guǐguài
  鬼 怪 : 요괴, 유령, 도깨비

6:50

yīnwèi tā men dōu kànjiàn le tā　qiě shèn jīnghuāng　yē sū liánmáng duì tā men shuō
因为他们 都看见了他，且 甚 惊 慌。耶稣连 忙 对他们说：
nǐ men fàngxīn　shì wǒ　búyào pà
"你们 放心，是我，不要怕。"

147 yīnwèi tā men dōu kànjiàn le tā　qiě shèn jīnghuāng
因为他们 都看见了他，且 甚 惊 慌。

그들이 다 예수를 보고 놀람이라

- jīnghuāng
  惊 慌 : 놀라 허둥지둥하다, 놀라 당황하다

148 因为他们都看见了他，且甚惊慌。耶稣连忙对他们说：
yīnwèi tā men dōu kànjiàn le tā qiě shèn jīnghuāng yē sū liánmáng duì tā men shuō

그들이 다 예수를 보고 놀람이라 이에 예수께서 곧 그들에게 말씀하여 이르시되 " ~ " 하시고

- 连忙 liánmáng : 얼른, 급히, 분주히, 재빨리

149 因为他们都看见了他，且甚惊慌。耶稣连忙对他们说：
"你们放心，是我，不要怕。"
yīnwèi tā men dōu kànjiàn le tā qiě shèn jīnghuāng yē sū liánmáng duì tā men shuō
nǐ men fàngxīn shì wǒ búyào pà

그들이 다 예수를 보고 놀람이라 이에 예수께서 곧 그들에게 말씀하여 이르시되 "안심하라 내니 두려워하지 말라" 하시고

- 放心 fàngxīn : 마음을 놓다, 안심하다
- 不要 búyào : ~하지 마라
- 怕 pà : 겁내다, 두려워하다

6:51

于是到他们那里上了船，风就住了，他们心里十分惊奇。
yú shì dào tā men nà li shàng le chuán fēng jiù zhù le tā men xīn li shífēnjīng qí

150 于是到他们那里上了船，
yú shì dào tā men nà li shàng le chuán

배에 올라 그들에게 가시니

151
yú shì dào tā men nà li shàng le chuán　fēng jiù zhù le　tā men xīn li shí fēn jīng qí
于是到他们那里 上 了船， 风 就住了，他们心里十分惊奇。

배에 올라 그들에게 가시니 **바람이 그치는지라 제자들이 마음에 심히 놀라니**

　　zhù
* 住 : 멎다, 그치다, 정지하다
　　shí fēn
* 十 分 : 매우, 대단히

6:52

zhè shì yīn wèi tā men bù míng bai nà fēn bǐng de shì　xīn li hái shi yú wán
这是因为他们不 明 白那分 饼 的事，心里还是愚顽。

152
zhè shì yīn wèi tā men bù míng bai nà fēn bǐng de shì
这是因为他们不 明 白那分 饼 的事，

이는 그들이 그 떡 떼시던 일을 깨닫지 못하고

153
zhè shì yīn wèi tā men bù míng bai nà fēn bǐng de shì　xīn li hái shi yú wán
这是因为他们不 明 白那分 饼 的事， 心里还是愚顽。

이는 그들이 그 떡 떼시던 일을 깨닫지 못하고 **도리어 그 마음이 둔하여졌음이러라**

　　yú wán
* 愚 顽 : 우매하고 완고하다

6:53

jì dù guòqù　　lái dào gé ní sā lè dì fang　jiù kào le àn
既渡过去，来到革尼撒勒地方，就靠了岸，

154
jì dù guòqù　　lái dào gé ní sā lè dì fang　jiù kào le àn
既渡过去，来到革尼撒勒地方，就靠了岸，

건너가 게네사렛 땅에 이르러 대고

　gé ní sā lè
* 革尼撒勒 : 게네사렛
　kào àn
* 靠 岸 : (배를) 물가에 대다

6:54

yí xià chuán　zhòng rén rèn de shì yē sū
一下船，　众 人认得是耶稣，

155
yí xià chuán　zhòng rén rèn de shì yē sū
一下船，　众 人认得是耶稣，

배에서 내리니 사람들이 곧 예수신 줄을 알고

　rènde
* 认 得 : 알다, 알아보다

6:55

jiù pǎobiàn nà yí dài dì fang tīngjiàn tā zài héchù biànjiāngyǒubìngderén yòng rù zi tái
就 跑 遍 那一带地方，听见他在何处，便 将 有 病 的人，用 褥子抬
dào nà li
到 那里。

156 jiù pǎobiàn nà yí dài dì fang
就 跑 遍 那一带地方,

그 온 지방으로 달려 돌아 다니며

* pǎobiàn
  跑 遍 : 두루 돌아다니다
* yí dài
  一 带 : 일대

157 jiù pǎobiàn nà yí dài dì fang tīngjiàn tā zài héchù
就 跑 遍 那一带地方, 听见他在何处,

그 온 지방으로 달려 돌아 다니며 **예수께서 어디 계시다는 말을 듣는 대로**

* héchù
  何 处 : 어디, 어느 곳

158 jiù pǎobiàn nà yí dài dì fang tīngjiàn tā zài héchù biànjiāngyǒubìngderén
就 跑 遍 那一带地方, 听见他在何处, 便 将 有 病 的人,

그 온 지방으로 달려 돌아 다니며 예수께서 어디 계시다는 말을 듣는 대로 **병든**

자를

159 jiù pǎobiàn nà yí dài dì fang tīngjiàn tā zài héchù biànjiāngyǒubìngderén yòng rù zi tái
就 跑 遍 那一带地方, 听见他在何处, 便 将 有 病 的人, 用 褥子抬
dào nà li
到 那里。

그 온 지방으로 달려 돌아 다니며 예수께서 어디 계시다는 말을 듣는 대로 병든

자를 **침상째로 메고 나아오니**

rù zi
* 褥子 : 요

tái
* 抬 : 들다, 메다

6:56

fán yē sū suǒ dào de dì fang huò cūn zhōng huò chéng li huò xiāng jiān tā men dōu
凡耶穌所到的地方，或村中，或城里，或乡间，他们都
jiāng bìng rén fàng zài jiē shì shang qiú yē sū zhǐ róng tā men mō tā de yī shang suì zi fán
将病人放在街市上，求耶穌只容他们摸他的衣裳繸子，凡
mō zháo de rén jiù dōu hǎo le
摸着的人，就都好了。

160 fán yē sū suǒ dào de dì fang
凡耶穌所到的地方，

아무 데나 예수께서 들어가시는

fán yē sū suǒ dào de dì fang
* 凡耶穌所到的地方 : 무릇 예수께서 가시는 곳은

161 fán yē sū suǒ dào de dì fang huò cūn zhōng huò chéng li huò xiāng jiān
凡耶穌所到的地方，或村中，或城里，或乡间，

아무 데나 예수께서 들어가시는 **지방이나 도시나 마을에서**

cūn zhōng
* 村 中 : 마을
xiāng jiān
* 乡 间 : 시골, 마을, 촌

162 fán yē sū suǒ dào de dì fang huò cūn zhōng huò chéng li huò xiāng jiān tā men dōu jiāng
凡耶穌所到的地方，或村中，或城里，或乡间，他们都将
bìng rén fàng zài jiē shì shang
病人放在街市上，

아무 데나 예수께서 들어가시는 지방이나 도시나 마을에서 **병자를 시장에 두고**

* 街市 (jiēshì) : 시장, 상가, 시가

163 凡耶稣所到的地方，或村中，或城里，或乡间，他们都将病人放在街市上，求耶稣只容他们摸他的衣裳繸子，

아무 데나 예수께서 들어가시는 지방이나 도시나 마을에서 병자를 시장에 두고

예수께 그의 옷 가에라도 손을 대게 하시기를 간구하니

* 容 (róng) : 허락하다, 허용하다
* 衣裳繸子 (yī shang suì zi) : 옷 가, 옷자락

164 凡耶稣所到的地方，或村中，或城里，或乡间，他们都将病人放在街市上，求耶稣只容他们摸他的衣裳繸子，凡摸着的人，就都好了。

아무 데나 예수께서 들어가시는 지방이나 도시나 마을에서 병자를 시장에 두고

예수께 그의 옷 가에라도 손을 대게 하시기를 간구하니 손을 대는 자는 다 성함을 얻으니라

* 着 (zháo) : ~하게 되다(동사 뒤에 쓰여 목적을 이루었음을 나타냄)

암송! 중국어 마가복음

7장

1 有法利赛人和几个文士从耶路撒冷来，到耶稣那里聚集。

2 他们曾看见他的门徒中有人用俗手，就是没有洗的手吃饭。

3 原来法利赛人和犹太人都拘守古人的遗传，若不仔细洗手，就不吃饭；

4 从市上来，若不洗浴也不吃饭；还有好些别的规矩，他们历代拘守，就是洗杯、罐、铜器等物。

5 法利赛人和文士问他说："你的门徒为什么不照古人的遗传，用俗手吃饭呢？"

6 耶稣说："以赛亚指着你们假冒为善之人所说的预言是不错的。如经上说：'这百姓用嘴唇尊敬我，心却远离我。

7 他们将人的吩咐，当作道理教导人，所以拜我也是枉然。'

8 你们是离弃神的诫命，拘守人的遗传。"

9 又说："你们诚然是废弃神的诫命，要守自己的遗传。

10 摩西说：'当孝敬父母'，又说：'咒骂父母的，必治死他。'

11 你们倒说:'人若对父母说:我所当奉给你的,已经作了各耳板'各耳板就是供献的意思,

12 以后你们就不容他再奉养父母。

13 这就是你们承接遗传,废了神的道。你们还作许多这样的事。"

14 耶稣又叫众人来,对他们说:"你们都要听我的话,也要明白。

15 从外面进去的,不能污秽人;惟有从里面出来的,乃能污秽人。

16 有耳可听的,就应当听。"

17 耶稣离开众人,进了屋子,门徒就问他这比喻的意思。

18 耶稣对他们说:"你们也是这样不明白吗?岂不晓得凡从外面进入的,不能污秽人。

19 因为不是入他的心,乃是入他的肚腹,又落到茅厕里。这是说,各样的食物都是洁净的。"

20 又说:"从人里面出来的,那才能污秽人,

21 因为从里面，就是从人心里发出恶念、苟合、

22 偷盗、凶杀、奸淫、贪婪、邪恶、诡诈、淫荡、嫉妒、谤讟、骄傲、狂妄。

23 这一切的恶都是从里面出来，且能污秽人。"

24 耶稣从那里起身，往推罗、西顿的境内去。进了一家，不愿意人知道，却隐藏不住。

25 当下，有一个妇人，她的小女儿被污鬼附着，听见耶稣的事，就来俯伏在他脚前。

26 这妇人是希利尼人，属叙利非尼基族。她求耶稣赶出那鬼，离开她的女儿。

27 耶稣对她说："让儿女们先吃饱，不好拿儿女的饼丢给狗吃。"

28 妇人回答说："主啊，不错。但是狗在桌子底下，也吃孩子们的碎渣儿。"

29 耶稣对她说："因这句话，你回去吧！鬼已经离开你的女儿了。"

30 她就回家去，见小孩子躺在床上，鬼已经出去了。

31 耶稣又离了推罗的境界，经过西顿，就从低加波利境内来到加利利海。

32 有人带着一个耳聋舌结的人来见耶稣，求他按手在他身上。

33 耶稣领他离开众人，到一边去，就用指头探他的耳朵，吐唾沫抹他的舌头，

34 望天叹息，对他说："以法大！"就是说："开了吧！"

35 他的耳朵就开了，舌结也解了，说话也清楚了。

36 耶稣嘱咐他们不要告诉人，但他越发嘱咐，他们越发传扬开了。

37 众人分外希奇，说："他所作的事都好，他连聋子也叫他们听见，哑巴也叫他们说话。"

7:1

yǒu fǎ lì sài rén hé jǐ ge wén shì cóng yē lù sā lěng lái dào yē sū nà li jù jí
有法利赛人和几个文士从耶路撒冷来，到耶稣那里聚集。

1 yǒu fǎ lì sài rén hé jǐ ge wén shì
   有法利赛人和几个文士

   바리새인들과 또 서기관 중 몇이

2 yǒu fǎ lì sài rén hé jǐ ge wén shì cóng yē lù sā lěng lái dào yē sū nà li jù jí
   有法利赛人和几个文士 从耶路撒冷来，到耶稣那里聚集。

   바리새인들과 또 서기관 중 몇이 예루살렘에서 와서 예수께 모여들었다가

7:2

tā men céng kàn jiàn tā de mén tú zhōng yǒu rén yòng sú shǒu jiù shì méi yǒu xǐ de shǒu chī fàn
他们曾看见他的门徒中有人用俗手，就是没有洗的手吃饭。

3 tā men céng kàn jiàn tā de mén tú zhōng
   他们曾看见他的门徒中

   (그들은) 그의 제자 중 ~을 보았더라

4 tā men céng kàn jiàn tā de mén tú zhōng yǒu rén yòng sú shǒu jiù shì méi yǒu xǐ de shǒu chī fàn
   他们曾看见他的门徒中有人用俗手，就是没有洗的手吃饭。

   그의 제자 중 몇 사람이 부정한 손 곧 씻지 아니한 손으로 떡 먹는 것을 보았더라

   * sú shǒu
     俗 手 : 속된 손, 부정한 손

7:3

_{yuán lái fǎ lì sài rén hé yóu tài rén dōu jū shǒu gǔ rén de yí chuán ruò bù zǐ xì xǐ shǒu jiù}
原来法利赛人和犹太人都拘守古人的遗传，若不仔细洗手，就
_{bù chī fàn}
不吃饭；

5 _{yuán lái fǎ lì sài rén hé yóu tài rén}
原来法利赛人和犹太人

바리새인들과 유대인들은

- _{yuán lái}
  原 来 : 원래, 본래

6 _{yuán lái fǎ lì sài rén hé yóu tài rén dōu jū shǒu gǔ rén de yí chuán}
原来法利赛人和犹太人都拘守古人的遗传，

바리새인들과 모든 유대인들은 장로들의 전통을 지키어

- _{jū shǒu}
  拘 守 : 고수하다, (관습을)계속 고집하다
- _{gǔ rén}
  古 人 : 옛 사람, 고인
- _{yí chuán}
  遗 传 : 유전
- _{gǔ rén de yí chuán}
  古 人 的 遗 传 : 옛 사람들의 유전 ▶ 장로들의 전통

7 _{yuán lái fǎ lì sài rén hé yóu tài rén dōu jū shǒu gǔ rén de yí chuán ruò bù zǐ xì xǐ shǒu jiù}
原来法利赛人和犹太人都拘守古人的遗传，若不仔细洗手，就
_{bù chī fàn}
不吃饭；

바리새인들과 모든 유대인들은 장로들의 전통을 지키이 손을 잘 씻지 않고서는

음식을 먹지 아니하며

- _{ruò}
  若 : 만약 ~이라면
- _{zǐ xì}
  仔细 : 꼼꼼하다, 자세하다, 세밀하다

> 7:4
> cóng shì shang lái　ruò bù xǐ yù yě bù chī fàn　hái yǒu hǎo xiē bié de guī ju　tā men lì
> 从 市 上 来，若不洗浴也不吃饭；还有好些别的规矩，他们历
> dài jū shǒu　jiù shì xǐ bēi　guàn tóng qì děng wù
> 代拘守，就是洗杯、罐、铜器 等 物。

8　cóng shì shang lái　ruò bù xǐ yù yě bù chī fàn
从 市 上 来，若不洗浴也不吃饭；

또 시장에서 돌아와서도 물을 뿌리지 않고서는 먹지 아니하며

　xǐ yù
* 洗浴 : 목욕하다

9　cóng shì shang lái　ruò bù xǐ yù yě bù chī fàn　hái yǒu hǎo xiē bié de guī ju　tā men lì dài
从 市 上 来，若不洗浴也不吃饭；还有好些别的规矩，他们历代
jū shǒu
拘守，

또 시장에서 돌아와서도 물을 뿌리지 않고서는 먹지 아니하며 그 외에도 여러

가지를 지키어 오는 것이 있으니

　guī ju
* 规矩 : 규율, 관례, 규칙
　lì dài
* 历代 : 역대, 대대

10　cóng shì shang lái　ruò bù xǐ yù yě bù chī fàn　hái yǒu hǎo xiē bié de guī ju　tā men lì dài
从 市 上 来，若不洗浴也不吃饭；还有好些别的规矩，他们历代
jū shǒu　jiù shì xǐ bēi　guàn tóng qì děng wù
拘守，就是洗杯、罐、铜器 等 物。

또 시장에서 돌아와서도 물을 뿌리지 않고서는 먹지 아니하며 그 외에도 여러

가지를 지키어 오는 것이 있으니 잔과 주발과 놋그릇을 씻음이러라

bēi
* 杯 : 잔, 컵

guàn
* 罐 : 항아리, 단지, 옹기, 깡통

tóng qì
* 铜 器 : 동기, 청동기, 놋그릇

děng
* 等 : 등

wù
* 物 : 물건, 물체

7:5

fǎ lì sài rén hé wén shì wèn tā shuō nǐ de mén tú wèi shén me bú zhào gǔ rén de yí
法利赛人和文士问他说："你的门徒为什么不照古人的遗
chuán yòng sú shǒu chī fàn ne
传，用俗手吃饭呢？"

11
fǎ lì sài rén hé wén shì wèn tā shuō
法利赛人和文士问他说:

이에 바리새인들과 서기관들이 예수께 묻되

12
fǎ lì sài rén hé wén shì wèn tā shuō nǐ de mén tú wèi shén me bú zhào gǔ rén de yí
法利赛人和文士问他说："你的门徒为什么不照古人的遗
chuán
传，

이에 바리새인들과 서기관들이 예수께 묻되 **"어찌하여 당신의 제자들은 장로들의 전통을 준행하지 아니하고**

13
fǎ lì sài rén hé wén shì wèn tā shuō nǐ de mén tú wèi shén me bú zhào gǔ rén de yí
法利赛人和文士问他说："你的门徒为什么不照古人的遗
chuán yòng sú shǒu chī fàn ne
传，用俗手吃饭呢？"

이에 바리새인들과 서기관들이 예수께 묻되 "어찌하여 당신의 제자들은 장로들의 전통을 준행하지 아니하고 **부정한 손으로 떡을 먹나이까"**

> 7:6
> yē sū shuō　　yǐ sài yà zhǐzhe nǐ men jiǎ mào wéi shàn zhī rén suǒ shuō de yù yán shì bú cuò
> 耶稣说："以赛亚指着你们假冒为善之人所说的预言是不错
> de　rú jīng shàng shuō　　zhè bǎi xìng yòng zuǐ chún zūn jìng wǒ　xīn què yuǎn lí wǒ
> 的。如经上说：'这百姓用嘴唇尊敬我，心却远离我。

14　yē sū shuō　　yǐ sài yà zhǐzhe nǐ men
　　耶稣说："以赛亚指着你们

이르시되 "이사야가 너희에 대하여

　　zhǐzhe
* 指着 : 가리키다, 손가락질하다
　　zhǐzhe nǐ men
* 指着你们 : 너희를 가리켜 ▶ 너희에 대하여

15　yē sū shuō　　yǐ sài yà zhǐzhe nǐ men jiǎ mào wéi shàn zhī rén
　　耶稣说："以赛亚指着你们假冒为善之人

이르시되 "이사야가 너희 외식하는 자에 대하여

　　jiǎ mào
* 假冒 : 가장하다, ~인 체하다
　　wéi shàn
* 为善 : 선을 행하다, 착한 일을 하다
　　jiǎ mào wéi shàn
* 假冒为善 : 착한 체하다 ▶ 외식하다

16　yē sū shuō　　yǐ sài yà zhǐzhe nǐ men jiǎ mào wéi shàn zhī rén suǒ shuō de yù yán shì bú cuò
　　耶稣说："以赛亚指着你们假冒为善之人所说的预言是不错
　　de
　　的。

이르시되 "이사야가 너희 외식하는 자에 대하여 **잘 예언하였도다**

　　yù yán
* 预言 : 예언
　　bú cuò
* 不错 : 맞다, 틀림없다, 옳다, 좋다, 괜찮다
　　suǒ shuō de yù yán shì bú cuò de
* 所说的预言是不错的 : 말한 예언이 옳도다 ▶ 잘 예언하였도다

17

yē sū shuō　　yǐ sài yà zhǐzhe nǐ men jiǎ màowéishànzhīrénsuǒshuō de yù yánshì bú cuò
耶稣说："以赛亚指着你们假冒为善之人所说的预言是不错
de　　rú jīngshangshuō　　zhèbǎixìng
的。如经上说：'这百姓

이르시되 "이사야가 너희 외식하는 자에 대하여 잘 예언하였도다 기록하였으

되 '이 백성이

　rújīngshangshuō
* 如经上说 : 성경(경전)에 말한 것과 같이 ▸ (성경에) 기록하였으되
　bǎixìng
* 百姓 : 백성

18

yē sū shuō　　yǐ sài yà zhǐzhe nǐ men jiǎ màowéishànzhīrénsuǒshuō de yù yánshì bú cuò
耶稣说："以赛亚指着你们假冒为善之人所说的预言是不错
de　　rú jīngshangshuō　　zhèbǎixìngyòngzuǐchúnzūnjìngwǒ
的。如经上说：'这百姓用嘴唇尊敬我，

이르시되 "이사야가 너희 외식하는 자에 대하여 잘 예언하였도다 기록하였으

되 '이 백성이 입술로는 나를 공경하되

　zuǐchún
* 嘴唇 : 입술
　zūnjìng
* 尊敬 : 존경하다, 공경하다

19

yē sū shuō　　yǐ sài yà zhǐzhe nǐ men jiǎ màowéishànzhīrénsuǒshuō de yù yánshì bú cuò
耶稣说："以赛亚指着你们假冒为善之人所说的预言是不错
de　　rú jīngshangshuō　　zhèbǎixìngyòngzuǐchúnzūnjìngwǒ　xīnquèyuǎn lí wǒ
的。如经上说：'这百姓用嘴唇尊敬我，心却远离我。

이르시되 "이사야가 너희 외식하는 자에 대하여 잘 예언하였도다 기록하였으

되 '이 백성이 입술로는 나를 공경하되 마음은 내게서 멀도다

　yuǎn lí
* 远离 : 멀리 떨어지다, 멀리하다

7:7

<u>tā menjiāngrén de fēn fù dàngzuòdào lǐ jiàodǎorén suǒ yǐ bàiwǒ yě shìwǎngrán</u>
他们 将 人的吩咐，当作道理教导人，所以拜我也是 枉 然。'

20 <u>tā menjiāngrén de fēn fù</u>
他们 将 人的吩咐，

(그들이) 사람의 계명으로

* <u>jiāng   bǎréndefēnfù</u>
  将 (=把)人的 吩咐 : 사람의 명령을→ 사람의 계명으로

21 <u>tā menjiāngrén de fēn fù dàngzuòdào lǐ jiàodǎorén</u>
他们 将 人的吩咐，当作道理教导人，

사람의 계명으로 **교훈을 삼아 가르치니**

* <u>dàngzuò</u>
  当 作 : ~로 삼다
* <u>jiàodǎo</u>
  教 导 : 교도하다, 지도 교육하다, 가르치다

22 <u>tā menjiāngrén de fēn fù dàngzuòdào lǐ jiàodǎorén suǒ yǐ bàiwǒ yě shìwǎngrán</u>
他们 将 人的吩咐，当作道理教导人，所以拜我也是 枉 然。'

사람의 계명으로 교훈을 삼아 가르치니 **나를 헛되이 경배하는도다**' 하였느니라

* <u>bài</u>
  拜 : 절하다, 숭배하다, 예배하다
* <u>wǎngrán</u>
  枉 然 : 헛되다, 쓸데없다, 무익하다
* 하였느니라: 6절 '<u>rú jīng shang shuō</u> 如 经   上   说' 의 <u>shuō</u> 说 에 해당된다

7:8

nǐ menshì lí qì shénde jièmìng jū shǒuréndeyí chuán
你们是离弃 神的诫命, 拘守人的遗传 。"

23 你们是离弃 神的诫命,
너희가 하나님의 계명은 버리고

* 离弃 (lí qì) : 버리다, 저버리다, 내버려 두고 돌보지 않다
* 诫命 (jièmìng) : 계명

24 你们是离弃 神的诫命, 拘守人的遗传 。"
너희가 하나님의 계명은 버리고 사람의 전통을 지키느니라"

7:9

yòushuō nǐ menchéngránshìfèi qì shénde jièmìng yàoshǒu zì jǐ deyí chuán
又说: "你们 诚 然是废弃 神的诫命 , 要守自己的遗传。

25 又说: "你们 诚 然是废弃 神的诫命 ,
또 이르시되 "너희가 하나님의 계명을 잘 저버리는도다

* 诚然 (chéngrán) : 확실히, 참으로, 정말, 실로
* 废弃 (fèiqì) : 폐기하다, 버리다

26 又说："你们诚然是废弃神的诫命，要守自己的遗传。
또 이르시되 "너희가 너희 전통을 지키려고 하나님의 계명을 잘 저버리는도다

7:10

摩西说：'当孝敬父母'，又说：'咒骂父母的，必治死他。'

27 摩西说：'当孝敬父母'，
모세는 '네 부모를 공경하라' 하고

- 摩西 : 모세
- 当 : 마땅히(반드시, 당연히) ~해야 한다
- 孝敬父母 : 부모를 공경하다

28 摩西说：'当孝敬父母'，又说：'咒骂父母的，必治死他。'
모세는 '네 부모를 공경하라' 하고 또 '아버지나 어머니를 모욕하는 자는 죽임을 당하리라' 하였거늘

- 咒骂 : 저주하고 욕설을 퍼붓다, 악담하다
- 治死 : 죽이다, 살해하다

7:11

nǐ mendàoshuō　　rénruòduì fù mǔshuō wǒsuǒdāngfènggěi nǐ de　yǐ jingzuò le gè ěr
你们 倒说：'人若对父母说：我所 当 奉给你的，已经作了各耳
bǎn　gè ěr bǎn jiù shìgòngxiànde yì si
板'各耳板就是 供 献的意思,

29 nǐ mendàoshuō　　rénruòduì fù mǔshuō
你们 倒说：'人若对父母说：

너희는 이르되 '사람이 아버지에게나 어머니에게나 말하기를

30 nǐ mendàoshuō　　rénruòduì fù mǔshuō wǒsuǒdāngfènggěi nǐ de
你们 倒说：'人若对父母说：我所 当 奉给你的，

너희는 이르되 '사람이 아버지에게나 어머니에게나 말하기를 내가 드려 [유익

하게] 할 것이

* fèng
  奉 ：드리다, 바치다, 모시다, 섬기다

31 nǐ mendàoshuō　　rénruòduì fù mǔshuō wǒsuǒdāngfènggěi nǐ de　yǐ jingzuò le gè ěr
你们 倒说：'人若对父母说：我所 当 奉给你的，已经作了各耳
bǎn
板'

너희는 이르되 '사람이 아버지에게나 어머니에게나 말하기를 내가 드려 유익하

게 할 것이 고르반이 되었다고 하기만 하면 그만이라' 하고

* gèěrbǎn
  各耳板 ：고르반

32
nǐ mendàoshuō　　rénruòduì fù mǔshuō　wǒsuǒdāngfènggěi nǐ de　yǐ jingzuò le gè ěr
你们 倒说： '人若对父母说： 我所 当 奉 给你的， 已经作了各耳
bǎn　 gè ěr bǎnjiù shìgòngxiànde yì si
板' 各耳板就是 供 献 的意思，

너희는 이르되 '사람이 아버지에게나 어머니에게나 말하기를 내가 드려 유익하

게 할 것이 고르반 곧 하나님께 드림이 되었다고 하기만 하면 그만이라' 하고

　　gòngxiàn
* 供　献 : 바치다, 기부하다, 봉헌하다

7:12
yǐ hòu nǐ men jiù bù róng tā zàifèngyǎng fù mǔ
以后你们 就不容 他再奉 养 父母。

33
yǐ hòu nǐ men jiù bù róng tā
以后你们 就不容 他

(후에 너희들이 그를) 허락하지 아니하여

　　bùróng
* 不　容 : 용납하지 않다, 허락하지 않다, 동의하지 않다

34
yǐ hòu nǐ men jiù bù róng tā zàifèngyǎng fù mǔ
以后你们 就不容 他再奉 养 父母。

자기 아버지나 어머니에게 다시 아무 것도 하여 드리기를 허락하지 아니하여

　　fèngyǎng
* 奉　养 : 봉양하다, 모시다, 섬기다

7:13

zhè jiù shì nǐ men chéng jiē yí chuán fèi le shén de dào　nǐ men hái zuò xǔ duō zhè yàng de
这就是你们　承　接遗传，废了　神　的道。你们还作许多这　样　的
shì
事。"

35 zhè jiù shì nǐ men chéng jiē yí chuán
　 这 就是你们　承　接遗传，

너희가 전한 전통으로

* chéngjiē
  承　接 : 이어받다, 인수하다, 계승하다

36 zhè jiù shì nǐ men chéng jiē yí chuán **fèi le shén de dào**
　 这 就是你们　承　接遗传，**废了　神　的道。**

너희가 전한 전통으로 **하나님의 말씀을 폐하며**

37 zhè jiù shì nǐ men chéng jiē yí chuán fèi le shén de dào **nǐ men hái zuò xǔ duō zhè yàng de**
　 这 就是你们　承　接遗传，废了　神　的道。**你们还作许多这　样　的**
shì
事。"

너희가 전한 전통으로 하나님의 말씀을 폐하며 **또 이같은 일을 많이 행하느니**

라" 하시고

* 　　　　　　shuō
  하시고 : 9절의　说　에 해당된다

7:14

yē sū yòu jiào zhòng rén lái   duì tā men shuō   nǐ men dōu yào tīng wǒ de huà   yě yào
耶穌 又 叫 眾 人 來，對 他 們 說："你 們 都 要 聽 我 的 話， 也 要
míngbai
明 白。

38 yē sū yòu jiào zhòng rén lái   duì tā men shuō
耶穌 又 叫 眾 人 來，對 他 們 說：

무리를 다시 불러 이르시되

39 yē sū yòu jiào zhòng rén lái   duì tā men shuō   nǐ men dōu yào tīng wǒ de huà   yě yào
耶穌 又 叫 眾 人 來，對 他 們 說："你 們 都 要 聽 我 的 話， 也 要
míngbai
明 白。

무리를 다시 불러 이르시되 "너희는 다 내 말을 듣고 깨달으라

7:15-16

cóng wàimian jìn qù de   bù néng wūhuì rén   wéi yǒu cóng lǐ mian chū lái de   nǎi néng
從 外 面 進 去 的，不 能 污穢 人；惟 有 從 裏 面 出 來 的， 乃 能
wūhuì rén   yǒu ěr kě tīng de   jiù yīng dāng tīng
污穢 人。 有 耳 可 聽 的，就 應 當 聽。"

40 cóng wàimian jìn qù de   bù néng wūhuì rén
從 外 面 進 去 的，不 能 污穢 人；

무엇이든지 밖에서 사람에게로 들어가는 것은 능히 사람을 더럽게 하지 못하되

wūhuì
• 污 穢 : 더럽다, 불결하다

41 从外面进去的，不能污秽人；惟有从里面出来的，乃能污秽人。

무엇이든지 밖에서 사람에게로 들어가는 것은 능히 사람을 더럽게 하지 못하되

사람 안에서 나오는 것이 사람을 더럽게 하는 것이니라

* 惟有 : 다만, 오직
* 乃 : 바로 ~이다/비로소, 오히려

42 从外面进去的，不能污秽人；惟有从里面出来的，乃能污秽人。有耳可听的，就应当听。"

무엇이든지 밖에서 사람에게로 들어가는 것은 능히 사람을 더럽게 하지 못하되

사람 안에서 나오는 것이 사람을 더럽게 하는 것이니라 (귀 있는 자는 들을지어다)" 하시고

* 하시고 : 14절의 说 에 해당된다

7:17

耶稣离开众人，进了屋子，门徒就问他这比喻的意思。

43 耶稣离开众人，进了屋子，

무리를 떠나 집으로 들어가시니

44 　yē sū lí kāizhòngrén　　jìn le wū zi　　mén tú jiù wèn tā zhè bǐ yù de yì si
　　耶稣离开 众 人， 进了屋子， 门徒就 问 他这比喻的意思。

　　무리를 떠나 집으로 들어가시니 제자들이 그 비유를 묻자온대

7:18

yē sū duì tā menshuō　　nǐ men yě shì zhè yàng bù míng bai ma　　qǐ bù xiǎo de fán cóng
耶稣对他们 说： "你们 也是这 样 不 明 白吗？ 岂不晓得凡 从
wàimian jìn rù de　　bù néngwūhuìrén
外 面 进入的， 不 能 污秽人。

45 　yē sū duì tā menshuō　　　nǐ men yě shì zhè yàng bù míngbaima
　　耶稣对他们 说： "你们 也是这 样 不 明 白吗？

　　예수께서 이르시되 "너희도 이렇게 깨달음이 없느냐

46 　yē sū duì tā menshuō　　　nǐ men yě shì zhè yàng bù míngbaima　　qǐ bù xiǎo de fán cóngwài
　　耶稣对他们 说： "你们 也是这 样 不 明 白吗？ 岂不晓得凡 从 外
　　mian jìn rù de　　bù néngwūhuìrén
　　面 进入的， 不 能 污秽人。

　　예수께서 이르시되 "너희도 이렇게 깨달음이 없느냐 무엇이든지 밖에서 들어

　　가는 것이 능히 사람을 더럽게 하지 못함을 알지 못하느냐

* qǐ
  岂 : 어찌 ~하겠는가, 어떻게 ~란 말인가
* xiǎode
  晓 得 : 알다, 이해하다

7:19

yīnwèi bú shì rù tā de xīn　　nǎishì rù tā de dù fù　　yòu luò dào máo cè li　　zhè shì shuō
因为不是入他的心，乃是入他的肚腹，又落到茅厕里。这是说，
gè yàng de shíwù dōu shì jié jìng de
各样的食物都是洁净的。"

47
yīnwèi bú shì rù tā de xīn　　nǎishì rù tā de dù fù
因为不是入他的心，乃是入他的肚腹，

이는 마음으로 들어가지 아니하고 배로 들어가

　　dùfù
* 肚腹 : 배, 복부

48
yīnwèi bú shì rù tā de xīn　　nǎishì rù tā de dù fù　　yòu luò dào máo cè li
因为不是入他的心，乃是入他的肚腹，又落到茅厕里。

이는 마음으로 들어가지 아니하고 배로 들어가 **뒤로 나감이라**

　　luòdào
* 落 到 : ~에 떨어지다
　　máocè
* 茅 厕 : 변소, 뒷간

49
yīnwèi bú shì rù tā de xīn　　nǎishì rù tā de dù fù　　yòu luò dào máo cè li　　zhè shì shuō　gè
因为不是入他的心，乃是入他的肚腹，又落到茅厕里。这是说，各
yàng de shíwù dōu shì jié jìng de
样 的食物都是洁净的。"

이는 마음으로 들어가지 아니하고 배로 들어가 뒤로 나감이라 **이러므로 모든**

음식물을 깨끗하다" 하시니라

　　jiéjìng
* 洁 净 : 깨끗하다, 청결하다
　　　　　　shuō
* 하시니라 : 18절의 说 에 해당된다

7:20

yòushuō cóngrén lǐ mianchū lái de nà cáinéngwūhuìrén
又 说："从 人 里 面 出来的， 那才 能 污秽人，

50 yòushuō cóngrén lǐ mianchū lái de nà cáinéngwūhuìrén
又 说："从 人 里 面 出来的， 那才 能 污秽人，

또 이르시되 "사람에게서 나오는 그것이 사람을 더럽게 하느니라

7:21-22

yīnwèicóng lǐ mian jiù shìcóngrénxīn li fā chū è niàn gǒuhé tōudào xiōngshā
因为 从 里面， 就是 从 人心里发出恶念、苟合、偷盗、 凶 杀、
jiānyín tānlán xié è guǐzhà yíndàng jí dù bàngdú jiāo ào kuángwàng
奸淫、贪婪、邪恶、诡诈、淫荡、嫉妒、谤讟、骄傲、 狂 妄。

51 yīnwèicóng lǐ mian jiù shìcóngrénxīn li
因为 从 里面， 就是 从 人心里

속에서 곧 사람의 마음에서

52 yīnwèicóng lǐ mian jiù shìcóngrénxīn li fā chū è niàn gǒuhé tōudào xiōngshā
因为 从 里面， 就是 从 人心里发出恶念、苟合、偷盗、 凶 杀、

속에서 곧 사람의 마음에서 나오는 것은 악한 생각 곧 음란과 도둑질과 살인과

* è niàn
  恶 念 : 나쁜 생각, 악한 생각
* gǒuhé
  苟 合 : 간통, 사통
* tōudào
  偷 盗 : 도둑질
* xiōngshā
  凶 杀 : 살인, 살해

53 yīnwèi cóng lǐ mian jiù shì cóng rénxīn li fā chū è niàn gǒuhé tōudào xiōngshā jiān
因为 从 里面， 就是 从 人心里发出恶念、苟合、偷盗、 凶 杀、奸
yín tānlán xié è guǐzhà yíndàng
淫、贪婪、邪恶、诡诈、淫荡、

속에서 곧 사람의 마음에서 나오는 것은 악한 생각 곧 음란과 도둑질과 살인과

간음과 탐욕과 악독과 속임과 음탕과

- jiānyín
  奸 淫 : 간음, 음란
- tānlán
  贪 婪 : 탐욕
- xié è
  邪恶 : 사악, 악독
- guǐzhà
  诡 诈 : 거짓, 속임
- yíndàng
  淫 荡 : 음탕, 음란

54 yīnwèi cóng lǐ mian jiù shì cóng rénxīn li fā chū è niàn gǒuhé tōudào xiōngshā jiān
因为 从 里面， 就是 从 人心里发出恶念、苟合、偷盗、 凶 杀、奸
yín tānlán xié è guǐzhà yíndàng jí dù bàngdú jiāoào kuángwàng
淫、贪婪、邪恶、诡诈、淫荡、嫉妒、谤讟、骄傲、 狂 妄 。

속에서 곧 사람의 마음에서 나오는 것은 악한 생각 곧 음란과 도둑질과 살인과

간음과 탐욕과 악독과 속임과 음탕과 **질투와 비방과 교만과 우매함이니**

- jí dù   jì dù
  嫉妒 (=忌妒) : 질투, 시기
- bàngdú
  谤 讟 : 비방
- jiāoào
  骄 傲 : 교만, 거만/자랑스럽다, 자부하다
- kuángwàng
  狂 妄 : 아주 거만(오만, 교만)하다, 시건방지다, 분별이 없다

7:23

zhè yí qiè de è dōu shì cóng lǐ mian chū lái　　qiě néng wū huì rén
这 一切的恶都是 从 里 面 出来, 且 能 污秽人。"

---

　　　　zhè yí qiè de è dōu shì cóng lǐ mian chū lái
55　这 一切的恶都是 从 里 面 出来,

　　이 모든 악한 것이 다 속에서 나와서

　　　　zhè yí qiè de è dōu shì cóng lǐ mian chū lái　　qiě néng wū huì rén
56　这 一切的恶都是 从 里 面 出来, 且 能 污秽人。"

　　이 모든 악한 것이 다 속에서 나와서 **사람을 더럽게 하느니라"**

7:24

yē sū cóng nà li qǐ shēn　　wǎng tuī luó　xī dùn de jìng nèi qù　jìn le yì jiā　bú yuàn
耶稣 从 那里起身,　往 推罗、西顿的境内去。进了一家, 不 愿
yì rén zhī dao　què yǐn cáng bu zhù
意人知道, 却 隐 藏 不住。

---

　　　　yē sū cóng nà li qǐ shēn
57　耶稣 从 那里起身,

　　예수께서 일어나사 거기를 떠나

　　　qǐ shēn
　*起 身 : 일어나다

58 耶稣 从 那里 起身， 往 推罗、西顿 的 境内 去。

예수께서 일어나사 거기를 떠나 두로(와 시돈) 지방으로 가서

* 推罗 : 두로
* 西顿 : 시돈
* 境内 : 경내, 구역, 지역 안

59 耶稣 从 那里 起身， 往 推罗、西顿 的 境内 去。进了 一家， 不 愿意 人 知道，

예수께서 일어나사 거기를 떠나 두로 지방으로 가서 한 집에 들어가 아무도 모르게 하시려 하나

* 不 愿意 : 원하지 않다, 싫어하다

60 耶稣 从 那里 起身， 往 推罗、西顿 的 境内 去。进了 一家， 不 愿意 人 知道， 却 隐藏 不住。

예수께서 일어나사 거기를 떠나 두로 지방으로 가서 한 집에 들어가 아무도 모르게 하시려 하나 숨길 수 없더라

* 隐藏 不住 : 숨길 수 없다

7:25

dāngxià　yǒu yí ge fù rén　　tā de xiǎo nǚ ér bèi wū guǐ fù zhuó tīng jiàn yē sū de shì　jiù
当 下，有一个妇人，她的 小 女儿被污鬼附着，听见耶稣的事，就
lái fǔ fú zài tā jiǎoqián
来俯伏在他脚前。

61
dāngxià　yǒu yí ge fù rén
当 下，有一个妇人，

이에 한 여자가

- dāngxià
  当 下 : 그때, 그 당시, 곧, 바로

62
dāngxià　yǒu yí ge fù rén　　tā de xiǎo nǚ ér bèi wū guǐ fù zhuó
当 下，有一个妇人，她的 小 女儿被污鬼附着，

이에 더러운 귀신 들린 어린 딸을 둔 한 여자가

63
dāngxià　yǒu yí ge fù rén　　tā de xiǎo nǚ ér bèi wū guǐ fù zhuó tīng jiàn yē sū de shì
当 下，有一个妇人，她的 小 女儿被污鬼附着，听见耶稣的事，

이에 더러운 귀신 들린 어린 딸을 둔 한 여자가 **예수의 소문을 듣고**

64
dāngxià　yǒu yí ge fù rén　　tā de xiǎo nǚ ér bèi wū guǐ fù zhuó tīng jiàn yē sū de shì　jiù
当 下，有一个妇人，她的 小 女儿被污鬼附着，听见耶稣的事，就
lái fǔ fú zài tā jiǎoqián
来俯伏在他脚前。

이에 더러운 귀신 들린 어린 딸을 둔 한 여자가 예수의 소문을 듣고 **곧 와서 그**

발 아래에 엎드리니

- fǔ fú
  俯伏 : 엎드리다, 조아리다
- jiǎoqián
  脚 前 : 발아래

7:26

zhè fù rén shì xī lì ní rén　shǔ xù lì fēi ní jī zú　　tā qiú yē sū gǎn chū nà guǐ　　lí kāi
这妇人是希利尼人，属叙利非尼基族。她求耶稣赶出那鬼，离开
tā de nǚ ér
她的女儿。

65 zhè fù rén shì xī lì ní rén
这妇人是希利尼人，

그 여자는 헬라인이요

* xī lì ní rén
  希利尼人 : 헬라인

66 zhè fù rén shì xī lì ní rén　shǔ xù lì fēi ní jī zú
这妇人是希利尼人，属叙利非尼基族。

그 여자는 헬라인이요 수로보니게 족속이라

* shǔ
  属 : ~에 속하다
* xù lì fēi ní jī zú
  叙利非尼基族 : 수로보니게 족(속)

67 zhè fù rén shì xī lì ní rén　shǔ xù lì fēi ní jī zú　　tā qiú yē sū gǎn chū nà guǐ　　lí kāi tā
这妇人是希利尼人，属叙利非尼基族。她求耶稣赶出那鬼，离开她
de nǚ ér
的女儿。

그 여자는 헬라인이요 수로보니게 족속이라 (그 여인이 예수께) 자기 딸에게서

귀신 쫓아내 주시기를 간구하거늘

* gǎn chū
  赶出 : 내쫓다

7:27

yē sū duì tā shuō　ràng ér nǚ men xiān chī bǎo　bù hǎo ná ér nǚ de bǐng diū gěi gǒu chī
耶稣对她说："让儿女们 先吃饱，不好拿儿女的饼 丢给狗吃。"

68
yē sū duì tā shuō　ràng ér nǚ men xiān chī bǎo
耶稣对她说："让儿女们 先吃饱，

예수께서 이르시되 "자녀로 먼저 배불리 먹게 할지니

* ràng
  让 : ~하도록 하다(시키다), ~하게 하다
* érnǚ
  儿女 : 아들과 딸, 자녀
* chībǎo
  吃饱 : 배불리 먹다

69
yē sū duì tā shuō　ràng ér nǚ men xiān chī bǎo　bù hǎo ná ér nǚ de bǐng diū gěi gǒu chī
耶稣对她说："让儿女们 先吃饱，不好拿儿女的饼 丢给狗吃。"

예수께서 이르시되 "자녀로 먼저 배불리 먹게 할지니 자녀의 떡을 취하여 개들에게 던짐이 마땅치 아니하니라"

* bùhǎo
  不好 : 좋지 않다/~해서는 안 된다, ~하기 어렵다, ~하기가 적절하지 않다
* diū
  丢 : 잃다, 던지다, 내버리다
* gǒu
  狗 : 개

7:28

fù rén huí dá shuō　　zhǔ a　　bú cuò　dàn shì gǒu zài zhuō zi dǐ xia　yě chī hái zi men de
妇人回答说："主啊，不错。但是狗在 桌子底下，也吃孩子们的
suì zhār
碎渣儿。"

70 fù rén huí dá shuō　　zhǔ a　　bú cuò
妇人回答说："主啊，不错。

여자가 대답하여 이르되 "주여 옳소이다마는

71 fù rén huí dá shuō　　zhǔ a　　bú cuò　dàn shì gǒu zài zhuō zi dǐ xia
妇人回答说："主啊，不错。但是狗在 桌子底下，

여자가 대답하여 이르되 "주여 옳소이다마는 **상 아래 개들도**

　zhuō zi
* 桌 子 : 탁자, 테이블, 상
　dǐ xia
* 底下 : 밑, 아래

72 fù rén huí dá shuō　　zhǔ a　　bú cuò　dàn shì gǒu zài zhuō zi dǐ xia　yě chī hái zi men de
妇人回答说："主啊，不错。但是狗在 桌子底下，**也吃孩子 们的**
suì zhār
碎渣儿。"

여자가 대답하여 이르되 "주여 옳소이다마는 상 아래 개들도 **아이들이 먹던 부**

스러기를 먹나이다"

　suì zhār
* 碎渣儿 : 부스러기, 찌꺼기

7:29

yē sū duì tā shuō　yīnzhè jù huà　nǐ huíqù ba　guǐ yǐ jing lí kāi nǐ de nǚ ér le
耶稣对她说："因这句话，你回去吧！鬼已经离开你的女儿了。"

73 yē sū duì tā shuō　yīnzhè jù huà　nǐ huíqù ba
耶稣对她说："因这句话，你回去吧！

예수께서 이르시되 "이 말을 하였으니 돌아가라 ~ " 하시매

　　yīnzhè jù huà
* 因 这 句 话 : 이 말로 인해, 이 말 때문에 ▶ 이 말을 하였으니

74 yē sū duì tā shuō　yīnzhè jù huà　nǐ huíqù ba　guǐ yǐ jing lí kāi nǐ de nǚ ér le
耶稣对她说："因这句话，你回去吧！鬼已经离开你的女儿了。"

예수께서 이르시되 "이 말을 하였으니 돌아가라 귀신이 네 딸에게서 나갔느니라" 하시매

7:30

tā jiù huí jiā qù　jiànxiǎohái zi tǎngzàichuángshang guǐ yǐ jingchūqù le
她就回家去，见小孩子躺在床上，鬼已经出去了。

75 tā jiù huí jiā qù　jiànxiǎohái zi tǎngzàichuángshang
她就回家去，见小孩子躺在床上，

여자가 집에 돌아가 본즉 아이가 침상에 누웠고

　tǎng
* 躺 : 눕다
　chuáng
* 床 : 침대

76 她就回家去，见小孩子躺在床上，鬼已经出去了。

여자가 집에 돌아가 본즉 아이가 침상에 누웠고 **귀신이 나갔더라**

7:31

耶稣又离了推罗的境界，经过西顿，就从低加波利境内来到加利利海。

77 耶稣又离了推罗的境界，经过西顿，

예수께서 다시 두로 지방에서 나와 시돈을 지나고

78 耶稣又离了推罗的境界，经过西顿，就从低加波利境内来到加利利海。

예수께서 다시 두로 지방에서 나와 시돈을 지나고 **데가볼리 지방을 통과하여**

갈릴리 호수에 이르시매

* 低加波利 : 데가볼리

7:32

yǒu rén dàizhe yí ge ěr lóng shé jié de rén lái jiàn yē sū   qiú tā àn shǒu zài tā shēnshang
有人带着一个耳聋舌结的人来见耶稣，求他按手在他身上。

79　yǒu rén dàizhe yí ge ěr lóng shé jié de rén lái jiàn yē sū
　　有人带着一个耳聋舌结的人来见耶稣,

사람들이 귀 먹고 말 더듬는 자를 데리고 예수께 나아와

* ěrlóng
  耳 聋 : 귀가 먹다, 귀가 들리지 않다
* shéjié
  舌 结 : 혀가 맺히다 ▸ 말을 더듬다

80　yǒu rén dàizhe yí ge ěr lóng shé jié de rén lái jiàn yē sū   qiú tā àn shǒu zài tā shēnshang
　　有人带着一个耳聋舌结的人来见耶稣，求他按手在他身上。

사람들이 귀 먹고 말 더듬는 자를 데리고 예수께 나아와 안수하여 주시기를 간구하거늘

7:33

yē sū lǐng tā lí kāi zhòngrén   dào yì biān qù   jiù yòng zhǐtoutàn tā de ěr duo   tǔ tuòmo
耶稣领他离开众人，到一边去，就用指头探他的耳朵，吐唾沫
mǒ tā de shétou
抹他的舌头,

81　yē sū lǐng tā lí kāi zhòngrén   dào yì biān qù
　　耶稣领他离开众人，到一边去,

예수께서 그 사람을 따로 데리고 무리를 떠나사

* lǐng
  领 : 인솔하다, 안내하다, 이끌다
* dào yì biān qù
  到 一 边 去 : 한쪽으로 가다

82 耶稣领他离开众人，到一边去，就用指头探他的耳朵，
yē sū lǐng tā lí kāi zhòng rén　dào yì biān qù　jiù yòng zhǐ tou tàn tā de ěr duo

예수께서 그 사람을 따로 데리고 무리를 떠나사 **손가락을 그의 양 귀에 넣고**

* 指头 (zhǐtou) : 손가락, 발가락
* 探 (tàn) : 찾다, 알아보다, 정찰하다, 방문하다, 쑤시다
* 耳朵 (ěrduo) : 귀

83 耶稣领他离开众人，到一边去，就用指头探他的耳朵，**吐唾沫抹他的舌头**，
yē sū lǐng tā lí kāi zhòng rén　dào yì biān qù　jiù yòng zhǐ tou tàn tā de ěr duo　tǔ tuòmo mǒ tā de shétou

예수께서 그 사람을 따로 데리고 무리를 떠나사 손가락을 그의 양 귀에 넣고 **침을 뱉어 그의 혀에 손을 대시며**

* 吐 (tǔ) : 토하다, (내)뱉다
* 唾沫 (tuòmo) : 침
* 抹 (mǒ) : 바르다, 닦다, 문지르다
* 舌头 (shétou) : 혀

7:34

wàng tiān tàn xī　　duì tā shuō　　yǐ fǎ dà　　　jiù shì shuō　　　kāi le ba
望 天 叹 息，对他说："以法大！"就是 说："开了吧！"

84　　wàng tiān tàn xī　　duì tā shuō　　yǐ fǎ dà
　　　望 天 叹 息，对他说："以法大！"

하늘을 우러러 탄식하시며 그에게 이르시되 "에바다" 하시니

　　　wàng
* 望 : (멀리) 바라보다
　　　tàn xī
* 叹 息 : 탄식하다
　　　yǐ fǎ dà
* 以法大 : 에바다

85　　wàng tiān tàn xī　　duì tā shuō　　yǐ fǎ dà　　　jiù shì shuō　　　kāi le ba
　　　望 天 叹 息，对他说："以法大！"就是 说："开了吧！"

하늘을 우러러 탄식하시며 그에게 이르시되 "에바다" 하시니 이는 "열리라"는

뜻이라

7:35

tā de ěr duo jiù kāi le　　shé jié yě jiě le　　shuō huà yě qīngchu le
他的耳朵就开了，舌结也解了， 说 话也清 楚了。

86　　tā de ěr duo jiù kāi le
　　　他的耳朵就开了，

　　　그의 귀가 열리고

87 tā de ěr duo jiù kāi le, shé jié yě jiě le
他的耳朵就开了, 舌结也解了,

그의 귀가 열리고 혀가 맺힌 것이 곧 풀려

* jiě
  解 : 열다, 풀다, 해석하다, 이해하다

88 tā de ěr duo jiù kāi le, shé jié yě jiě le, shuō huà yě qīng chu le
他的耳朵就开了, 舌结也解了, 说话也清楚了。

그의 귀가 열리고 혀가 맺힌 것이 곧 풀려 말이 분명하여졌더라

* qīngchu
  清楚 : 분명하다, 뚜렷하다, 명확하다

7:36

yē sū zhǔ fù tā men bú yào gào su rén dàn tā yuè fā zhǔ fù tā men yuè fā chuán yáng kāi le
耶稣嘱咐他们不要告诉人, 但他越发嘱咐, 他们越发传扬开了。

---

89 yē sū zhǔ fù tā men bú yào gào su rén
耶稣嘱咐他们不要告诉人,

예수께서 그들에게 경고하사 아무에게도 이르지 말라 하시되

90 yē sū zhǔ fù tā men bú yào gào su rén, dàn tā yuè fā zhǔ fù
耶稣嘱咐他们不要告诉人, 但他越发嘱咐,

예수께서 그들에게 경고하사 아무에게도 이르지 말라 하시되 경고하실수록

* yuè fā ~ yuè fā ~ yuè ~ yuè ~
  越发~ 越发~ (=越~ 越~) : 한층, 더욱/~할수록 ~하다

91 耶穌囑咐他们不要告诉人，但他越发囑咐，他们越发传扬开了。

예수께서 그들에게 경고하사 아무에게도 이르지 말라 하시되 경고하실수록 그들이 더욱 널리 전파하니

* 传扬 : 전파되다, 전하여 퍼지다, 퍼뜨리다

7:37

众人分外希奇，说："他所作的事都好，他连聋子也叫他们听见，哑巴也叫他们说话。"

92 众人分外希奇，说：

사람들이 심히 놀라 이르되 " ~ " 하니라

* 分外 : 유달리, 특별히

93 众人分外希奇，说：他所作的事都好，

사람들이 심히 놀라 이르되 "그가 모든 것을 잘하였도다 ~" 하니라

94 众人分外希奇，说：他所作的事都好，他连聋子也叫他们听见，

사람들이 심히 놀라 이르되 "그가 모든 것을 잘하였도다 못 듣는 사람도 듣게 하고 ~" 하니라

* 聋子 : 귀머거리

95 众人分外希奇，说：他所作的事都好，他连聋子也叫他们听见，哑巴也叫他们说话。"

사람들이 심히 놀라 이르되 "그가 모든 것을 잘하였도다 못 듣는 사람도 듣게 하고 말 못하는 사람도 말하게 한다" 하니라

* 哑巴 : 벙어리

암송! 중국어 마가복음

8장

1 那时，又有许多人聚集，并没有什么吃的。耶稣叫门徒来，说：

2 "我怜悯这众人，因为他们同我在这里已经三天，也没有吃的了。

3 我若打发他们饿着回家，就必在路上困乏，因为其中有从远处来的。"

4 门徒回答说："在这野地，从哪里能得饼，叫这些人吃饱呢？"

5 耶稣问他们说："你们有多少饼？"他们说："七个。"

6 他吩咐众人坐在地上，就拿着这七个饼祝谢了，掰开，递给门徒，叫他们摆开，门徒就摆在众人面前。

7 又有几条小鱼，耶稣祝了福，就吩咐也摆在众人面前。

8 众人都吃，并且吃饱了，收拾剩下的零碎，有七筐子。

9 人数约有四千。耶稣打发他们走了，

10 随即同门徒上船，来到大玛努他境内。

11 法利赛人出来盘问耶稣，求他从天上显个神迹给他们看，想要试探他。

12 耶稣心里深深地叹息说："这世代为什么求神迹呢？我实在告诉你们：没有神迹给这世代看。"

13 他就离开他们，又上船往海那边去了。

14 门徒忘了带饼，在船上除了一个饼，没有别的食物。

15 耶稣嘱咐他们说："你们要谨慎，防备法利赛人的酵和希律的酵。"

16 他们彼此议论说："这是因为我们没有饼吧！"

17 耶稣看出来，就说："你们为什么因为没有饼就议论呢？你们还不省悟，还不明白吗？你们的心还是愚顽吗？

18 你们有眼睛，看不见吗？有耳朵，听不见吗？也不记得吗？

19 我擘开那五个饼分给五千人，你们收拾的零碎，装满了多少篮子呢？"他们说："十二个。"

20 "又擘开那七个饼分给四千人，你们收拾的零碎，装满了多少筐子呢？"他们说："七个。"

21 耶稣说："你们还是不明白吗？"

22 他们来到伯赛大，有人带一个瞎子来，求耶稣摸他。

23 耶稣拉着瞎子的手，领他到村外，就吐唾沫在他眼睛上，按手在他身上，问他说："你看见什么了？"

24 他就抬头一看，说："我看见人了。他们好像树木，并且行走。"

25 随后又按手在他眼睛上，他定睛一看，就复了原，样样都看得清楚了。

26 耶稣打发他回家，说："连这村子你也不要进去。"

27 耶稣和门徒出去，往该撒利亚腓立比的村庄去。在路上问门徒说："人说我是谁？"

28 他们说："有人说是施洗的约翰，有人说是以利亚，又有人说是先知里的一位。"

29 又问他们说："你们说我是谁？"彼得回答说："你是基督。"

30 耶稣就禁戒他们，不要告诉人。

31 从此,他教训他们说:"人子必须受许多的苦,被长老、祭司长和文士弃绝,并且被杀,过三天复活。"

32 耶稣明明地说这话,彼得就拉着他,劝他。

33 耶稣转过来看着门徒,就责备彼得说:"撒但,退我后边去吧!因为你不体贴神的意思,只体贴人的意思。"

34 于是叫众人和门徒来,对他们说:"若有人要跟从我,就当舍己,背起他的十字架,来跟从我。

35 因为凡要救自己生命的,必丧掉生命;凡为我和福音丧掉生命的,必救了生命。

36 人就是赚得全世界,赔上自己的生命,有什么益处呢?

37 人还能拿什么换生命呢?

38 凡在这淫乱罪恶的世代,把我和我的道当作可耻的,人子在他父的荣耀里,同圣天使降临的时候,也要把那人当作可耻的。"

8:1

nà shí　yòu yǒu xǔ duō rén jù jí　bìng méi yǒu shén me chī de　yē sū jiào mén tú lái shuō
那时，又有许多人聚集，并没有什么吃的。耶稣叫门徒来，说：

1 nà shí　yòu yǒu xǔ duō rén jù jí
那时，又有许多人聚集，

그 무렵에 또 큰 무리가 있어

2 nà shí　yòu yǒu xǔ duō rén jù jí　bìng méi yǒu shén me chī de
那时，又有许多人聚集，并没有什么吃的。

그 무렵에 또 큰 무리가 있어 **먹을 것이 없는지라**

- bìng 并 : 게다가, 아울러, 또한/결코, 조금도, 그다지, 별로, 그런대로
  (부정사 앞에 쓰여 부정의 어감을 강조함)

3 nà shí　yòu yǒu xǔ duō rén jù jí　bìng méi yǒu shén me chī de　yē sū jiào mén tú lái shuō
那时，又有许多人聚集，并没有什么吃的。**耶稣叫门徒来，说：**

그 무렵에 또 큰 무리가 있어 먹을 것이 없는지라 **예수께서 제자들을 불러 이르시되**

8:2

wǒ liánmǐn zhè zhòng rén　yīnwèi tā men tóng wǒ zài zhè li　yǐ jing sān tiān　yě méiyǒu
"我怜悯这 众 人, 因为他们 同 我在这里已经三天, 也没 有
chī de le
吃的了。

4　wǒ liánmǐn zhè zhòng rén
　"我怜悯这 众 人,

　"내가 무리를 불쌍히 여기노라

　　liánmǐn
* 怜 悯 : 불쌍히 여기다, 가엽게 여기다, 동정하다

5　wǒ liánmǐn zhè zhòng rén　yīnwèi tā men tóng wǒ zài zhè li
　"我怜悯这 众 人, 因为他们 同 我在这里

　"내가 무리를 불쌍히 여기노라 그들이 나와 함께 (여기에) 있은 지

6　wǒ liánmǐn zhè zhòng rén　yīnwèi tā men tóng wǒ zài zhè li yǐ jing sān tiān　yě méiyǒu chī
　"我怜悯这 众 人, 因为他们 同 我在这里已经三天, 也没 有吃
de le
的了。

　"내가 무리를 불쌍히 여기노라 그들이 나와 함께 있은 지 이미 사흘이 지났으

나 먹을 것이 없도다

> 8:3
> wǒ ruò dǎ fa tā men è zhe huí jiā　jiù bì zài lù shang kùn fá　yīnwèi qí zhōng yǒu cóng
> 我若打发他们饿着回家，就必在路 上 困乏，因为其 中 有 从
> yuǎnchù lái de
> 远 处来的。"

7
wǒ ruò dǎ fa tā men è zhe huí jiā
我若打发他们饿着回家，

만일 내가 그들을 굶겨 집으로 보내면

　è
● 饿 : 배고프다, 굶다, 굶기다, 굶주리다

8
wǒ ruò dǎ fa tā men è zhe huí jiā　jiù bì zài lù shang kùn fá
我若打发他们饿着回家，就必在路 上 困乏，

만일 내가 그들을 굶겨 집으로 보내면 길에서 기진하리라

　kùn fá
● 困乏 : 피곤하다, 지치다/곤란하다, 빈곤하다

9
wǒ ruò dǎ fa tā men è zhe huí jiā　jiù bì zài lù shang kùn fá　yīnwèi qí zhōng yǒu cóng
我若打发他们饿着回家，就必在路 上 困乏，因为其 中 有 从
yuǎnchù lái de
远 处来的。"

만일 내가 그들을 굶겨 집으로 보내면 길에서 기진하리라 그 중에는 멀리서 온

사람들도 있느니라"

　qí zhōng
● 其 中 : 그중
　yuǎnchù
● 远 处 : 먼 곳, 먼 데

8:4

mén tú huí dá shuō　　zài zhè yě dì　　cóng nǎ lǐ néng dé bǐng　jiào zhè xiē rén chī bǎo
门徒回答说："在这野地，从哪里能得饼，叫这些人吃饱
ne
呢？"

10
mén tú huí dá shuō　　zài zhè yě dì
门徒回答说："在这野地，

제자들이 대답하되 "이 광야(에서)

yě dì
* 野地 : 들판, 초원, 황무지

11
mén tú huí dá shuō　　zài zhè yě dì　　cóng nǎ lǐ néng dé bǐng
门徒回答说："在这野地，从哪里能得饼，

제자들이 대답하되 "이 광야 어디서 떡을 얻어

12
mén tú huí dá shuō　　zài zhè yě dì　　cóng nǎ lǐ néng dé bǐng　jiào zhè xiē rén chī bǎo
门徒回答说："在这野地，从哪里能得饼，叫这些人吃饱
ne
呢？"

제자들이 대답하되 "이 광야 어디서 떡을 얻어 이 사람들로 배부르게 할 수 있

으리이까"

8:5

^{yē sū wèn tā men shuō} ^{nǐ men yǒu duō shao bǐng} ^{tā men shuō} ^{qī}
耶稣问他们说："你们有多少饼？"他们说："七
^{ge}
个。"

13 ^{yē sū wèn tā menshuō} ^{nǐ menyǒuduōshaobǐng}
耶稣问他们说："你们有多少饼？"

예수께서 물으시되 "너희에게 떡 몇 개나 있느냐"

14 ^{yē sū wèn tā menshuō} ^{nǐ menyǒuduōshaobǐng} ^{tā menshuō} ^{qī ge}
耶稣问他们说："你们有多少饼？"他们说："七个。"

예수께서 물으시되 "너희에게 떡 몇 개나 있느냐" 이르되 "일곱이로소이다" 하거늘

8:6

^{tā fēn fù zhòngrénzuòzài dì shang} ^{jiù ná zhezhè qī gebǐngzhùxiè le} ^{bāikāi} ^{dì gěi}
他吩咐众人坐在地上，就拿着这七个饼祝谢了，掰开，递给
^{mén tú} ^{jiào tā menbǎikāi} ^{mén tú jiù bǎizàizhòngrénmiànqián}
门徒，叫他们摆开，门徒就摆在众人面前。

15 ^{tā fēn fù zhòngrénzuòzài dì shang}
他吩咐众人坐在地上，

예수께서 무리를 명하여 땅에 앉게 하시고

16 　　他吩咐众人坐在地上，就拿着这七个饼祝谢了，

예수께서 무리를 명하여 땅에 앉게 하시고 **떡 일곱 개를 가지사 축사하시고**

* 祝谢 : 축사하다

17 　　他吩咐众人坐在地上，就拿着这七个饼祝谢了，**掰开，递给门徒，叫他们摆开，**

예수께서 무리를 명하여 땅에 앉게 하시고 떡 일곱 개를 가지사 축사하시고 **떼어 제자들에게 주어 나누어 주게 하시니**

* 摆开 : 진열하다, 펴놓다, 놓다

18 　　他吩咐众人坐在地上，就拿着这七个饼祝谢了，掰开，递给门徒，叫他们摆开，**门徒就摆在众人面前。**

예수께서 무리를 명하여 땅에 앉게 하시고 떡 일곱 개를 가지사 축사하시고 떼어 제자들에게 주어 나누어 주게 하시니 **제자들이 무리에게 나누어 주더라**

8:7

yòu yǒu jǐ tiáo xiǎo yú　　yē sū zhù le fú　　jiù fēn fù yě bǎi zài zhòng rén miàn qián
又 有 几 条 小 鱼, 耶 稣 祝 了 福, 就 吩 咐 也 摆 在 众 人 面 前。

19
yòu yǒu jǐ tiáo xiǎo yú　　yē sū zhù le fú
又 有 几 条 小 鱼, 耶 稣 祝 了 福,

또 작은 생선 두어 마리가 있는지라 이에 축복하시고

20
yòu yǒu jǐ tiáo xiǎo yú　　yē sū zhù le fú　　jiù fēn fù yě bǎi zài zhòng rén miàn qián
又 有 几 条 小 鱼, 耶 稣 祝 了 福, 就 吩 咐 也 摆 在 众 人 面 前。

또 작은 생선 두어 마리가 있는지라 이에 축복하시고 명하사 이것도 나누어 주게 하시니

8:8

zhòng rén dōu chī　bìng qiě chī bǎo le　　shōu shi shèng xia de líng suì　　yǒu qī kuāng zi
众 人 都 吃, 并 且 吃 饱 了, 收 拾 剩 下 的 零 碎, 有 七 筐 子。

21
zhòng rén dōu chī　bìng qiě chī bǎo le
众 人 都 吃, 并 且 吃 饱 了,

(사람들이) 배불리 먹고

22
zhòng rén dōu chī　bìng qiě chī bǎo le　　shōu shi shèng xia de líng suì　　yǒu qī kuāng zi
众 人 都 吃, 并 且 吃 饱 了, 收 拾 剩 下 的 零 碎, 有 七 筐 子。

배불리 먹고 남은 조각 일곱 광주리를 거두었으며

* shōushi
  收 拾 : 거두다, 치우다
* shèngxia
  剩 下 : 남다, 남기다
* língsuì
  零 碎 : 자잘한 것, 부스러기
* kuāngzi
  筐 子 : 광주리, 바구니

8:9

rénshùyuēyǒu sì qiān　yē sū dǎ fa tā menzǒu le
人数约有四千。耶稣打发他们走了,

23　rénshùyuēyǒu sì qiān　yē sū dǎ fa tā menzǒu le
　　人数约有四千。耶稣打发他们走了,

　　사람은 약 사천 명이었더라 예수께서 그들을 흩어 보내시고

8:10

suí jí tóngmén tú shàngchuán　lái dào dà mǎ nǔ tā jìngnèi
随即同门徒上船,来到大玛努他境内。

24　suí jí tóngmén tú shàngchuán
　　随即同门徒上船,

　　곧 제자들과 함께 배에 오르사

25 ^{suí jí} 随即 ^{tóngmén tú} 同门徒 ^{shàngchuán} 上船, ^{lái dào dà mǎ nǔ tā jìngnèi} 来到大玛努他境内。

곧 제자들과 함께 배에 오르사 달마누다 지방으로 가시니라

- ^{dàmǎnǔtā} 大玛努他 : 달마누다

8:11

^{fǎ lì sàirénchū lái pánwèn yē sū} 法利赛人出来盘问耶稣, ^{qiú tā cóngtiānshàngxiǎn ge shén jì gěi tā menkàn} 求他从天上显个神迹给他们看, ^{xiǎngyàoshìtàn tā} 想要试探他。

26 ^{fǎ lì sàirénchū lái pánwèn yē sū} 法利赛人出来盘问耶稣,

바리새인들이 나와서 예수를 힐난하며

- ^{pánwèn} 盘问 : 자세히 따져 묻다, 캐묻다, 심문하다, 꼬치꼬치 따져 묻다

27 ^{fǎ lì sàirénchū lái pánwèn yē sū} 法利赛人出来盘问耶稣, ^{qiú tā cóngtiānshàngxiǎn ge shén jì gěi tā menkàn} 求他从天上显个神迹给他们看,

바리새인들이 나와서 예수를 힐난하며 하늘로부터 오는 표적을 구하거늘

- ^{xiǎn} 显 : 보이다, 나타내다, 드러내다
- ^{shén jì} 神迹 : 기적
- ^{qiú tā cóngtiānshàngxiǎngeshén jì gěitā menkàn} 求他从天上显个神迹给他们看
  : 하늘로부터 기적을 나타내 그들에게 보이기를 구하거늘

28 fǎ lì sài rén chū lái pán wèn yē sū　qiú tā cóng tiān shàng xiǎn ge shén jì gěi tā men kàn
法利赛人出来盘问耶稣，求他从天上显个神迹给他们看，
xiǎng yào shì tàn tā
想要试探他。

바리새인들이 나와서 예수를 힐난하며 **그를 시험하여** 하늘로부터 오는 표적을 구하거늘

8:12

yē sū xīn li shēn shēn de tàn xī shuō　zhè shì dài wèi shén me qiú shén jì ne　wǒ shí zài
耶稣心里深深地叹息说："这世代为什么求神迹呢？我实在
gào su nǐ men　méi yǒu shén jì gěi zhè shì dài kàn
告诉你们：没有神迹给这世代看。"

29 yē sū xīn li shēn shēn de tàn xī shuō
耶稣心里深深地叹息说：

예수께서 마음속으로 깊이 탄식하시며 이르시되 "~" 하시고

- shēn shēn de
深深地 : 깊이

30 yē sū xīn li shēn shēn de tàn xī shuō　zhè shì dài wèi shén me qiú shén jì ne
耶稣心里深深地叹息说："这世代为什么求神迹呢？

예수께서 마음속으로 깊이 탄식하시며 이르시되 "어찌하여 이 세대가 표적을 구하느냐~" 하시고

- shì dài
世代 : 세대

31 ^{yē sū xīn li shēnshēn de tàn xī shuō} ^{zhè shì dài wèi shén me qiú shén jì ne} ^{wǒ shí zài}
耶稣心里深 深 地叹息说：" 这世代为 什 么 求 神 迹呢？我实在
^{gào su nǐ men}
告诉你们：

예수께서 마음속으로 깊이 탄식하시며 이르시되 "어찌하여 이 세대가 표적을

구하느냐 내가 진실로 너희에게 이르노니 ~ " 하시고

^{shízài}
• 实 在 : 참으로, 정말, 진정, 진실로

32 ^{yē sū xīn li shēnshēn de tàn xī shuō} ^{zhè shì dài wèi shén me qiú shén jì ne} ^{wǒ shí zài}
耶稣心里深 深 地叹息说：" 这世代为 什 么 求 神 迹呢？我实在
^{gào su nǐ men} ^{méi yǒu shén jì gěi zhè shì dài kàn}
告诉你们：没有 神 迹给这世代看。"

예수께서 마음속으로 깊이 탄식하시며 이르시되 "어찌하여 이 세대가 표적을

구하느냐 내가 진실로 너희에게 이르노니 이 세대에 표적을 주지 아니하리라"

하시고

8:13

^{tā jiù lí kāi tā men yòu shàng chuán wǎng hǎi nà bian qù le}
他就离开他们, 又 上 船 往 海那边去了。

33 ^{tā jiù lí kāi tā men}
他就离开他们,

그들을 떠나

34 tā jiù lí kāi tā men yòu shàng chuán wǎng hǎi nà bian qù le
  他就离开他们，又 上 船 往 海那边去了。

  그들을 떠나 다시 배에 올라 건너편으로 가시니라

8:14

  mén tú wàng le dài bǐng zài chuán shang chú le yí ge bǐng méiyǒu bié de shíwù
  门 徒 忘 了带饼，在 船 上 除了一个饼，没有别的食物。

35 mén tú wàng le dài bǐng
  门 徒 忘 了带饼，

  제자들이 떡 가져오기를 잊었으매

  wàng
  * 忘 : 잊다, 잊어 버리다

36 mén tú wàng le dài bǐng zài chuán shang chú le yí ge bǐng
  门 徒 忘 了带饼，在 船 上 除了一个饼，

  제자들이 떡 가져오기를 잊었으매 배에 떡 한 개밖에

37 mén tú wàng le dài bǐng zài chuán shang chú le yí ge bǐng méiyǒu bié de shíwù
  门 徒 忘 了带饼，在 船 上 除了一个饼，没有别的食物。

  제자들이 떡 가져오기를 잊었으매 배에 떡 한 개밖에 그들에게 없더라

8:15

yē sū zhǔ fù tā men shuō　　nǐ men yào jǐn shèn　　fángbèi fǎ lì sài rén de jiào hé xī lǜ de jiào
耶稣嘱咐他们说："你们 要谨慎， 防备法利赛人的酵和希律的酵。"

38 yē sū zhǔ fù tā men shuō　　nǐ men yào jǐn shèn
耶稣嘱咐他们说："你们 要谨慎,

예수께서 경고하여 이르시되 "(너희는) 삼가 주의하라" 하시니

- jǐnshèn
  谨 慎 : 조심하다, 신경 쓰다, 주의하다, 신중하다

39 yē sū zhǔ fù tā men shuō　　nǐ men yào jǐn shèn　fángbèi fǎ lì sài rén de jiào hé xī lǜ de jiào
耶稣嘱咐他们说："你们 要谨慎， 防备法利赛人的酵和希律的酵。"

예수께서 경고하여 이르시되 "삼가 **바리새인들의 누룩과 헤롯의 누룩을 (대비하여)** 주의하라" 하시니

- fángbèi
  防 备 : 방비하다, 대비하다
- jiào
  酵 : 발효, 효모/발효하다, 띄우다
- xī lǜ
  希律 : 헤롯

8:16

^{tā men bǐ cǐ yì lùn shuō　　zhè shì yīn wèi wǒ men méi yǒu bǐng ba}
他们彼此议论说："这是因为我们没有饼吧!"

40　^{tā men bǐ cǐ yì lùn shuō}
他们彼此议论说：

제자들이 서로 수군거리기를 "~" 하거늘

41　^{tā men bǐ cǐ yì lùn shuō　　zhè shì yīn wèi wǒ men méi yǒu bǐng ba}
他们彼此议论说："这是因为我们没有饼吧!"

제자들이 서로 수군거리기를 "이는 우리에게 떡이 없음이로다!" 하거늘

8:17

^{yē sū kàn chū lái　　jiù shuō　　nǐ men wèi shén me yīn wèi méi yǒu bǐng jiù yì lùn ne　nǐ}
耶稣看出来，就说："你们为什么因为没有饼就议论呢? 你
^{men hái bù xǐng wù　　hái bù míng bai ma　　nǐ men de xīn hái shi yú wán ma}
们还不省悟，还不明白吗? 你们的心还是愚顽吗?

42　^{yē sū kàn chū lái，jiù shuō}
耶稣看出来，就说：

예수께서 아시고 이르시되

- ^{kàn chū lái}
  看 出 来 : 알아차리다, 분간해 내다

43　^{yē sū kàn chū lái　jiù shuō　　nǐ men wèi shén me yīn wèi méi yǒu bǐng jiù yì lùn ne}
耶稣看出来，就说："你们为什么因为没有饼就议论呢?

예수께서 아시고 이르시되 "너희가 어찌 떡이 없음으로 수군거리느냐

44 _{yē sū kàn chū lái} _{jiù shuō} _{nǐ men wèi shén me yīn wèi méi yǒu bǐng jiù yì lùn ne} _{nǐ}
耶稣看出来，就说："你们为什么因为没有饼就议论呢？你
_{men hái bù xǐng wù} _{hái bù míng bai ma}
们还不省悟，还不明白吗?

예수께서 아시고 이르시되 "너희가 어찌 떡이 없음으로 수군거리느냐 아직도

알지 못하며 깨닫지 못하느냐

- _{xǐngwù}
  省 悟 : 깨닫다, 각성하다

45 _{yē sū kàn chū lái} _{jiù shuō} _{nǐ men wèi shén me yīn wèi méi yǒu bǐng jiù yì lùn ne} _{nǐ}
耶稣看出来，就说："你们为什么因为没有饼就议论呢？你
_{men hái bù xǐng wù} _{hái bù míng bai ma} _{nǐ men de xīn hái shi yú wán ma}
们还不省悟，还不明白吗? 你们的心还是愚顽吗?

예수께서 아시고 이르시되 "너희가 어찌 떡이 없음으로 수군거리느냐 아직도

알지 못하며 깨닫지 못하느냐 너희 마음이 둔하냐

- _{yúwán}
  愚 顽 : 우매하고 완고하다

8:18

_{nǐ men yǒu yǎn jing} _{kàn bu jiàn ma} _{yǒu ěr duo} _{tīng bu jiàn ma} _{yě bú jì de ma}
你们有眼睛，看不见吗？有耳朵，听不见吗？也不记得吗？

46 _{nǐ men yǒu yǎn jing} _{kàn bu jiàn ma}
你们有眼睛，看不见吗？

너희가 눈이 있어도 보지 못하며

47 你们 有眼睛，看不见吗？有耳朵，听不见吗？

너희가 눈이 있어도 보지 못하며 귀가 있어도 듣지 못하느냐

48 你们 有眼睛，看不见吗？有耳朵，听不见吗？也不记得吗？

너희가 눈이 있어도 보지 못하며 귀가 있어도 듣지 못하느냐 또 기억하지 못하느냐

8:19

我擘开那五个饼分给五千人，你们 收拾的零碎，装 满了多少 篮子呢？"他们说："十二个。"

49 我擘开那五个饼分给五千人，

내가 떡 다섯 개를 오천 명에게 떼어 줄 때에

50 我擘开那五个饼分给五千人，你们 收拾的零碎，

내가 떡 다섯 개를 오천 명에게 떼어 줄 때에 (너희가 거둬 들인) 조각이

51 我擘开那五个饼分给五千人，你们 收拾的零碎，装 满了多少 篮子呢？"

내가 떡 다섯 개를 오천 명에게 떼어 줄 때에 조각 몇 바구니를 거두었더냐"

8장 359

■ 你们 收拾的零碎 装 满了多少篮子呢?
: 너희가 거둬 들인 조각(부스러기)이 몇 바구니를 가득 채웠더냐

52 我掰开那五个饼分给五千人, 你们 收拾的零碎, 装 满了多少 篮子呢?" 他们说: "十二个。"

내가 떡 다섯 개를 오천 명에게 떼어 줄 때에 조각 몇 바구니를 거두었더냐" 이르되 "열둘이니이다"

8:20

"又掰开那七个饼分给四千人, 你们 收拾的零碎, 装 满了多少 筐 子呢?" 他们说: "七个。"

53 "又掰开那七个饼分给四千人,

"또 일곱 개를 사천 명에게 떼어 줄 때에

54 "又掰开那七个饼分给四千人, 你们 收拾的零碎, 装 满了多少 筐 子呢?"

"또 일곱 개를 사천 명에게 떼어 줄 때에 **조각 몇 광주리를 거두었더냐**"

55 "又掰开那七个饼分给四千人,你们收拾的零碎,装满了多少筐子呢?"他们说:"七个。"

"또 일곱 개를 사천 명에게 떼어 줄 때에 조각 몇 광주리를 거두었더냐" 이르되 "일곱이니이다"

8:21

耶稣说:"你们还是不明白吗?"

56 耶稣说:"你们还是不明白吗?"

이르시되 "아직도 깨닫지 못하느냐" 하시니라

8:22

他们来到伯赛大,有人带一个瞎子来,求耶稣摸他。

57 他们来到伯赛大,

벳새다에 이르매

* 伯赛大 : 벳새다

58 他们来到伯赛大，有人带一个瞎子来，求耶稣摸他。

벳새다에 이르매 사람들이 맹인 한 사람을 데리고 예수께 나아와 손 대시기를 구하거늘

* 瞎子 : 맹인

8:23

耶稣拉着瞎子的手，领他到村外，就吐唾沫在他眼睛上，按手在他身上，问他说："你看见什么了？"

59 耶稣拉着瞎子的手，

예수께서 맹인의 손을 붙잡으시고

60 耶稣拉着瞎子的手，领他到村外，

예수께서 맹인의 손을 붙잡으시고 마을 밖으로 데리고 나가사

61 耶稣拉着瞎子的手，领他到村外，就吐唾沫在他眼睛上，

예수께서 맹인의 손을 붙잡으시고 마을 밖으로 데리고 나가사 눈에 침을 뱉으시며

62 耶稣拉着瞎子的手，领他到村外，就吐唾沫在他眼睛上，按手在他身上，

예수께서 맹인의 손을 붙잡으시고 마을 밖으로 데리고 나가사 눈에 침을 뱉으시며 그에게 안수하시고

63 耶稣拉着瞎子的手，领他到村外，就吐唾沫在他眼睛上，按手在他身上，问他说："你看见什么了？"

예수께서 맹인의 손을 붙잡으시고 마을 밖으로 데리고 나가사 눈에 침을 뱉으시며 그에게 안수하시고 "무엇이 보이느냐" 물으시니

8:24

他就抬头一看，说："我看见人了。他们好像树木，并且行走。"

64 他就抬头一看，说："我看见人了。

쳐다보며 이르되 "사람들이 보이나이다 ~" 하거늘

* 抬头 : 머리를 들다, 얼굴을 들다, 고개를 들다

65 tā jiù tái tóu yí kàn shuō   wǒ kàn jiàn rén le   tā men hǎoxiàng shùmù bìngqiě xíng zǒu
他就抬头一看，说："我看见人了。他们好像树木，并且行走。"

쳐다보며 이르되 "사람들이 보이나이다 나무 같은 것들이 걸어 가는 것을 보나이다" 하거늘

- 好像 hǎoxiàng : 마치 ~와 같다
- 树木 shùmù : 수목, 나무

8:25

suíhòu yòu àn shǒu zài tā yǎnjingshang tā dìngjīng yí kàn   jiù fù le yuán   yàngyàng dōu kàn de qīngchu le
随后又按手在他眼睛上，他定睛一看，就复了原，样样都看得清楚了。

66 suíhòu yòu àn shǒu zài tā yǎnjingshang
随后又按手在他眼睛上，

이에 그 눈에 다시 안수하시매

- 随后 suíhòu : 뒤이어, 바로 뒤에, 그 다음에

67 suíhòu yòu àn shǒu zài tā yǎnjingshang tā dìngjīng yí kàn   jiù fù le yuán
随后又按手在他眼睛上，他定睛一看，就复了原，

이에 그 눈에 다시 안수하시매 그가 주목하여 보더니 나아서

- 定睛 dìngjīng : 주시하다, 눈여겨보다, 시선을 집중하다
- 复原 fùyuán : 복원하다, (건강을)회복하다

68 suíhòu yòu àn shǒu zài tā yǎnjingshang　tā dìngjīng yí kàn　jiù fù le yuán　yàngyàng dōu
随后又按手在他眼睛上，他定睛一看，就复了原，样样都
kàndeqīngchu le
看得清楚了。

이에 그 눈에 다시 안수하시매 그가 주목하여 보더니 나아서 **모든 것을 밝히 보**

는지라

* yàngyàng
  样　样 : 여러 가지, 형형색색, 갖가지, 모든 것
* kàndeqīngchu
  看得清楚 : 똑똑히 보이다, 잘 보이다

8:26

yē sū dǎ fa tā huí jiā　shuō　　lián zhè cūn zi nǐ yě bú yào jìn qù
耶稣打发他回家，说："连这村子你也不要进去。"

69 yē sū dǎ fa tā huí jiā　shuō
耶稣打发他回家，说：

예수께서 그 사람을 집으로 보내시며 이르시되 " ~ " 하시니라

70 yē sū dǎ fa tā huí jiā　shuō　　lián zhè cūn zi nǐ yě bú yào jìn qù
耶稣打发他回家，说："连这村子你也不要进去。"

예수께서 그 사람을 집으로 보내시며 이르시되 "마을에는 들어가지 말라" 하시

니라

8:27

yē sū hé mén tú chū qù　　wǎng gāi sā lì yà fēi lì bǐ de cūnzhuāng qù　zài lù shang
耶稣和门徒出去，　往 该撒利亚腓立比的村 庄 去。在路 上
wèn mén tú shuō　　rén shuō wǒ shì shéi
问 门徒说："人 说 我是谁？"

71　yē sū hé mén tú chū qù
耶稣和门徒出去，

예수와 제자들이 나가실새

72　yē sū hé mén tú chū qù　　wǎng gāi sā lì yà fēi lì bǐ de cūnzhuāng qù
耶稣和门徒出去，　往 该撒利亚腓立比的村 庄 去。

예수와 제자들이 빌립보 가이사랴 여러 마을로 나가실새

　　gāi sā lì yà
* 该撒利亚 : 가이사랴
　　fēi lì bǐ
* 腓立比 : 빌립보
　　cūnzhuāng
* 村 庄 : 마을

73　yē sū hé mén tú chū qù　　wǎng gāi sā lì yà fēi lì bǐ de cūnzhuāng qù　zài lù shang
耶稣和门徒出去，　往 该撒利亚腓立比的村 庄 去。在路 上
wèn mén tú shuō　　rén shuō wǒ shì shéi
问 门徒说："人 说 我是谁？"

예수와 제자들이 빌립보 가이사랴 여러 마을로 나가실새 길에서 제자들에게 물어 이르시되 "사람들이 나를 누구라고 하느냐"

8:28

tā menshuō　　yǒurénshuōshìshī xǐ deyuēhàn　yǒurénshuōshì yǐ lì yà　yòuyǒurén
他们说："有人 说 是施洗的约翰，有人 说 是以利亚，又有人
shuōshìxiānzhī lǐ de yí wèi
说 是先知里的一位。"

74 tā menshuō　　yǒurénshuōshìshī xǐ deyuēhàn
他们说："有人 说 是施洗的约翰，

제자들이 여짜와 이르되"(어떤 사람은) 세례 요한이라 하고

75 tā menshuō　　yǒurénshuōshìshī xǐ deyuēhàn　yǒurénshuōshì yǐ lì yà
他们说："有人 说 是施洗的约翰，有人 说 是以利亚，

제자들이 여짜와 이르되"세례 요한이라 하고 더러는 엘리야(라 하고)

yǐ lì yà
* 以利亚 : 엘리야

76 tā menshuō　　yǒurénshuōshìshī xǐ deyuēhàn　yǒurénshuōshì yǐ lì yà　yòuyǒurén
他们说："有人 说 是施洗的约翰，有人 说 是以利亚，又有人
shuōshìxiānzhī lǐ de yí wèi
说 是先知里的一位。"

제자들이 여짜와 이르되"세례 요한이라 하고 더러는 엘리야, 더러는 선지자

중의 하나라 하나이다"

8:29

yòu wèn tā men shuō　　nǐ men shuō wǒ shì shéi　　bǐ dé huí dá shuō　　nǐ shì jī dū
又 问 他 们 说："你们 说 我是谁？"彼得回答说："你是基督。"

77
yòu wèn tā men shuō　　nǐ men shuō wǒ shì shéi
又 问 他 们 说："你们 说 我是谁？"

또 물으시되 "너희는 나를 누구라 하느냐"

78
yòu wèn tā men shuō　　　nǐ men shuō wǒ shì shéi　　bǐ dé huí dá shuō　　nǐ shì jī dū
又 问 他 们 说："你们 说 我是谁？"彼得回答说："你是基督。"

또 물으시되 "너희는 나를 누구라 하느냐" 베드로가 대답하여 이르되 "주는 그리스도시니이다" 하매

bǐ dé
• 彼得 : 베드로

8:30

yē sū jiù jìn jiè tā men　bú yào gào su rén
耶稣就禁戒他们, 不要 告诉人。

79
yē sū jiù jìn jiè tā men　bú yào gào su rén
耶稣就禁戒他们, 不要 告诉人。

[이에 자기의 일을] 아무에게도 말하지 말라 경고하시고

jìn jiè
• 禁戒 : 끊다/명령하여 금지하다, 금하여 경계하다

8:31

cóng cǐ　　tā jiàoxun tā menshuō　　rén zǐ　bì xū shòu xǔ duō de kǔ　bèi zhǎnglǎo　jì
从 此，他 教 训 他 们 说："人子必须 受 许多的苦，被 长 老、祭
sī zhǎng hé wénshì qì jué　bìngqiěbèishā　guòsāntiān fù huó
司 长 和 文 士弃绝，并且被杀，过三天复活。"

80
cóng cǐ　　tā jiàoxun tā menshuō
从 此，他 教 训 他 们 说：

비로소 그들에게 가르치시되

* cóng cǐ
  从 此 : 이제부터, 그로부터

81
cóng cǐ　　tā jiàoxun tā menshuō　　rén zǐ　bì xū shòu xǔ duō de kǔ
从 此，他 教 训 他 们 说："人子必须 受 许多的苦，

인자가 많은 고난을 받을 것을 비로소 그들에게 가르치시되

* bìxū
  必须 : 반드시 ~해야 한다
* shòukǔ
  受 苦 : 고통을 받다, 고난을 받다
* shòuxǔduōdekǔ
  受 许 多 的苦 : 많은 고난을 받다

82
cóng cǐ　　tā jiàoxun tā menshuō　　rén zǐ　bì xū shòu xǔ duō de kǔ　bèi zhǎnglǎo　jì
从 此，他 教 训 他 们 说："人子必须 受 许多的苦，被 长 老、祭
sī zhǎng hé wénshì qì jué
司 长 和 文 士弃绝，

인자가 많은 고난을 받고 장로들과 대제사장들과 서기관들에게 버린 바 될 것

을 비로소 그들에게 가르치시되

* zhǎnglǎo
  长 老 : 장로
* jì sī zhǎng
  祭司 长 : 제사장
* qì jué
  弃 绝 : 버리다, 포기하다

83
cóng cǐ　　tā jiàoxun tā menshuō　　rén zǐ bì xū shòu xǔ duō de kǔ　bèi zhǎnglǎo jì
从 此, 他教训他们说：" 人子必须受许多的苦, 被 长 老、祭
sī zhǎng hé wénshì qì jué　bìngqiěbèishā　guòsāntiān fù huó
司 长 和文士弃绝, 并且被杀, 过三天复活。"

인자가 많은 고난을 받고 장로들과 대제사장들과 서기관들에게 버린 바 되어

죽임을 당하고 사흘 만에 살아나야 할 것을 비로소 그들에게 가르치시되

　　guò
* 过 : 지나다
　　fùhuó
* 复活 : 부활하다

8:32

yē sū míngmíng de shuō zhè huà　　bǐ dé jiù lā zhe tā　quàn tā
耶稣明 明地说 这话, 彼得就拉着他, 劝 他。

84
yē sū míngmíng de shuō zhè huà
耶稣明 明地说 这话,

드러내 놓고 이 말씀을 하시니

85
yē sū míngmíng de shuō zhè huà　　bǐ dé jiù lā zhe tā　quàn tā
耶稣明 明地说 这话, 彼得就拉着他, 劝 他。

드러내 놓고 이 말씀을 하시니 **베드로가 예수를 붙들고 항변하매**

　　quàn
* 劝 : 권하다, 권고하다, 충고하다, 설득하다, 타이르다, 말리다

8:33

耶稣 转 过来看着门 徒， 就责备彼得 说 ："撒但， 退我后边去吧！ 因为你不体贴 神 的意思， 只体贴人的意思。"

86 耶稣 转 过来看着门 徒，

예수께서 돌이키사 제자들을 보시며

87 耶稣 转 过来看着门 徒， 就责备彼得 说 ：

예수께서 돌이키사 제자들을 보시며 베드로를 꾸짖어 이르시되 " ~ " 하시고

88 耶稣 转 过来看着门 徒， 就责备彼得 说 ："撒但， 退我后边去吧！

예수께서 돌이키사 제자들을 보시며 베드로를 꾸짖어 이르시되 "사탄아 내 뒤로 물러가라 ~" 하시고

* 退 : 물러나다, 물러가다, 후퇴하다

89 耶稣 转 过来看着门 徒， 就责备彼得 说 ："撒但， 退我后边去吧！ 因为你不体贴 神 的意思，

예수께서 돌이키사 제자들을 보시며 베드로를 꾸짖어 이르시되 "사탄아 내 뒤로 물러가라 네가 하나님의 일을 생각하지 아니하고 ~" 하시고

* 体贴 : 자상하게 돌보다, 극진히 배려하다

90
yē sū zhuǎnguò lái kànzhe mén tú   jiù zé bèi bǐ dé shuō   sā dàn   tuì wǒ hòubian qù
耶稣 转 过来看着 门 徒，就责备彼得 说 ："撒但，退我后边去
ba   yīnwèi nǐ bù tǐ tiē shén de yì si   zhǐ tǐ tiē rén de yì si
吧！因为你不体贴 神 的意思，只体贴人的意思。"

예수께서 돌이키사 제자들을 보시며 베드로를 꾸짖어 이르시되 "사탄아 내 뒤로 물러가라 네가 하나님의 일을 생각하지 아니하고 **도리어 사람의 일을 생각하는도다**" 하시고

8:34

yú shì jiào zhòngrén hé mén tú lái   duì tā menshuō   ruòyǒurényàogēncóngwǒ   jiù
于是叫 众 人和门 徒来，对他们 说 ："若有人要跟 从 我，就
dāngshě jǐ   bēi qǐ tā de shí zì jià   lái gēncóngwǒ
当 舍己，背起他的十字架，来跟 从 我。

91
yú shì jiào zhòngrén hé mén tú lái   duì tā menshuō
于是叫 众 人和门 徒来，对他们 说 ：

무리와 제자들을 불러 이르시되

92
yú shì jiào zhòngrén hé mén tú lái   duì tā menshuō   ruòyǒurényàogēncóngwǒ   jiù
于是叫 众 人和门 徒来，对他们 说 ："若有人要跟 从 我，就
dāngshě jǐ
当 舍己，

무리와 제자들을 불러 이르시되 "누구든지 나를 따라오려거든 자기를 부인하고

* dāng
  当 : 마땅히 ~해야 한다
* shě jǐ
  舍 己 : 자기를 버리다, 자신을 돌보지 않다

93 于是叫众人和门徒来，对他们说："若有人要跟从我，就当舍己，背起他的十字架，来跟从我。

무리와 제자들을 불러 이르시되 "누구든지 나를 따라오려거든 자기를 부인하고 자기 십자가를 지고 나를 따를 것이니라

- 背(起) : 업다, 지다
- 十字架 : 십자가

8:35

因为凡要救自己生命的，必丧掉生命；凡为我和福音丧掉生命的，必救了生命。

94 因为凡要救自己生命的，

누구든지 자기 목숨을 구원하고자 하면

- 生命 : 생명, 목숨

95 因为凡要救自己生命的，必丧掉生命；

누구든지 자기 목숨을 구원하고자 하면 잃을 것이요

- 丧掉 : 잃다, 없애다, 버리다

8장 **373**

96 因为凡要救自己生命的，必丧掉生命；凡为我和福音丧掉生命的，

누구든지 자기 목숨을 구원하고자 하면 잃을 것이요 누구든지 나와 복음을 위하여 자기 목숨을 잃으면

97 因为凡要救自己生命的，必丧掉生命；凡为我和福音丧掉生命的，**必救了生命。**

누구든지 자기 목숨을 구원하고자 하면 잃을 것이요 누구든지 나와 복음을 위하여 자기 목숨을 잃으면 **구원하리라**

8:36
人就是赚得全世界，赔上自己的生命，有什么益处呢？

98 人就是赚得全世界，

사람이 만일 온 천하를 얻고도

- 赚 得 : (돈을) 벌다, 이윤을 남기다, 이익을 보다

99
rén jiù shì zhuàn de quán shì jiè　péi shang zì jǐ de shēng mìng
人就是 赚 得 全 世界，赔 上 自己 的 生 命，

사람이 만일 온 천하를 얻고도 **자기 목숨을 잃으면**

　　péi shang
* 赔（上）: 손해보다, 밑지다, 배상하다, 변상하다, 물어주다

100
rén jiù shì zhuàn de quán shì jiè　péi shang zì jǐ de shēng mìng　yǒu shén me yì chu ne
人就是 赚 得 全 世界，赔 上 自己 的 生 命，有 什 么 益处呢?

사람이 만일 온 천하를 얻고도 자기 목숨을 잃으면 **무엇이 유익하리요**

　　yì chu
* 益处 : 이익, 유익

8:37

rén hái néng ná shén me huàn shēng mìng ne
人还 能 拿 什 么 换 生 命呢?

101
rén hái néng ná shén me huàn shēng mìng ne
人还 能 拿 什 么 换 生 命呢?

사람이 무엇을 주고 자기 목숨과 바꾸겠느냐

　　huàn
* 换 : 교환하다, 바꾸다

8:38

fán zài zhè yín luàn zuì è de shì dài　bǎ wǒ hé wǒ de dào dàngzuò kě chǐ de　rén zǐ zài tā
凡在这淫乱罪恶的世代，把我和我的道当作可耻的，人子在他
fù de róngyào li　tóngshèngtiānshǐjiàng lín de shíhou　yě yào bǎ nà réndàngzuò kě chǐ
父的荣耀里，　同圣天使降临的时候，也要把那人当作可耻
de
的。"

102 fán zài zhè yín luàn zuì è de shì dài
凡在这淫乱罪恶的世代，

누구든지 이 음란하고 죄 많은 세대에서

* yínluàn
  淫乱 : 음란
* zuì è
  罪恶 : 죄악

103 fán zài zhè yín luàn zuì è de shì dài　bǎ wǒ hé wǒ de dào dàngzuò kě chǐ de
凡在这淫乱罪恶的世代，**把我和我的道当作可耻的，**

누구든지 이 음란하고 죄 많은 세대에서 **나와 내 말을 부끄러워하면**

* dào
  道 : 길, 방법, 도리, 말
* dàngzuò
  当作 : ~로 삼다, ~로 여기다
* kěchǐ
  可耻 : 수치스럽다, 치욕스럽다

104 fán zài zhè yín luàn zuì è de shì dài　bǎ wǒ hé wǒ de dào dàngzuò kě chǐ de　rén zǐ zài tā fù
凡在这淫乱罪恶的世代，把我和我的道当作可耻的，**人子在他父**
de róngyào li
的荣耀里，

누구든지 이 음란하고 죄 많은 세대에서 나와 내 말을 부끄러워하면 **인자도 아**

버지의 영광으로

* róngyào
  荣耀 : 영예, 영광

105 凡在这淫乱罪恶的世代，把我和我的道当作可耻的，人子在他父的荣耀里，同圣天使降临的时候，

누구든지 이 음란하고 죄 많은 세대에서 나와 내 말을 부끄러워하면 인자도 아버지의 영광으로 **거룩한 천사들과 함께 올 때에**

- 圣 : 거룩하다, 성스럽다
- 天使 : 천사
- 降临 : 강림하다, 내려오다, 찾아오다

106 凡在这淫乱罪恶的世代，把我和我的道当作可耻的，人子在他父的荣耀里，同圣天使降临的时候，**也要把那人当作可耻的。**"

누구든지 이 음란하고 죄 많은 세대에서 나와 내 말을 부끄러워하면 인자도 아버지의 영광으로 거룩한 천사들과 함께 올 때에 **그 사람을 부끄러워하리라**"

중국어 마가복음을 외우며

'마가복음을 중국어로 외운다구요? 그것도 통째로? 우리말로 요절 한 절 외우기도 힘이 드는데…… 안 될 거에요. 난 못할 거 같아요.' 그런데 지금 마가복음 2장까지 외우고 3장을 외우고 있습니다. 기적이지요. 정말 기적입니다. 하나님께서 함께 하시니 안된다고 생각했던 일이 기적이 됩니다. 중국어로 마가복음을 암기하면서 날마다 은혜 가운데 기적을 체험하면서 삽니다.

- 천진 복된교회 오승남 권사

마가복음을 중국어 문장으로 외우면서 신앙적인 훈련도 되었지만 동시에 중국어 공부도 되니 영적으로나 육적으로 너무나도 큰 도움이 되었습니다. 매일 아침을 중국어 마가복음 구절들을 외우며 시작하니 하루하루가 충만하게 채워지는 느낌입니다. 이러한 기쁨을 함께 나누고 싶기에 주변에도 널리 추천하고 싶습니다.

- 천진 두루빛교회 이은주 권사

중국어로 마가복음을 처음 외우기 시작했을 때는 그저 중국어를 외우는 것에 중점을 두었습니다. 그런데 마가복음 1 장, 2 장을 외우고 3 장을 외우기 시작한 지금, 말씀으로 기도할 때나 인내하며 주님의 뜻이 무엇인지 구할 때, 제가 주님과 더 깊이 만날 수 있게 된 것이 바로 마가복음 암송 때문인 것을 깨닫게 되었습니다. 또 내가 받은 이 은혜를 중국 지체들에게 마가복음을 통해 나눌 수 있을 것이라는 마음도 갖게 되었습니다.

16장까지 중국어로 말씀 암송을 다 했을 때 누릴 은혜의 시간을 기대해 봅니다. 긴 시간 수고해 주신 정권사님께 감사드리고, 소장할 수 있는 책으로 출간되어 누구나 함께 암송할 수 있게 되어 정말 감사합니다.

- 천진 두루빛교회 진선영 권사

"神的儿子,耶穌基督福音的起头"를 시작으로 마가복음 말씀을 중국어로 수없이 반복하며 암송하면서, 하나님이 함께 하시는 은혜를 경험할 뿐만 아니라 중국어 단어를 외우다 보니 중국어 마가복음 암송은 중국어 공부에도 도움이 되고 있습니다. 처음에는 '얼마나 할 수 있을까?'라는 마음으로 시작하였는데 지금은 말씀과 함께 하는 일상이 되었고 2장을 넘어 3장까지 왔습니다. 이것은 성령님의 함께 하심과 당겨주고 밀어주며 함께 하는 동역자들이 있었기에 가능했습니다.

지금은 마가복음 마지막 장인16장까지 할 수 있을 거라는 자신도 생겼습니다. 책 출간을 축하하며 이끌어 주시고 함께 해주신 동역자님들 감사합니다. 그리고 사랑합니다.

- 천진 두루빛교회 정선희 사모

마가복음 1 장(1절 ~ 35절)을 외우는 도중 저는 부인과 조직 검사를 받게 되었습니다. 검사 결과가 나오기까지 일주일을 기다리는 동안 제가 할 수 있는 것은 기도밖에 없었습니다. 하지만 기도해도 후련하지 않은 상황 속에서 저도 모르게 저의 입술은 중국어 마가복음을 무한반복으로 암송하고 있었습니다. 기다림의 일주일 동안 기도와 마가복음 암송으로 주님이 주시는 평안을 얻게 되었습니다. 그리고 주님의 은혜로 이상이 없다는 검사 결과를 받았습니다. 아멘! 주님 감사합니다. 우리말 성경이 아닌 중국어 성경 말씀으로도 똑같은 은혜를 받을 수 있다는 것이 정말 신기했습니다.

현재 중국에서 대학교 2학년에 재학 중인 저는 마가복음 중국어 암송을 통해 하나님께서 주시는 많은 축복을 경험했습니다. 먼저 마가복음을 중국어로 암송하는 가운데 단어와 문법이 보였고 작문과 회화 실력은 덤으로 얻게 되었습니다. 또한 학교 공부에 자신감이 생겼고, 주님께서는 저에게 학업을 더 열심히 할 수 있도록 독수리 같은 새 힘을 주셨습니다.

처음부터 중국어 마가복음 암송을 함께 시작하여 끝까지 서로 힘이 되어 나갈 정선희 사모님, 권사님들, 집사님들께 감사와 사랑을 전합니다.

- 천진 두루빛교회 모경옥 집사

마가복음을 중국어로 외우면서 성경 말씀이 친구와 같이 친밀해졌습니다. 외워진 말씀은 속상할 때, 잠이 오지 않을 때, MRI 찍을 때 등등 여러 상황에서 저에게 안정감과 평안함을 주었습니다. 중국어 마가복음은 우리말보다 짧고 단순해서 외우기가 더 쉬웠고, 단어의 뜻까지 풀이되어 있다 보니 중국어 단어와 문장을 많이 알게 되었습니다.

마가복음 그룹방을 만들어 함께 외우며 끌어주고 밀어주는 동역자들이 있어 마가복음 중국어 암송을 포기하지 않고 계속할 수 있었습니다. 그 동안 장 별로 인쇄물을 받아 외웠었는데 책으로 나온다니 너무 기쁘고 기다려집니다. 아무 대가도 없이 마음과 수고를 들여 우리에게 마가복음을 중국어로 외울 수 있도록 편찬해 주신 정 권사님, 함께 참여해 본이 되어 주시고 도전이 되어 주신 사모님과 권사님, 집사님, 그리고 말씀으로 우리 곁에 계시는 주님! 모두 감사하고 사랑합니다.

- 천진 두루빛교회 성춘희 권사

  치매 예방에 암기가 좋다고도 하고, 말씀 암송의 중요함도 일기에 마가복음 중국어 암송을 시작하게 되었습니다. 외워도 돌아서면 금방 잊어버리곤 했는데, 마가복음 중국어 암송은 이전 구절에 새로운 구절을 덧붙여가며 반복해서 외우게 되어 있어서 이전에 외운 구절을 잊어버리지 않고 암송할 수 있었습니다. 참 놀라웠습니다.

  저는 중국어 성경이 한국어 성경에 비하여 세밀한 표현이 많아서 마가복음을 쉽게 이해하는 데 도움이 되었습니다. 그래서 어느 날은 약한 자를 불쌍히 여기시는 예수님의 마음이 더 생생하고 깊이 느껴져 예수님의 긍휼과 사랑에 또 한 번 감사하기도 했습니다. 많은 것을 행하셨지만 드러내지 않으시고 겸손히 기도하시던 예수님처럼 저 또한 늘 낮은 마음으로 기도에 힘쓰는 성도가 되기를 소망합니다.

  '암송! 중국어 마가복음'이 책으로 나오게 된다니 정말 좋습니다. 이 책을 통해 많은 분들이 중국어 마가복음을 암송하며 기쁨과 감사를 누리시길 소망합니다.

- 천진 두루빛교회 최재희 권사

  어느 순간 저의 머릿속에서 자취를 감추어 버린 중국어! 이렇게 바쁜 일상에 쫓겨 살아가던 저에게 2018년 마지막 달 정창배 권사님께서 마가복음 중국어 암송을 함께 하자고 권하셨습니다. 오십을 훌쩍 넘긴 이 나이에 암송이라니. 더욱이 중국어로 한다니 엄두가 나지 않았지만, 마음 한구석에 자리 잡고 있던 중국지체에 대한 저의 사랑이 꿈틀거리기 시작했습니다. 그리고 2019년 새해부터 시작한 마가복음 중국어 암송은 말씀으로 함께 하시는 그분을 만나는 값진 시간이 되고 있습니다. 암송을 통해 날마다 새롭게 하시는 하나님께 감사드립니다.

- 녹번감리교회 이수경 집사

마가복음 1장의 첫시작 '神的儿子耶稣基督福音的起头', 이 말씀이 가장 기억에 남고 마음에도 울림이 있습니다. 1장은 설레이기도 했고 길어지는 말씀 암송에 고비도 왔지만 함께 동역하는 분들이 있어 지금까지 할 수 있었습니다.

2장은 1장과는 좀 다른 나태함, 의무감이 찾아오기도 했고 저의 환경이 조금만 바뀌어도 집중하기가 어렵다는 것을 알게 되었습니다. 2장은 1장에 비해 하루에 외우는 양이 많아져 또 고비가 왔고 전처럼 잘 외워지지 않아 힘듦도 있었지만 완벽한 암기로 저의 만족감을 채우기보다는 반복되는 그 말씀 속에서 진리를 찾으라는 마음을 주신 주님을 의지하며 나아갑니다.

- 위해 행복한교회 윤지은 집사

의무적으로 반복되던 말씀 쓰고 외우기가 어느 날부터 말씀이 더해질 때마다 2000년 전의 예수님을 쫓던 군중들의 숨소리와 함께 저 또한 예수님을 쫓고 있는 설렘과 기쁨을 맛보게 되었습니다. 처음 시작할 때는 생각지도 못했던 부어주시는 기쁨으로 나날이 예수님으로 물들어 가는 저, 그리고 같이 외쳐주시는 동역자분들이 말씀으로 내일을 소망할 수 있음에 하나님께 감사와 영광 드립니다.

- 위해 행복한교회 지재은 집사

중국 친구들에게 어떻게 예수님을 전해야 할지 막막했는데 이 책을 통해 중국어로 그들에게 말씀을 전해줄 길을 찾게 된 것 같아 기쁩니다.

- 위해 행복한교회 김효진 집사

평소 중국어를 배워보고 싶은 마음이 있었지만 엄두가 나지 않아 생각으로만 하고 있었습니다. 그러던 중 교회 제자신학교에서 마가복음을 중국어와 영어로 시작하게 되었고, 정창배 권사님께서 안산제자교회에 직접 오셔서 중국어 기초 발음법을 강의해 주셨습니다. 그렇게 저의 중국어 공부가 시작되었고, 처음 배워보는 거라서 쉽지는 않았지만 중국어 공부에는 암송하는 것이 가장 좋다고 해서 그냥 듣고 따라 읽으며 열심히 외웠습니다. 한자를 잘 쓸 줄도 모르지만 배우는 것이 좋았습니다. 제가 궁금해하던 중국어 발음을 알게 되고 거기다가 성경말씀 암송까지 할 수 있어서 더 좋았습니다. 반복되는 단어는 조금씩 잘 들리게 되었고 한절 한절 계속 반복해서 듣다 보니 말씀이 더 깊이 다가오며 마치 저도 그 현장에서 예수님이 하신 사역을 눈으로 보는 듯했습니다.

중국어를 배울 수 있도록 인도해 주신 하나님께 감사를 드립니다.

정창배 권사님께도 감사드립니다.

- 안산 제자교회 김현순 권사

한번도 배우지도 말을 해보지도 않은 중국어를 성경으로 하는 게 신기합니다. 한 발 한 발 어린 아기가 걸음마를 시작하는 것처럼 조금씩 따라 걷는데 성경 구절이 외워집니다. '神的儿子,耶穌基督福音的起头', 그리고 말씀이 새롭게 마음에 더 새겨 집니다.

- 안산 제자교회 한덕자 권사

놓치! 중국어 상
마가복음

초판 1쇄 2021년 8월 31일
인 쇄 2021년 8월 30일

저 자 정창배

발행인 강대진
편 집 임인영
디자인 임인영
기 획 강대진
검 토 임진옥
마케팅 강혜주, 이정화

발행처 에이아이북스
등 록 강남 제 2019-000337호
주 소 서울시 강남구 역삼로8길 21, 2F
번 호 02-563-1110
팩 스 02-554-44 40
메 일 aibooks@naver.com
홈페이지 www.aibooks.co.kr

© 2021, AI BOOKS
ISBN 979-11-91000-43-6 13720

* 이 책은 저작권법에 따라 보호받는 저작물이므로 무단복제와 무단전재를 금합니다.
* 이 책 내용의 전부 또는 일부를 이용하려면 반드시 아이앤북스의 서면 동의를 받아야 합니다.
* 책값은 뒤표지에 있습니다.